[美] 马丁·英迪克　李侃如　迈克尔·

Martin S. Indyk / Kenneth G. Lieberthal / Mic

赵天一 译　赵梅审

BENDING HISTORY
BARACK OBAMA'S FOREIGN POLICY

重塑历史

贝拉克·奥巴马的外交政策

中国社会科学出版社

图字：01－2012－4489

图书在版编目（CIP）数据

重塑历史：贝拉克·奥巴马的外交政策／（美）英迪克，（美）李侃如，（美）奥汉隆著；赵天一译.—北京：中国社会科学出版社，2016.4

ISBN 978－7－5161－5052－8

Ⅰ.①重…　Ⅱ.①英…②李…③奥…④赵…　Ⅲ.①美国对外政策－研究

Ⅳ.①D871.20

中国版本图书馆 CIP 数据核字（2014）第 262055 号

出 版 人　赵剑英
责任编辑　任　明
责任校对　林福国
责任印制　何　艳

出　　　版　中国社会科学出版社
社　　　址　北京鼓楼西大街甲 158 号
邮　　　编　100720
网　　　址　http：//www.csspw.cn
发 行 部　010－84083685
门 市 部　010－84029450
经　　　销　新华书店及其他书店

印刷装订　北京市兴怀印刷厂
版　　　次　2016 年 4 月第 1 版
印　　　次　2016 年 4 月第 1 次印刷

开　　　本　710×1000　1/16
印　　　张　17.25
插　　　页　2
字　　　数　274 千字
定　　　价　58.00 元

英文版前言

最近三年的每一个早晨，美国人都是在一个混乱的世界中醒来。无论是大中东地区的战乱、全球经济危机、海地和日本的自然灾害，还是阿拉伯世界的革命、中国与印度的崛起，都使人感到世界秩序的板块正在改变。

从入主白宫的第一天起，贝拉克·奥巴马就身处漩涡的中心，摆在他面前的是严重的经济衰退、两场战争，以及需要对其利益投入更多关注的新兴大国。奥巴马下决心让这个世界变得更美好。为了实现这一目标，他试图重塑历史的轨迹，使其朝更好的方向前进。

一位代表着新生代的新总统将视线转向了建立一种世界新秩序，并试图将其应用于抗拒这一改变的复杂世界，这是本书讲述的故事。

在讲述这个故事并分析奥巴马的成功与失败的过程中，我们深深地意识到事实上本书只能做出一个阶段性的评估。在总统任期的前三年中，奥巴马的很多外交政策尚在进行中。他能否有机会完成自己的未竟事业取决于他是否能成功连任。尽管如此，随着新一轮总统选举的开始，我们仍然认为有必要对此做出评估。

我们希望美国人能了解我们的观点，有关奥巴马在保护国家安全和促进国家利益方面究竟做得怎样，并在这个国际事务的重要的时刻，为这个国家和下任总统应对所面临的外交政策挑战提供一个简明的框架，无论下任总统是谁。我们也希望为其他国家的人提供我们有关奥巴马外交政策目标的分析结果，因为外界通常很难弄清美国总统的真实意图和目的，极易产生误解。

本书是三位在对外政策领域各有所长、阅历丰富的学者合作努力的结晶——一位是战争与防务政策专家，一位是中东问题与冲突调停专家，另一位是中国和亚洲问题专家。我们都未曾在奥巴马政府中任职，但都曾就外交政策的一些方面向奥巴马的团队提出过正式或非正式的建议。我们相信，这种专长与洞察力的结合能够帮助我们更为全面地分析和评估贝拉克·奥巴马的外交政策。

在此，我们要感谢布鲁金斯学会的许多同事，他们对本书提出了很多意见和建议，尤其要感谢杰弗里·贝德、卜睿哲、凯文·卡萨斯－萨莫拉、卡罗尔·格雷姆、罗伯特·卡根、泰德·皮科内、史蒂文·皮弗、乔纳森·波拉克、埃文斯·里维尔、布鲁斯·雷德尔、斯卓博·塔尔博特，以及贾斯廷·韦斯（排名不分先后）。托尼·甘比诺也提出了重要的建议，周晟茹、伊恩·利文斯顿、迪米特里奥斯·考特索科斯、罗伯特·奥勃良和玛丽·福克斯为本书提供了宝贵的研究和行政支持。

奥巴马政府中的许多成员就一些对外交政策中的难题提出了深刻见解，并向我们袒露了自己在复杂的外交决策过程中的考虑。我们承诺不透露他们的姓名，但在此请允许我们向他们表示公开的感谢。

特别感谢罗伯特·法赫蒂领导的优秀、热情、充满活力的布鲁金斯学会出版团队，尤其是斯塔尔·贝尔斯基和黛安·哈蒙德，以及珍妮特·沃克、苏珊·沃伦等人。还要感谢我们的同事盖尔·沙莱夫、克里斯·凯拉赫和梅丽莎·麦克康奈尔，他们为本书的推广做了大量工作。

最后，我们非常感谢赫伯·艾伦、大卫·鲁本斯坦、约翰·桑顿，以及布鲁金斯学会外交政策项目领导委员会全体成员为我们的工作提供的所有帮助。

尽管采纳了许多优秀的建议，但我们仍然认为自己应当为书中出现的任何不足和错误负责。

于华盛顿特区

2012 年 2 月 1 日

中文版序言

正当中美在亚洲和世界的角色改变之际，两国格外关注对方外交政策背后的"真正"用意。美中关系是世界上最重要的双边关系，它对地区和全球变化的影响与日俱增。

本书的内容覆盖了奥巴马总统第一任期的前三年，即2009年初至2012年初。本书是美国出版的首部分析奥巴马总统对多项议题和世界不同地区的外交政策的重要著作。本书涉及的范围之广反映了美国卷入全球事务之深；其内容之复杂反映了一个现实，即美国没有一个简单的全球主义指导所有的政策，而是根据复杂的具体形势调整着它的优先顺序和原则。

本书英文版出版于2012年春末。此后各种事件不断发生发展，若是现在撰写此书必然涵盖很多新进展，特别是大中东和亚洲的巨变。然而，我们认为，奥巴马总统的那些影响美国外交政策的基本原则、优先顺序和风格在前三年已经形成，这些将为厘清本书英文版问世以来美国外交政策的延续和变化提供一个重要的参考。

虽然本书并不特别针对奥巴马总统对中国的外交政策，但是其中一个重要章节和其他多个章节的片段包含对美中关系多个方面的认真思考。本书为美国读者所写，因此行文也与之相符。我们相信本书准确地表达了奥巴马在他就任总统的最初几年对中美关系的思考与希望。

本书并非旨在讴歌奥巴马政府外交政策的智慧或正确。读者们会发现我们对奥巴马总统外交政策的敏锐度和有效力的评估依具体地域和议题的不同而不一。简而言之，我们尽可能客观地分析奥巴马政府的目标、优先顺序、方法和成效。

我们非常感谢中国社会科学出版社翻译并出版本书，使得它得以与中国读者见面。希望中国读者能从这么一本由美国研究奥巴马外交政策的学者为美国读者撰著的书中获益，不仅了解美国的外交政策，还了解美国人自己如何思考这些议题。

　　本书由三位作者撰写而成，每位作者不仅深入讨论并参与了每章的写作，且给本书带来了不同领域的观察视角。马丁·英迪克有着广泛的政府经验，在两届克林顿政府中长期处理中东事务，两次担任美国驻以色列大使。2013 年至 2014 年，英迪克大使出任美国巴以和谈特使。李侃如是资深中国问题专家，在克林顿总统的第二任期担任国家安全委员会亚洲局资深主任。迈克尔·奥汉隆曾就职于美国国会预算办公室，是美国军事问题专家。三位作者都是布鲁金斯学会高级研究员。布鲁金斯学会是一家无党派倾向的智库，位于华盛顿哥伦比亚特区。

马丁·英迪克（Martin Indyk）

李侃如（Kenneth Lieberthal）

迈克尔·奥汉隆（Michael O'Hanlon）

于美国华盛顿哥伦比亚特区

2016 年 2 月 3 日

目　录

第一章

引　言

　　2009 年 1 月 20 日，贝拉克·侯赛因·奥巴马在白宫宣誓就职，成为美国这个世界首屈一指强国的首位黑人总统。他的名字来自于他父亲，一位来自肯尼亚的穆斯林。然而他从小却由来自堪萨斯州的白人母亲和外祖父一家抚养，在印度尼西亚和夏威夷长大。从进入椭圆形办公室的第一天起，奥巴马就已经成了一位历史性的人物，从未有过的历史重担压在了他的肩头。他有充足的理由认为创造历史就是自己的命运：在美国经济陷入严重衰退的时刻当选总统；在入主白宫还不到一年的时间就获得了诺贝尔和平奖，尽管此时美国仍在大中东地区进行着两场战争。在任职之初，贝拉克·奥巴马就下定决心要干出一番事业，而不是举步不前。在第一年中，他在国内推行了一系列令人吃惊的改革。

　　在外交政策领域，奥巴马已经形成了一种行动主义者的视角，以审视自己的历史地位：他打算重塑美国在海外的国际形象，尤其是在穆斯林世界；从两场战争中脱身；向伊朗伸出橄榄枝；重新发展与俄罗斯的关系，将其作为建立"无核世界"的第一步；在地区与全球事务中与中国开展重要合作；推进中东和平进程。按照他自己的说法，美利坚合众国第 44 任总统所做的一切完全是为了使历史的轨迹向公平正义，以及一个更加和平与稳定的世界秩序迈进。①

---

　　① "一条趋向正义的弧线"是奥巴马最为钟爱的隐喻，他经常在重要的讲话中引用这句话，甚至还请人将其绣在总统办公室的地毯上。这句话出自马丁·路德·金 1965 年 3 月 21 日在阿拉巴马州蒙哥马利县的演讲，当时他在回答听众的提问："这要用多长时间？"马丁·路德·金的回答引自 19 世纪社会进步的支持者罗伯特·帕克的一次演讲，原话是："用不了多久，因为尽管道德世界的轨迹漫长，但它趋向正义。"见：David Remnick, *The Bridge: The Life and Rise of Barack Obama* (New York：Alfred A. Knopf, 2010)；"Oval Office Rug Gets History Wrong," *Washington Post*, September 4, 2010。

　　这一设想早在奥巴马竞选总统时就有所表露。它最初是一种竞选策略，目的是将奥巴马的竞选方针同乔治·W. 布什政府的所作所为及其主要初选对手希拉里·罗德姆·克林顿所宣扬的政策区分开。然而随着时间的推移，人们逐渐明白这是优秀的施政方针和雄心勃勃的外交政策，其中心思想通过一系列鼓舞人心的话语表达出来："我们可以相信变革""是的，我们办得到""我们的时代已经到来"。这一设想与其说是以政策效果见长，不如说是因其鼓舞人心和富有感召力而为人们所牢记。奥巴马借用了自己最初的支持者、前总统候选人比尔·布拉德利的话，进一步发展了"新美国故事"①的思想。他一直在思考如果美国人民选自己当总统该做些什么。当他将主要精力放在应对当前的国内问题时，外交政策、美国在全世界的作用，以及 21 世纪全球的需求等问题仍然在他心中占据着重要位置。

　　在面对具体事务时，奥巴马的表态大多带有明显的"去布什化"特征，如反对伊拉克战争、愿意与独裁者展开务实的对话，以及强调要提高外交手段和多边主义在美国对外政策中的地位。奥巴马战略的上述三个方面——以及他在实施中的作用——融合成了候选人所传递的受人欢迎的信息，使他不久被美国人选入白宫。

　　对多数候选人来说，外交政策不过是一系列的政策主张而已。但对奥巴马而言，他的外交政策理念成为竞选过程所营造的气氛和态度的组成部分。比如，2008 年 1 月 8 日他在新罕布什尔州的初选中败给了希拉里，当晚他发表了题为"是的，我们办得到"的演讲，他把自己的全球视野融入更为宽泛的希望的寓意中："是的，我们可以实现正义和平等。是的，我们可以抓住机遇，走向繁荣。是的，我们可以治愈国家。是的，我们可以修复世界。是的，我们可以！"②

　　治愈国家和修复世界是奥巴马硬币的两个面，"变革""希望""勇敢"等语句将他的内政外交议程统一在一面共同的旗帜下。而他那独特

---

　　① Barack Obama, "Renewing American Leadership," *Foreign Affairs* 86, No. 4 (2007).

　　② "Barack Obama's New Hampshire Primary Speech," *New York Times*, January 8, 2008.

的"美国故事"也在向全世界的人诉说。① 事实上，2008年9月英国广播公司在美国以外的22个国家进行的一项民意测验显示，奥巴马的支持率超出他的竞争对手、参议员约翰·麦凯恩四倍。②

奥巴马试图把自己塑造成一位寻求变革的候选人，他始终反对不受欢迎的伊拉克战争。这就使他对党内左翼有感召力，与此同时也能拉开与其他候选人的距离，尤其是曾经投票支持这场战争的希拉里·克林顿。③ 在党内初选中，奥巴马提出的撤军计划并不是最迅速的，州长比尔·理查德森、众议员丹尼斯·库西尼奇和参议员约翰·爱德华兹在这一问题上都比他更"左"。然而他也不是谨慎的典范。他第一次表态是在2007年初，计划在2008年3月前（也就是14个月内）从伊拉克撤出所有的美国战斗部队。而到那时奥巴马甚至还不可能成为总统，小布什总统下令部属到伊拉克的大批军队也还没有机会执行任务。

2008年7月14日，就在奥巴马启程前往伊拉克进行战地访问前，《纽约时报》刊登了他的专栏文章。在文章中，他重申一旦当选总统将迅速缩减驻军规模。在强调要"小心翼翼地从伊拉克撤军，也就是

---

① 他以如下方式把自己的履历呈现给美国公众："我的父亲是一位来自肯尼亚的黑人，我的母亲是一位来自堪萨斯州的白人。我的白人外祖父经历过大萧条，第二次世界大战期间在巴顿将军的军队中服役。外祖父在海外作战期间，我的白人外祖母在利文沃斯堡的一条麦炸机装配线上工作。他们将我抚养成人。我曾就读于美国最好的一些学校，也曾在世界上最贫穷的国家生活。我与一位美国黑人结婚，她的体内同时流淌着奴隶和奴隶主的血液——这也被我们的两个宝贝女儿继承。我的兄弟姐妹和其他亲戚来自多个种族，肤色各不相同，分布在三大洲。只要我还活着，我就不会忘记地球上没有其他任何一个国家能发生像我这样的故事。这个故事让我成为非同寻常的总统候选人。但这个故事已经深深植入我的基因，它告诉我这个国家不仅是合众为一——我们的确是众中之一。"见 "Barack Obama's Speech on Race," *New York Times*, March 18, 2008（www. nytimes. com/2008/03/18/us/politics/18text - obama. html）.

② 引自 Remnick, *The Bridge: The Life and Rise of Barack Obama*, p. 552.

③ 2007年11月7日在艾奥瓦州举办的"杰斐逊 - 杰克逊晚宴"上，奥巴马发表一个内容丰富的演讲，为随后在该州的党内基层选举中获胜赢得了重要的资金支持。他说："我竞选总统的原因是民主党人总是认为只有通过辩论和立法才能应对严峻的国家安全形势，他们还把票投给乔治·布什共和党人雷同的人，我受够了……如果我获得民主党提名，那么我的对手将再也无法说我曾投票支持伊拉克战争。"

说，相较于当时莽撞地陷入其中，我们要反其道而行之"时，他宣布要在16个月内完成战斗部队的重新部署——也就是在2010年夏季之前。①

奥巴马思想的另一个特点是，在竞选时他就强调愿意与伊朗、朝鲜这样的"流氓"国家领导人进行会谈。他小心翼翼地避免为这些国家辩护，也没有乐观到认为仅仅通过对话就能很快取得突破性进展。但他还是受到了人们的指责，尤其是参议员麦凯恩，指责他过分乐意与这样的领导人进行私人会谈。奥巴马则回击说他会为此类会谈选择合适的时机和地点，并将始终坚持维护美国的利益。② 这种回应并不能让批评者满意，他们认为奥巴马的言行有损总统办公室的威严，试图说服马哈茂迪·内贾德和乌戈·查韦斯这样的人改变对美国的敌视政策无疑是幼稚的表现。然而，奥巴马还是决定冒险一试。他乐于借此显示自己是一位"与小布什截然不同"的候选人，而且这样的表态也符合他的实用主义风格。在过去的奋斗历程中，他总是寻求通过对话解决争端，尽管他在该领域几乎不具备任何经验，他仍然相信与外国领导人打交道时也不会太大不同。

这种方式为改善同盟友和中立国家的关系提供了一条捷径（这些国家大都认为布什政府奉行单边主义政策，在使用武力的问题上过于草率），即使这对极端国家来说并不奏效。奥巴马希望通过回到外交手段并改变人们观念中美国本能的军事干涉主义倾向，找到重塑美国国际形象的途径，尤其是在阿拉伯穆斯林世界。正如2007年夏天他在华盛顿伍德罗·威尔逊中心的演讲中所言：

　　　　小布什执政时期留给我们的教训是拒绝对话不能解决问题。逐一观察那些被我们忽视的国家，就知道这种战略到底在多大程度上获得了成功……是翻开这言辞激烈、了无行动的外交一页的时候了。是翻开新一页的时候了，改变华盛顿的传统观念，诸如在会谈

---

① Barack Obama, "My Plan for Iraq," *New York Times*, July 14, 2008.

② 见："McCain and Obama Mix It Up," Associated Press, September 26, 2008.

前必须达成共识、把对话当成是对其他国家的一种奖赏，以及总统只见那些说他们愿意听的话的人。①

奥巴马不仅要修复前任所犯错误造成的破坏，还强调要对美国外交进行根本性的方向转变。他认为，具体来说，需要更加关注"全球性问题"，比如应对恐怖主义威胁、核扩散、气候变化及流行性疾病等。用时髦的话说，美国领袖地位需要一种全新的谦逊精神，"沉着冷静，聪明自信，小心谨慎，以及一种新生的能力"。② 这些目标是雄心勃勃的，体现在他 2008 年 7 月在柏林的演讲中：一个免于饥荒、海平面上升和碳排放的星球；一个无核世界；通过维护尊严、提供机会，以及实现"全面公正"，补偿那些在全球化进程中受损的人们。③

奥巴马清楚地知道他无法在四年、甚至是八年的总统任期内解决全球的饥饿问题，销毁所有核武器，消除气候变暖带来的威胁。逐一衡量以上所有的目标既不现实，也不恰当。然而说他聚焦于这些崇高的目标仅仅是为了选举的需要，同样是不正确的。他很快就认识到前方的道路漫长而曲折，然而他仍然相信自己能够应对这些历史性的挑战，并在所有或多数领域中取得重大进展。他也肯定知道这些雄心勃勃的计划既能在国内激励追随者，也能让全世界对他的执政前景充满期待。

并非奥巴马的所有言语都带有和平主义的色彩。除了在阿富汗问题上表现强硬、许诺至少再部署两个战斗旅外，他还始终坚持打击隐藏在巴基斯坦部落地区的恐怖分子和叛乱者。2007 年夏天，奥巴马在同一篇著名的演说中承诺重返外交手段。与此同时，他宣布："如果穆沙拉夫总统无所作为，那么我们一旦获得确切的情报，证明恐怖组织的高层

---

① "Remarks of Senator Obama: The War We Need to Win," Washington, August 1, 2007 (www. barackobama. com/2007/08/01/the _ war _ we _ need _ to _ win. php [February 10, 2011]).

② "Remarks of Senator Barack Obama to the Chicago Council on Global Affairs," Chicago, April 23, 2007 (http: //my. barackobama. com/page/content/fpccga/ [February 8, 2011]).

③ Barack Obama, "A World That Stands as One," speech, Berlin, July 24, 2008 (www. huffingtonpost. com/2008/07/24/obama - in - berlin - video - of _ n _ 114771. html [February 9, 2011]).

在巴基斯坦境内，我们将采取行动。"①

　　在那时，参议员麦凯恩和希拉里纷纷痛斥奥巴马缺乏外交经验，因为他表示在打击恐怖分子的时候他将无视巴基斯坦的主权。② 评论家们认为奥巴马之所以这么说，就像他许诺升级阿富汗战争一样，完全是为了掩饰自己的弱点，因为共和党人指责他疏于维护国家安全。然而2011 年 5 月 2 日奥萨马·本·拉登在巴基斯坦阿伯塔巴德被击毙证明，这位总统候选人是极其认真的。

　　最重要的是，奥巴马承诺要打破惯例，通过历史性变革引领未来。这种对新的国内议程、新的全球格局以及变化的世界的设想，为他最终赢得选举起到了关键作用。然而，在胜选之后这些设想能在多大程度上帮助他驾驭权力就是另一回事了。一方面，奥巴马做出了很多承诺，渴望推行完全不同于小布什政府的政策；另一方面，他会在施政过程中本能地奉行实用主义原则。上述二者之间势必存在矛盾。也许他从一开始就认识到了其中的结症，但显然并非所有支持他的人都能想到这一点。那些他必须与之合作以实现这些设想的国会议员和外国政要，很多也没认识到这一点。

　　为了缓和这一矛盾，奥巴马的外交政策同时融合了两种理念：像现实主义者那样在认识世界的过程中奉行实用主义原则，像理想主义者那样激进地改造世界、建立世界新秩序。从某种意义上说，他是一位混合型总统：一位进步的实用主义者。他的进步性体现在真心推动一系列重大问题的解决，如裁减核军备，强调气候变化、贫困和武装冲突带来的威胁——就像马丁·路德·金激励他的那样，推动历史潮流朝着正义的方向前进。有时奥巴马的理念与实际情况十分吻合，但有时在他公开宣扬的目标和实现目标的方式还是存在不小的差距。事实证明，奥巴马在条件允许的情况下是进步的，而在必要的情况下也会采取实用主义的办法。大体上说，21 世纪国际政治的冷酷现实使得实用主义在多数时间占据上风。

---

　　① "Remarks of Senator Barack Obama to the Chicago Council on Global Affairs. "
　　② Andy Merten, "Presidential Candidates Debate Pakistan," *NBC News*, February 28, 2008 (www. msnbc. msn. com/id/23392577/ns/politics – decision＿08/t/presidential – candidates – debate – pakistan/).

从改造世界到修补世界

　　奥巴马务实的一面早在上任之初就有所显现，因为美国经济的状况要求他立即并持续关注。恰恰是在他赢得选举创造历史的时刻，一场史上罕见的危机正席卷美国的金融部门，情况不断恶化。对奥巴马来说这是头等大事，不仅在国内，在外交领域中也一样。这位新当选的总统开始组建自己的团队，准备入主白宫。

　　经济危机的严重程度对于奥巴马的就任意义重大。就在 2008 年 9 月援救房利美和房地美、雷曼兄弟公司破产、向美国国际集团提供紧急援助之前，国会预算办公室发布了每半年一期的国民经济未来走势报告。该报告预测未来三个财年国家的财政赤字分别为 4380 亿美元、4310 亿美元和 3250 亿美元。2008 年和 2009 年国内生产总值增长率将大大降低，但至少还能保持增长，分别为 1.5% 和 1.1%。这只是当时的预计。

　　事实上，整个局面还在迅速地恶化。危机来临，经济放缓，意味着税收的减少和反周期开支的增加，如加大对失业保险项目的投入。此外，紧急救助金融机构和奥巴马随后推出的一揽子经济刺激计划等都导致财政赤字飞速上涨。国内生产总值下降了 4.1%，证明这是自第二次世界大战以来最为严重的一次经济衰退。实际赤字总额在 2009 年、2010 年和 2011 年超过了一万亿美元。[①] 沃伦·巴菲特说美国遭遇了经济上的"珍珠港事件"，与战争时期的情况差不多——他以前从未用这样的语句描述经济状况。[②] 地产价格甚至在衰退开始前就下跌了 10%，并且在政府向该行业输血之前又下跌了 20% 以上，随后才开始缓慢复

---

　　① Congressional Budget Office, *The Budget and Economic Outlook: An Update*, (September 2008), in particular "Selected Tables" (www. cbo. gov/ftpdocs/97xx/doc9706/Selected_ Tables. pdf [February 14, 2011]).

　　② Warren Buffett, interview by Susie Gharib, *Nightly Business Report*, January 22, 2009 (www. calculatedriskblog. com/2009/01/pbs – interview – with – warren – buffett. html [February 14, 2011]).

苏。全国的家庭财产在经济衰退的过程中缩水了20%以上。①失业率达到了10%的高位，即使从技术指标上看衰退已经结束，下降仍十分缓慢。奥巴马与他的团队尽全力阻止危机的蔓延，其中有白宫的迈克尔·弗曼和拉里·萨默斯、财政部的蒂莫西·盖特纳，以及美联储的本·伯南克及其他人。

有人认为小布什政府在执政后期做出了很多最为艰难的决定以防止局面失控，比如国会于10月初通过的《不良资产救助计划》，以及财政部与美联储联合救助重要金融机构使它们免予破产的行动。这种说法有待商榷。不过可以肯定的是，奥巴马仍然要在决定救助哪些企业（比如通用汽车）的过程中发挥重要作用，并采取其他步骤阻止经济迅速下滑，刺激经济增长。

经济衰退的现实和不容乐观的前景对奥巴马外交政策的影响十分显著。尽管此次危机很大程度上（如果不是主要）由美国制造，但很快就影响到了全球经济。例如2008年第四季度全球国内生产总值的增长率比全年低6个百分点。②如果想要避免全球性的经济衰退，美国和其他重要的经济体就必须迅速采取联合行动。

奥巴马政府就是这么做的。他们与许多较为重要的国家合作，参与的国家远远超出传统的八国集团。这种合作首先通过非正式的方式展开，随后就变得更为制度化和规范化了。中国、印度和巴西并不是八国集团的正式成员，然而它们在危机中仍然保持了较快的经济发展速度，能够为阻止局势继续恶化贡献巨大的力量。最终，奥巴马把希望寄托在20国峰会上，这是一个新成立的、扩大了的组织，里面包含了所有的新兴经济体。在2009年4月举行的20国集团伦敦峰会上，奥巴马成功

① Congressional Budget Office, *The Budget and Economic Outlook: Fiscal Years 2011 to 2021* (January 2011), pp. 30 – 34 (www. cbo. gov/ftpdocs/120xx/doc12039/01 –26_ FY2011Outlook. pdf [February 14, 2011]).

② Michael Mussa, "World Recession and Recovery: A V or an L?" paper presented at the Fifteenth Semiannual Meeting on Global Economic Prospects, Peterson Institution for International Economics, Washington, April 7, 2009 (www. iie. com/publications/papers/mussa0409. pdf [February 14, 2011]); M. Ayhan Kose and Eswar S. Prasad, *Emerging Markets: Resilience and Growth Amid Global Turmoil* (Brookings, 2010), pp. 34 – 36, 124 – 126.

说服多数重要国家出台一揽子经济刺激计划，新的联合救市方案与原有的一些反周期手段总共需要五万亿美元。①

伦敦峰会为国际货币基金组织提供了额外的资源，使它得以向那些特别需要帮助的国家提供救助资金，配以实施严格的法规以约束金融机构的行为。② 各国以他人利益为代价保护本国经济是十分危险的，峰会在很大程度上避免了这种情况的发生，展示了各国在合作共赢上达成的高度共识。

然而，即使是为了获得这点有限的成果，奥巴马政府也需要在他任期的最初几个月里付出巨大的努力。总统本人与财政部长盖特纳以及政府中负责外交和经济事务的官员们经常要协调和推进国际援助计划。在上任后的头几周，奥巴马给外国领导人打电话谈的都是危机，第一次会见外国政府首脑（2月会见日本首相）、第一次出国访问（到加拿大）、第一次重要的越洋访问（到欧洲）也是为了这个目的。③

尽管以上的努力大体上是成功的，但正是美国着力推广饱受质疑的金融产品才引发了全球性的经济危机，这严重损害了"华盛顿共识"——自由市场，削减政府赤字，放松管制，自由贸易等模式作为全世界效仿对象的光环。当前，多数国家将美国视为引发经济危机的罪魁

---

① C. Fred Bergsten, "Needed: A Global Response to the Global Economic and Financial Crisis," testimony before the Subcommittee on Terrorism, Nonproliferation and Trade, House Committee on Foreign Affairs, 111 Cong. 1 sess., March 12, 2009 (piie. com/publications/testimony/testimony. cfm? ResearchID = 1146 [February 14, 2011]). 以德国为代表的一些国家反对美国提出的救市计划，他们认为所需资金太多。

② CNN World, "G20 Pumps $1 Trillion into Beating Recession," April 2, 2009 (http://articles. cnn. com/2009 − 04 − 02/world/g20_1_ new − world − order − global − international − banking − system? _ s = PM: WORLD [February 14, 2011]); Colin I. Bradford and Johannes F. Linn, "The April 2009 London G − 20 Summit in Retrospect," April 5, 2010 (www. brookings. edu/opinions/2010/0405_ g20_ summit_ linn. aspx? p = 1 [February 15, 2011]).

③ Brian Montopoli, "Obama Calls Three Foreign Leaders," *CBS News*, January 23, 2009; Reuters, "Obama Starts Frist Major Foreign Trip," March 21, 2009; Glenn Kessler, "Japan Premier Cautions on N. Korea − Economy Restricts Options, Aso Says," *Washington Post*, February 25, 2009; "Obama Tackles Economic, Military Issues in Canada Trip," CNN, February 19, 2009.

祸首，而不是推动经济增长、促进全球发展的大国，这就是美国有意放松金融市场监管带来的恶果。奥巴马试图带领全世界走出这场主要由美国引发的危机，但美国的负面形象对此构成了严峻的挑战。

应当肯定奥巴马做出的巨大努力，无论是在竞选过程中还是在入主白宫后他都试图与各国开展对话，这种做法也许能减少全世界对美国的愤怒。如果换了另一个人当总统，此时此刻恐怕是要在全世界的愤怒和沮丧中成为众矢之的。奥巴马能够避免这种氛围的产生，并采取虽不完美但却意义重大的行动，协调世界各国共同应对金融危机和经济衰退，应当得到认可。他并不像有些人所说的那样一味地为美国辩护，而是表现出中立的态度。他一方面谦虚谨慎、不耻下问，一方面自信满满，认为虽然存在种种问题，但美国仍应是世界的领导者。

尽管如此，随着北京出台最庞大的一揽子刺激计划，并推动了全球经济的复苏，这场危机使中国一跃成为世界最主要的经济强国之一。表面上看到的中国的迅速崛起和美国的相对衰落将使奥巴马执政时期的中美关系趋向复杂化。确实，这始终是困扰美国外交决策的核心问题，也是本书在后面章节和结尾部分讨论的重要问题。

经济陷入危机，在伊拉克和阿富汗的军队战线过长，传统盟友似乎逐渐衰落，亚洲和拉美的新兴国家希望享有应有的权力，伊朗、委内瑞拉、朝鲜等"流氓"国家的领导人对西方主导的国际秩序构成了极大的威胁，奥巴马接手的美国已经不再是那个"超级大国"了。美国的声望已经被战争和金融危机削弱，美国的硬实力捉襟见肘，而它在国际上所推行的民主和自由市场也遭到了强烈的质疑。

因此，贝拉克·奥巴马必须设法调整自己的目标和期望以适应残酷的现实，尽管他的豪言壮语曾经点燃了美国和全世界人民的热情。新当选的民主党总统必须收敛其追求进步的天性——根据美国的自由观塑造世界。回顾奥巴马就任总统后的第一年，观察家们都注意到现实迫使新总统开始奉行实用主义原则。一部分人说他是"被现实劫持了"，但实际上早在竞选总统之前他就已经显露出了实用主义的倾向。

奥巴马是一个非常聪明和慎重的人。在芝加哥社区组织中的经历似乎使他确信，人类进步的取得有赖于微小而坚定的步伐。在就任总统第一年的年末，在诺贝尔和平奖获奖演说中，奥巴马引用了肯尼迪总统的话，呼吁人们关注"更为现实、更容易实现的和平。这种和平并非基于人性的突然转变，而是基于人类社会的不断改良"。他认为自己的职责不是寻求彻底改变其他国家，而是通过更加适度的行为"重塑历史的弧线，使之趋向正义"。

这种平衡的做法无法取悦大众，也为批评奥巴马的人提供了口实。他的妥协被解读为软弱，他无法在短时间内描绘出一个清晰的结果让人觉得他能力不够。他以牺牲传统盟友为代价邀请并与敌对国家接触。他起初不愿意对伊朗、阿拉伯世界和中国挥动人权和民主的大旗，就被贴上了"放弃价值观外交"的标签。最重要的是，奥巴马的行事风格引发了一些质疑：除了应对当前局势、采取务实的手段对待敌对势力和国际竞争之外，他是否有任何总体战略，使他专心解决国内的紧迫问题。

但是，以上对奥巴马外交政策的复杂叙述都忽视了总统在改造世界过程中透露出的重要潜台词。当前它通过更为广泛的形式和内容表达出来，引起了更多的关注。简而言之，奥巴马并不仅仅是一位奉行"反击"战略的被动现实主义者。美利坚合众国第 44 任总统清楚地认识到他要追求更高的目标：在维持美国领导地位的前提下，建立一种新的、多边的国际秩序，尤其是使用硬实力时，在可能或者必要的情况下要与他国共同承担责任。

推动新兴的全球新秩序

这种新秩序的第一个支柱是美国与亚洲新兴国家之间的变化了的关系。奥巴马相信，这意味着要给予中国作为一个新兴全球大国所必要的尊重，鼓励它承担与其地位相符的责任。同时，随着印度经济的迅速发展，相比克林顿和小布什而言奥巴马也需要对这个国家投入更多的精力，因为假以时日，印度也许会和中国旗鼓相当。虽然奥巴马在上任后过了一段时间才安排好访问印度，但是他在当地宣布美国将支持印度谋求联合国安理会常任理事国席位，尽管这个设想在当前的国际大背景下还很难实现，凸显了他对印度能在世界新秩序中发挥更重要的作用的希望。

这还远远不算重塑 21 世纪国际体系。事实上，奥巴马的多边主义世界观是十分现实并且经过深思熟虑的，这一点从他关注"与俄罗斯重新开始"和偶尔提及小布什总统第一届任期的外交方式就可以看出来：印度不仅会在大国中占有一席之地，而且它的崛起将有助于平衡中国实力。强化与俄罗斯的合作可以遏制伊朗的野心。

　　然而在另外的方面，以上行动旨在从根本上突破小布什总统的行为，尤其是小布什第一任的作为。在奥巴马的领导下，美国不再简单地假定其他国家会毫不犹豫地站在自己一边，也不再试图对他国进行说教或者采取单边行动。在为其他大国留出更多活动空间的同时，奥巴马也在寻求重组美国的权力。他把更多的精力放在外交谈判上，包括同伊朗和朝鲜这样的"流氓"国家开展对话；他试图通过结束伊拉克战争、解决巴以冲突重新占领道德制高点；他强调重建美国实力，以便在海外更好地发挥美国作为关键的世界大国的作用。

　　奥巴马总统尤其重视与中印两国合作共同管理"国际公域"，应对气候变化，推动国际贸易和世界发展。在这种情况下，上任后他马上就决定提高 20 国集团的地位，将其置于八国集团之上。这不仅仅是应对紧张局势的权宜之计，也符合他鼓励中国和印度为了地球的美好未来承担起责任的长远打算。

　　可以理解，欧洲人担心奥巴马重视新兴大国而冷落了自己。2009年底，奥巴马在哥本哈根同中国、印度、巴西和南非的领导人共同商讨《哥本哈根气候协定》，没有欧洲国家的领导人参加。尽管如此，在奥巴马构想的世界中，也会有新兴大国的一席之地。欧洲和美国有着共同的价值观和利益，奥巴马希望一个更加团结和强大的欧洲能够与美国志同道合，在国际社会中共同采取行动，促成"一个更加和平、更加繁荣、更加公正的新世纪"。[1] 如果美国必须接受"首要大国"身份略受削弱的现实，那么欧洲也必须适应新兴大国崛起的现实，为它们让出一些位子：无论是 20 国集团和国际货币基金组织，还是将来扩大后的联合国安理会，都是如此。

---

　　① CNN Politics, "Full Text of Obama's Speech to UK Parliament," May 25, 2011 (http: //articles. cnn. com/2011 – 05 – 25/politics/obama. europe. speech_ 1_ magnacarta – english – bill – uk – parliament/3? _ s = PM: POLITICS).

奥巴马构建国际新秩序的第二个支柱是推动核裁军和防止核扩散，2009年4月，他在布拉格演讲中说道："要建立一个和平与安全的无核世界。"① 在该领域中俄罗斯是最重要的合作伙伴，因此奥巴马寻求与俄关系重新开始，消除克林顿和小布什造成的不良影响。这两位前总统试图将北约推进到俄罗斯边境，小布什总统还决定在波兰和捷克部署反导系统。与俄罗斯总统梅德韦杰夫2010年3月签署的《削减战略武器新约》，旨在美俄削减各自的核军备，这标志着双方建立起了新型伙伴关系，也为其他国家树立了榜样。奥巴马还试图建立一个具有规则的体系，让"全世界团结一致共同阻止核扩散"，由此带来了在2010年4月举行的"核安全峰会"上推动对核原料采取更加严格的监管措施以及和2010年的《核态势评估》。后者清晰地阐述了全新的美国核军备指导思想：美国郑重承诺对宣布弃核国家，不首先使用核武器。

在这种美国塑造的新规则下，奥巴马希望破坏规则的人能得到惩罚——"付出切实的代价"。因此，当2010年6月联合国安理会通过决议、要求对破坏《核不扩散条约》的伊朗实施更为严厉的惩罚时，俄罗斯和中国都投了赞成票。

奥巴马构想中的第三个支柱是缓和布什年代美国与穆斯林世界剑拔弩张的气氛，建立起积极的合作。这个目标在奥巴马的构想中尤其重要，原因之一是美国正在穆斯林地区进行着两场战争，得到该地区民众的支持能够取得事半功倍的效果。然而，加大对恐怖分子的打击力度，迫使穆斯林国家伊朗终止其核计划，同样需要和穆斯林世界的合作。奥巴马相信，通过建立一个与以色列和平共处的巴勒斯坦国能解决巴以冲突，这也有助于美国与穆斯林世界维持友好关系。因此，中东和平进程成了他优先考虑的事情。

尽管在奥巴马的设想中，打击恐怖主义也列入了议事日程——"保障我们日常安全的正常需要"，但他并未接受小布什的"全球反恐战争"理念。他的反恐战略尤为重视打击藏匿在阿富汗和巴基斯坦的基地

---

① White House, Office of the Press Secretary, "Remarks by President Barack Obama in Prague as Delivered," April 5, 2009 (www. whitehouse. gov/the_ press_ office/Remarks – By – President – Barack – Obama – In – Prague – As – Delivered).

组织（也包括也门和索马里），并试图消除该组织对美国和他试图塑造的世界新秩序的威胁。

奥巴马的构想中并不包含在全世界推广民主，这反映了他深刻相信小布什的外交政策给美国带来了巨大灾难。他认为伊拉克战争从一开始就是非正义的，而小布什最后辩解称这只是在阿拉伯地区推行民主的一种方式。小布什试图实现这一目标，他坚持以选举作为实现民主的方式，这就使得哈马斯通过选举执掌了巴勒斯坦地区。奥巴马喜欢支持更加抽象的"普世人权"的理念，比如言论和集会自由、妇女享有平等权利、法治社会以及问责制政府，而不是通过自由选举终结中东地区的专制主义统治。2009 年 6 月，他在开罗宣称"实现民主没有捷径可走"，如果这些权利得不到保障，"选举本身并不能带来真正的民主"。①

起初，奥巴马有两个更为具体的外交目标：阻止全球经济崩溃，保护美国免受当前的威胁。在此基础上，他的首要任务是与像中国和俄罗斯这样的国家发展务实的关系，阻止核扩散，改善美国与穆斯林世界的关系。其他一些外交政策目标也很重要，比如减缓气候变化。然而，自从奥巴马认识到塑造国际新秩序不可避免地要与那些不符合民主标准的国家合作后，他就很少强调推进民主、改善人权了。一场发生在阿拉伯世界的革命——奥巴马并没有预计到这场革命的发生，更别提推动其发展了——为他提供了一个机会，使他的进步主义的本能插上把促进民主作为外交政策的优先考虑的翅膀。然而，我们应当看到，这种本能还是受到他实用主义这一面的谨慎的牵制，美国的利益高于进步主义价值观。

创建外交团队

尽管奥巴马有着清晰的思路，但他并没有制订或执行外交政策的实际经验。为了实现这一宏伟蓝图，必须有一支经验丰富、才干超群的国家安全团队围绕在新总统周围。他选国防部长主要看该人选是否有能力在结束两场战争的同时消灭基地组织，不给政敌指责自己在国防上软弱

---

① "Text：Obama's Speech in Cairo," *New York Times*, June 4, 2009.

的机会。他选择国务卿主要取决于推行"艰难外交"的能力，包括同
"流氓"国家的领导人打交道，重新构建与转型大国和新兴大国的关
系，解决南亚和中东地区的冲突。出于实用主义者的本能，他选择了一
批不理想化的实干家辅佐自己。由于奥巴马的偶像是林肯，而且他从不
缺乏自信，因此他对聚拢人才建立一个由"竞争者组成的团队"产生
了浓厚的兴趣。这些人个性鲜明，持有各种政治观点，甚至包括他在民
主党初选时的主要竞争对手。他们在为他提供尖锐的、有时甚至是相互
矛盾的建议时，也能在政治上为他提供掩护。

在这种情况下，奥巴马决定请罗伯特·盖茨继续担任国防部长一职
就变得顺理成章，甚至是自然而然的事情。但这是过去从未有过的事，
没有任何一位国防部长连续在两位来自不同政党的总统任内就职，尤其
是前一任总统因其在外交上的所作所为而备受争议，而继任者一直强烈
反对前任的外交政策。①

从某个层面看，选择盖茨是有道理的：国家在进行战争；新当选的
总统原是一位年轻、没有经验的参议员，而其政党经常在国家安全问题
上受到指责。人们都认为盖茨没有党派偏见，行事严谨，办事高效，因
此有什么理由不留用这位经验丰富的部长呢？但他毕竟是一位共和党
人，而民主党内也确实有能胜任这项工作并忠于民主党和奥巴马的
人选。②

奥巴马的这项决定绝不仅仅是出于政治原因。奥巴马选用盖茨，是
因为后者有着务实、严谨、专注和当机立断的优点，有能力帮助进步的
年轻总统克服军中的疑虑。③

奥巴马总统在 2009 年的多数时间里都在对美国的伊拉克和阿富汗
战略进行评估，在此期间，盖茨提供了可靠和坚定的帮助。他也为解决

① 罗伯特·麦克纳马拉在约翰·肯尼迪遇杀之后继续担任国防部长，最终他
因越南战争引咎辞职，在肯尼迪和约翰逊政府中任职的时间几乎一样长，但这两位
总统都是民主党人。

② 这些人包括前海军部长理查德·丹泽、前国防部副部长约翰·哈姆雷、前
参议员山姆·纳恩、参议员卡尔·莱文以及曾在军队服役的现任参议员杰克·里德
等。

③ Jonathan Alter, *The Promise: President Obama, Year One* (New York: Simon and Schuster, 2010), p. 48.

另一些国家安全问题提出了明智的建议，比如应对伊朗的挑战和中国崛起。他直言不讳地表示希望进一步增强国务院的职能，提高外交的地位和效率。盖茨曾开玩笑说美国军乐队里的人比全国的外交官还多。奥巴马听了十分高兴。

　　盖茨也在国防战略和国防预算这样的关键问题保持一致的立场。[①]他把国防资源集中在美国还在进行的战争上，砍掉了许多在他看来国家难以承受的武器开发项目。[②] 在两年中，财政赤字的飞速增长促成了茶党的崛起，共和党人在 2010 年秋季的选举中控制了众议院。人们对国家经济未来走势和国家安全基础的担忧在增加，此时盖茨成为令人信服的呼声：推动适度而切实的国防开支削减。[③]

　　奥巴马选希拉里·罗德姆·克林顿任国务卿更多是出于政治因素的考量。奥巴马欣赏她的强硬、智慧、敬业和勤奋，当然还有她那实用主义的态度。但是，希拉里在民主党中的受欢迎程度也使这一选择十分符合政治逻辑。这一举消除了激烈而冗长的初选给民主党带来的分裂，缓和了比尔·克林顿的情绪，并让希拉里离开了参议院，将这两位高调的潜在批评者安置妥当。当这些好处与希拉里的个人特征结合在一起的时

---

　　① 2010 年他发布的《四年期国防回顾报告》与之前 20 年发布的报告相比并没有大的突破，他认为美国的国防状况同切尼、阿斯平、佩里和科恩任国防部长时基本一致。见 Robert Gates, *Quadrennial Defense Review Report*（Department of Defense, February 2010）, pp. v, 46 – 47.

　　② 2009 年下马的武器开发项目有：F – 22 空优战机，DDG – 1000 驱逐舰，总统专用直升机项目，所谓的"转型卫星"计划，陆军未来战斗系统的多数子项目，机载激光和高速拦截导弹系统。之后的几年中，C – 17 运输机、海军陆战队远征战斗车、F – 35 联合战斗机的备用引擎计划也都被砍掉了。见：Office of the Under Secretary of Defense（Comptroller）, "Overview: United States Department of Defense Fiscal Year 2012 Budget Request"（February 2011）, pp. 4 – 1 through 4 – 4; Gordon Adams, "Secretary Gates Outlets Changes to Major Defense Weapon Systems," April 6, 2009（www. stimson. org/budgeting［April 9, 2009］）.

　　③ William Branigin and Walter Pincus, "Lawmakers Grill Pentagon Officials on Defense Spending Cuts," *Washington Post*, January 27, 2011; Donna Cassata, "Pentagon Chiefs: Dont Cut Defense too Deeply," Associated Press, February 16, 2011; Office of Management and Budget, *Fiscal Year* 2012 *Budget of the U. S. Government*: *Historical Tables*（Government Printing Office, February 2011）, pp. 100 – 103.

候，她出任国务卿也就势在必行。①

随着时间的推移，奥巴马同盖茨和希拉里的关系发生了明显的变化。盖茨几乎从不担心自己和总统出现在报纸的同一个版面上——毕竟，奥巴马能怎么样呢？开除他或是对他进行责难都会损害他为奥巴马提供的掩护。而另一方面，至少在第一年，希拉里十分重视与总统保持高度一致，这大概是由于她担心自己会被指责为对总统不忠。一旦总统做出决定，他的国务卿就向公众宣传他的政策；如果总统尚在考虑中，那么国务卿就竭力避免在公开场合表态。

到了第二年，随着希拉里声望的猛增和奥巴马支持率的暴跌，两人的依附关系发生了改变，那种认为她应该作为奥巴马第二任竞选副总统人选的声音开始出现。尽管如此，她也仅仅在一件事情上表达了与奥巴马不同的意见——埃及总统胡斯尼·穆巴拉克是否应该下台。白宫发言人敏捷地处理了这一不同意见，而希拉里也小心翼翼，以免这种情况再次发生。她沮丧地说将在奥巴马第一届任期结束时辞去国务卿一职。然而，随着总统任期进入第四年，奥巴马必须将注意力集中到连任上，给希拉里更大的空间掌控对外交事务：她在推动阿拉伯世界民主化进程和扶植亚洲遏制中国的过程中表达了比奥巴马更强烈的立场。

执掌五角大楼和国务院的人能力突出、经验丰富，副总统在外交领域中也有很深的造诣，奥巴马觉得他需要一位特殊人才领导国家安全委员会。苏珊·赖斯、格雷戈里·克雷格和詹姆斯·斯坦伯格在竞选中为他提供了许多外交政策建议，但他决定不在这些人中挑选国家安全事务助理。赖斯和克雷格在竞选中与希拉里强烈对峙，他们难以配合新任国务卿开展工作。由于赖斯态度强硬，也有理想主义情结，派她到联合国工作再合适不过了，她在国际事务中给奥巴马寻得了重要的支持。任命克雷格为白宫顾问的效果却不太理想，因为总统关闭关塔那摩监狱的许诺与国内政治冲突。提名斯坦伯格任副国务卿与希拉里搭档引发了另一些麻烦。

斯坦伯格十分适合出任国家安全事务助理一职，他曾在比尔·克林顿的第二届政府中任副国家安全事务助理，从而培养了出色的才能，在

---

① Alter, *The Promises*, pp. 67 - 76.

为总统出谋划策时兼顾大战略与国内政治。他为奥巴马政府做出了重要贡献，主要是在对华政策上。两年后他离开了国务院，这对奥巴马来说不啻为一个损失。

综合来说，奥巴马在组建国家安全团队时把助长他进步一面的竞选顾问排除出核心圈，或被降级使用，而任命使他更现实的局外人或自己的竞争对手出任要职。选詹姆斯·琼斯将军出任国家安全事务助理体现出了奥巴马的愿望，他希望网罗一些资深的防务和外交专家组成一个经验丰富的团队，弥补自己理想化、年轻和经验不足的形象。琼斯的军队履历十分具有说服力，他曾任海军陆战队司令和北约盟军最高指挥官。但是他对奥巴马和其世界观几乎一点都不了解；事实上，他与奥巴马的竞选对手约翰·麦凯恩关系更密切。琼斯有能力协调众多外交机构的工作，但他并不被认为是一位国际战略家。

无论什么原因，奥巴马的选择都证明他需要的是一位协调人，而不是像亨利·基辛格或兹比格涅夫·布热津斯基那样的战略决策者，作为他在国家安全事务上最密切的顾问。这种选一位协调人出任国家安全事务助理的喜好也在延续着，仅仅两年后他就提名汤姆·多尼伦作为琼斯的继任者。在任琼斯副手期间，多尼伦显示出了娴熟的协调技能和敏锐的政治嗅觉。但是他的外交经验十分有限，之前只是在国务卿沃伦·克里斯托弗手下担任过两年的办公室主任，起的同样是协调人的作用。奥巴马需要助手帮助他制订全面的战略以实现自己的宏伟蓝图，多伦尼似乎并不是合适的人选。

奥巴马任命上述两人的意图随着时间的推移逐渐显现，并变得愈加清晰：这位年轻而缺乏经验的总统想让自己成为整个国家安全战略的制订者。除了琼斯和多尼伦之外，他还得到了丹尼斯·麦克多诺和本·罗兹的帮助。他们在竞选时期就与奥巴马一起工作，后来都进入国家安全委员会工作，到2012年他们一起成了多尼伦的副手。然而，他们并没有在行政机构外交政策的经历，他们的职责仅仅是清晰地表述总统的外交政策，而不是勾画蓝图、构建理念。

奥巴马对于组建一个经验丰富的外交团队十分感兴趣，但他并不依靠他们制订整体战略，这也体现在他任命两位能人分别出任阿富汗－巴基斯坦问题特使和中东和平进程特使。理查德·霍尔布鲁克曾成功地促成了《代顿和平协议》的签署，结束了波斯尼亚战争；乔治·米歇尔曾成功地促成了《贝尔法斯特协定》的签署，结束了北爱尔兰的流血冲突。他们都十分适合为奥巴马处理最为复杂的外交问题。但是随着时间的推移有一点显露无遗，即奥巴马并不打算让他们自由发挥。与预期的相反，白宫束缚住了他们的手脚，并拒绝给予他们发挥其作用所必要的支持。霍尔布鲁克在其位上去世了，米歇尔在经历了两年失败的尝试之后也静静地离任。他们都没能完成使命。

尽管如此，奥巴马仍然坚信细致的权衡过程，要求指导国家安全委员会全体成员的想法，并提出一系列尖锐的问题，把他们的陈述重点化。他会认真地倾听众人的意见，然后考虑自己的想法，独自做出决定。通常情况下，尤其是在他决定向阿富汗增派军队的过程中，奥巴马充分花时间思考他的决定，使他身边的人在很长一段时间内都不知道政策偏向。有的时候，他会将事务的主导权牢牢握在自己手中，而不是让助手们去推行。

从这些方面来看，奥巴马有意承担起了繁重的工作，构思、陈述、有时甚至亲自执行他的外交理念。才华出众，自信自负，雄心勃勃，居高临下——他试图用自己的方式改造世界，自己一个人制订战略，而只让助手们负责维护。

一个未竟的事业

这一路走来，奥巴马从一个具有理想和远见的总统竞选人成为一个用实用主义手段实现其构想的总统。看似艰难的现状，把他从一位未来国际新秩序的筹划者转变为致力于修补关系、应对危机（最主要的就是世界经济危机）的领导人。然而，人们仍然能发现他试图在这一过程中塑造新的秩序。这就是奥巴马任总统的头三年的中心内容。如果以维护美国的利益为评价标准，那么结果相当好；如果以实践其理想中的国际新秩序为评价标准，那只能说还有很远的路要走。

正如我们在本书中所列举的那样，奥巴马在外交领域也取得了一些引人注目的成就：他重塑了美国在多数国家心中的形象，重新开始了同俄罗斯的关系，有效地处理了对华关系，促成联合国安理会通过了对伊朗实施严厉制裁的决议，签署了一系列拖延已久但颇受欢迎的自由贸易协定，通过了《削减战略武器新约》，消灭了本·拉登、显著削弱了基地组织，从伊拉克撤出了战斗部队，以及开始削减阿富汗的驻军。

当然，奥巴马显然也遭遇了一些挫折：巴以和平进程毫无进展，伊朗仍然试图拥有制造和投送核武器的能力，朝鲜还在发展自己的核军备，美国和巴基斯坦之间的矛盾在加深，墨西哥充斥着毒品和暴力，美国在穆斯林世界的形象与小布什执政时期一样差，还有在应对气候变化方面遭到了沉重的打击。

不过，慢慢地，人们会发现国际秩序出现了有希望的转变：20 国集团在共同应对世界经济危机达成了某些合作；联合国安理会通过了1973 号决议，授权成员国使用任何必要的手段保护利比亚平民的安全；中国和俄罗斯支持对伊朗实施制裁。

取得这些成就和遭遇失败可以部分地归因于其所面对的巨大困难，例如人们普遍认为这场全球经济危机是由美国引起的，要在这样的情形下重塑世界秩序显然困难重重；在华盛顿，两党分歧严重，这分散了总统的精力，并阻碍了一些极其重要的外交目标的达成，比如应对气候变化。这也可以部分地归因于每一位新总统的艰难的学习曲线，尤其是他坚决要将外交事务的主导权牢牢抓在自己手里。另外一部分可以归因于奥巴马所接手的现实，一些事情的发展超出了他所能控制的范围，导致他制订的最好计划无法实现。

现在奥巴马遭遇了未曾料到的阿拉伯世界革命，这迫使他提高了促进民主化进程的优先等级，尽管这么做有损于美国在中东这个重要地区长久以来形成的外交和安全利益。尽管这些危机为贝拉克·奥巴马提供了潜在的改变历史轨迹的新机遇，他的总统任期凸显了正在席卷全球的剧烈变革，和实现自己愿望与设想的过程中面临的一系列艰巨挑战。

我们一起试图从奥巴马渐进的处理国际事务的点点滴滴中整理出一些关键性的问题来分辨出他的整体性外交战略。很多外交政策专家已经就奥巴马的核心思想提出了太多相互矛盾的观点，这也说明发掘其中的真相有多么困难。我们的核心观点是认为奥巴马是一位有能力的实用主义者。无论他在这一过程中犯过什么错误，在时代的大背景下他很好地保护了美国的利益，阻止了经济危机的蔓延和深化。但他尚未为外交事务打上自己难以磨灭的烙印，也没能改变人类历史的轨迹向他所期望的更好的方向前进。实际上，他失去了阐释自己的远大理想的能力——将日常的国际事务管理工作同自己的远大抱负联系起来，领导这个国家和全世界向更好的方向发展。

从某种程度上说，奥巴马在制订外交政策时面对的挑战取决于全球经济危机的严重程度，同时也取决于领导这个严重分裂的国家所面临的国内政治困境。尽管如此，总统必须直面现实，兵来将挡，水来土掩。奥巴马不是第一位在上任后发现困难远远超出自己竞选时预想的最高行政长官和世界最有权力的人。无论他能就任一届还是两届，最终奥巴马的政绩将主要取决于他能在多大程度上帮助美国恢复经济增长、自信和国际形象。他想治愈这个因政党纷争而严重分裂的国家，他似乎不可能在可预见的未来做到这一点。但他可能仍然有机会做一些更重要、更基础的事情：让这个经受了创伤的国家在他领导下重新站立起来并维持这个国家的领导地位，尽管世界正处于变革的时代，但它仍然需要美国的领导。

第二章

新兴大国：中国

当今国际体系的一个突出特征就是新兴大国的地位日益上升。这种转变已经持续了几十年，在全球金融危机的背景下显得更加引人注目。中国的发展是迄今为止国际体系中发生的最重要的事件。自2009年1月以来，北京方面已经向奥巴马总统提出了一系列涉及各领域的议题，显示了这个新兴大国的诉求。奥巴马在处理涉华问题时会根据中美关系的特点采取有针对性的措施，与此同时他也不放弃重塑国际秩序的远大理想，鼓励新兴大国在国际和地区事务中发挥更具建设性的影响。

中国：奥巴马的假设

奥巴马在竞选总统之初没有什么中国背景，然而制订对华政策几乎涉及除战争外他所面临的所有主要问题。不出所料的是，随着时间的推移，这项政策逐渐在期望和实行上都发生了转变。在奥巴马任职期间，中国无可争议地成为世界第二大经济体和军事实力增长第二快的国家。① 此外，中国已经成为世界最大的能源消费国和温室气体排放国。② 简而言之，中国是推动全球发展的主要因素，这一大背景深刻地影响了奥巴马政府的对华政策。在任职期间，总统发现要在重大

---

① David Barboza, "China Passes Japan as Second – Largest Economy," *New York Times*, August 15, 2010. 关于以国防开支衡量军事实力大小的情况，参见："The World's Biggest Defense Budgets," *Economist Online*, March 9, 2011 (www.economist.com/blogs/dailychart/2011/03/defense_ budgets).

② 见 Spencer Swartz and Shai Oster, "China Tops U. S. in Energy Use," *Wall Street Journal*, July 18, 2011; "China Overtakes U. S. in Greenhouse Gas Emissions," *New York Times*, June 20, 2007.

的国际问题上获得进展通常都需要中国的积极配合或者至少需要其保持中立。

　　甚至早在当选之前，奥巴马就决定要将中国视为具有影响力的大国——不仅在双边关系和地区事务中，而且在全球事务中也一样，将鼓励中国更加积极地参与到现有国际体系基本规则和目标中去（或者就像罗伯特·佐利克在2005年表示的那样，把中国视为"负责任的利益攸关者"。)① 这种做法基于一种假设，即中国感到被美国长期轻视而不满，现在则会对这样邀请中国坐上"贵宾席"的表态表示欢迎。因此，中国获得大国地位不仅准确地反映在随着全球经济危机的不断深化其国家影响力不断扩大上，也旨在让中国的领导人和公众参与更多合作。

　　奥巴马在竞选时期做出的另一个决定是美国应当更多地介入整个亚洲地区。在他看来，小布什政府与中国和日本（至少在小泉纯一郎时期）维持了相对较好的关系，但却忽视了作为一个整体的亚洲。突出的表现就是高层官员并不经常到访这一地区，而小布什在亚洲发表讲话时也总是强调其在全球反恐战争当中的重要地位，而不是听众们关心的地区问题。②

　　奥巴马在竞选时期就认识到美国的未来是与亚洲紧紧绑在一起的，这一地区对美国的长期繁荣是最为重要的。因此，他决定支持美国在该地区的盟友和伙伴，参与并帮助发展地区性组织，与中国建立新型的建设性关系，避免双方出现零和博弈，直接而坚定地应对中国的敏感行为。③

---

　　① 佐利克演讲全文，可见："Whither China：From Membership to Responsibility?"（www. ncuscr. org/files/2005Gala_ RobertZoellick_ Whither_ China1. pdf）.

　　② Kenneth Lieberthal， "The U. S. - China Relationship Goes Global," *Current History*（September 2009）：1 - 20.

　　③ 在奥巴马两年多任期中对于这一观点最系统化的表述见：Hillary Rodham Clinton， "America's Pacific Century," *Foreign Policy*，November 2011（www. foreignpolicy. com/articles/2011/10/11/americas_ pacific_ century? page = full）.

中国的情况

值得注意的是，中国领导人对于以上多数问题都持不同的看法。北京方面清楚地意识到美国消耗在中东地区那场不受欢迎的战争中、无法在中国周边地区投入过多精力符合中国的利益，尽管他们从未正式表达过这个想法。① 中国人也对小布什总统感到非常满意，他认为在世界上就要靠硬实力说话，他的行为经常支持自己的言论，他决定维持与中华人民共和国的良好关系。② 在这一点上，北京认为小布什相对忽视亚洲地区事务是件好事，尤其是美国的战争政策以及相关的外交行为可能会削弱华盛顿强行施加自己意志的能力。

况且，在奥巴马总统就职时，正值中国对美国的看法产生巨大变化的时候。自19世纪后半叶起，中国经历了一段苦难的历史，它渴望走上一条通向财富和权力的康庄大道，这是该国长期的指导思想和理念。仅仅是在最近几十年中，中国领导人和民众才开始有了自信——他们走上了正确的道路。③

在这样的背景下，美国在中国人心中投下了巨大的阴影。作为一个超级大国，美国既可以帮助中国在迅速提升经济实力的同时融入国际体系，也可以极大地挫败中国的这种努力。在安全领域，美国的实力是决定亚洲各国行为方式的关键因素，特别是影响到了北京将台湾置于其控制之下的愿望。事实上，从反恐到协调各国共同应对金融危机再到应对气候变化，在任何一个重要的全球性议题中美国都是最大的幕后推手。

此外，中国向美国学习以便更好地理解真正的现代经济体系是如何运行的。他们并不打算完全照搬美国的经济模式，尤其是韩国和其

---

① 刘建飞：《"战略机遇期"与中美关系》，《瞭望》2003年第3期。引自：www.xslx.com/Html/gjzl/200301/2960.html。

② 通常情况下，相比美国的自由派民主党人而言，北京更喜欢同保守的共和党人打交道。因为后者支持自由贸易，更加务实，也更注重硬实力。而前者的支持者们则更强调人权、软实力和"公平"贸易，这些都是对华关系中的敏感议题。

③ Kenneth Lieberthal, *Managing the China Challenge* (Brookings, 2011).

他一些亚洲国家的模式提供了更适应中国思维的发展道路。① 然而中国认真学习借鉴了美国经济体系的核心要素，在调整自己的改革方向时很大程度上受到了美国模式的影响。这一点在金融部门表现得最为明显。②

2008 年底和 2009 年上半年，持续发酵的金融危机显然影响了中国对美国的这种看法。先前，许多中国金融机构的高管和相关智库都认同美国以金融业为先导实现经济现代化的方式，但现在他们开始质疑美国原先过度依赖金融服务业，并严厉批评美国在看似成功的表象背后蕴藏着严重的危机。他们认为，发生在发达工业国家的金融和经济危机证明了中国走国家资本主义道路发展经济的正确性。③

更加根本性的问题是，美国经济在危机中付出了极大的代价，美国的实力和前景受到了显著削弱。随后的美国经济复苏缓慢，充满了不确定性，这似乎表明冷战结束后美国获得的全球领导地位将很快趋于终结，带来了一系列有关这个国家今后能力的问题。这种观念体现在中国认为华盛顿似乎没有能力认真处理自己的财政问题，这种财政上的束缚很可能最终迫使美国减少在各领域的投入，比如教育、科技、基础设施建设、新能源，以及军事等维持国家实力所必需的项目。

此外，对中国而言，全球金融危机只是一场贸易危机，而不是全面的金融危机。出口在 2008 年至 2009 年的那个冬天出现了急剧下滑，据报道有 2000 万人失业。④ 但是中国的银行并没有购买那些令其他国家的银行深陷困境的高风险金融产品，中央政府还下令国库和主要国有商

① Seung – Wook Baek, "Does China Follow The East Asia Development Model?" *Journal of Contemporary Asia* 35, no. 4 (2005), pp. 485 – 498 (http: //search. proquest. com/docview/194233624/130479457631AB39530/20? accountid = 26493).

② Ed Steinfeld, *Playing Our Game* (MIT Press, 2010).

③ Yang Yao, "Beijing's Motives Are Often Just Pragmatic," *Financial Times*, February 6, 2011; Zheng Yongnian, "China's Model of the U. S., Which Is More Effective in Coping with the Financial Crisis?" *People's Daily Online*, May 12, 2009 (http: // english. peopledaily. com. cn/90001/90780/91344/6655878. html).

④ Keith Bradsher, "China's Unemployment Swells as Exports Falter," *New York Times*, February 5, 2009.

业银行在全国范围内释放流动资金，保持经济快速增长。① 这一战略导致经济在 2011 年到 2012 年间出现了严重问题，但它保障了国民生产总值自 2009 年下半年起平稳增长。②

中国人习惯从"综合国力"的角度看问题，这是一个经济、军事和软实力的松散结合体。③ 自 2007 年起，他们就希望综合国力迅速上升，目标是到 2013 年成为世界各国普遍承认的全球主要大国。他们并不怀疑美国在未来几十年内仍将在综合国力一项上保持其优势地位，但中国国内现在已经开始讨论一旦获得全球性大国地位需要承担的责任与面临的机遇。④

被中国人视为"美国制造"的这场全球金融危机极大地改变了这一系列前提。2010 年，中国人普遍接受了这样的观点：中国和美国在综合国力上的差距显著缩小，这一趋势显然对中国有利。⑤ 此外，中国在 2009 年突然发现自己成了一个重要的全球性大国，能在经济复苏、气候变化、核扩散和反恐等问题上发挥至关重要的作用。

这种异常迅速的转换给中国领导人带来了一些麻烦。中国的部分精英和多数普通民众都相信中国正在赶超美国。领导人日益感受到要求中国在外交上对美国采取更强硬的姿态的公众舆论的强大压力。此外，中

---

① Dexter Roberts, "China's Stimulus Package Boosts Economy," *Business Week*, April 22, 2009.

② Victor Shih, "China Takes the Brakes Off," *Wall Street Journal*, July 22, 2009; David Barboza, "China's Boom Is Beginning to Show Cracks, Analysts Say," *New York Times*, June 21, 2011; Kelvin Soh, "Chinese Banks Falter as Slowdown, Tightening Bite," Reuters, June 21, 2011.

③ Central People's Government, People's Republic of China, "China's Peaceful Development," white paper, September 6, 2011 (www. gov. cn/english/official/2011 – 09/06/content_ 1941354_ 2. htm).

④ Dong Wang and Li Kan, "Eying the Crippled Hegemon: China's Grand Strategy in the Wake of the Global Financial Crisis," paper prepared for the annual meeting of the American Political Science Association, Washington, September 1 – 4, 2010. 王缉思：《中国的国际定位问题与"韬光养晦、有所作为"的战略思想》，《国际问题研究》，2011 年第 2 期。

⑤ Kenneth Lieberthal, "Is China Catching Up with the U. S. ?" *Ethos*, no. 8 (August 2010), pp. 12 – 16.

国忽然间必须背负起全世界的希望，北京将承担更多的作为一个主要大国的责任，比如应对全球经济危机。然而，北京方面尚未就如何处理此类问题达成一致。

决定北京方面反应的一个根本性因素是对美国整体意图的严重怀疑。简单地说，就是中国确信作为世界第一强国的美国必然会采取积极行动以减缓或打断中国的崛起。无论是在普通民众还是精英阶层中，这种基本的看法令中国人相信美国的任何一个举动都是一项高度协调、严格的、战略性的计划的一部分，目的就是把中国卷入一系列国际责任，分散中国在发展发面的注意力，恶化其同邻国的关系，增加不安定的因素，这样一来美国就能趁机让中国共产党倒台。众多的事例令中国人对这种说法深信不疑，比如1989年美国积极支持天安门广场的示威者、华盛顿在全球推进民主化进程、对台军售、苏联解体近20年后美国仍然在亚洲维持了原有的联盟体系，以及一种现实主义政治观认为没有任何一个霸权国家会无视一个主要新兴大国的崛起而不进行打压。①

在这种情况下，奥巴马政府在就职时对于如何提升中美关系的理念，在很多重要的细节上并没有引起北京的共鸣。全球金融危机戏剧性地改变了这一时期的国际大背景，一定程度上给奥巴马新政府的总体战略带来了更大的挑战，也使谨慎的中国领导人更不容易接受。另外，随着某些重要截止日期的临近，尤其是2009年12月的哥本哈根会议，加剧了两国关系中的紧张。这是因为美国政府眼中中国在全球事务中发挥的作用与北京的看法相去甚远。

久而久之，奥巴马政府的政策发生了变化。在2010年以及2011年的多数时间里，美国更积极地回应中国在亚洲的举措，常常是应亚洲盟友和伙伴的要求。2011年底，美国政府强调了一项综合性的亚洲战略，从印度到澳大利亚再到日本，跨越整个地区，清晰地表明美国在未来几十年内仍将维持在亚洲领导地位。政府里，尤其是国务院里的一些人认为这项政策主要是为了遏止中国对该地区的威胁。然而，尽管奥巴马本

---

① Kenneth Lieberthal and Jisi Wang, "Understanding and Dealing with U. S. – China Strategic Distrust" (Brookings and Peking University, 2012). 研究中国看待美国在气候变化问题中行为的专著，参见：Kenneth Lieberthal and David Sandalow, *Overcoming Obstacles to U. S. – China Cooperation on Climate Change* (Brookings, 2009).

人对于中国并未在他认为至关重要的经济和贸易等问题上做出回应感到越来越沮丧，但他也没有接受中国必然会对美国造成威胁的说法。奥巴马认为，一项成功的地区总体战略对美国的国家利益至关重要，他仍然相信站在长远的角度与中国在最大程度是实现互利共赢是很重要的。

一个充满希望的开始

奥巴马政府任用了一批经验丰富的中美关系专家，尤其是国家安全委员会东亚事务资深主任杰弗里·贝德和副国务卿詹姆斯·斯坦伯格。这些人十分了解在每个新政府上台之初的中美关系模式：头一到三年新政府试图纠正其前任似乎过度迁就中国的政策，使两国关系变得困难；之后新政府将会意识到前任政策的价值和抛弃该政策所付出的代价，开始改善双边关系；在经历困难期之后，历届政府（具有讽刺意味的是，由于1989年发生了政治风波，同中国最为友好的老布什总统是个例外）都将中美关系推进到了一个前所未有的高度。

奥巴马政府决心不再重复这一过程，尤其是在世界经济危机的大背景下，同中国建设性地去解决这个问题十分重要。此外，当局认为执政第一年的主要任务是确立双边关系的总体走向，在两国重要官员间建立起私人联系，在一系列重要问题上设立协商记录，以便于了解今后如何完美地处理两国关系。

在第一年中，促进经济复苏以及重新构建世界经济秩序、应对气候变化和防止核扩散这三大议题集中体现了中美两国在国际事务中开展合作的可能性和局限性。

应对金融危机

金融危机使得国际金融和经济事务的主导权迅速从七国集团扩散到20国集团。20国集团作为应对亚洲金融危机的一部分成立于1999年。[1] 它同样反映了世界各国经济实力的变化，即七国集团的成员国再

---

① 关于20国集团历史、机构和功能的简要介绍，参见：www. g20. org/about_ what_ is_ g20. aspx.

也无法支配世界经济了。奥巴马政府完全接受 20 国集团作为治理全球金融危机的重要组成部分。20 国集团峰会通常每年举办一次，2009 年在伦敦和匹兹堡各举办了一次，2010 年在多伦多和首尔各举办了一次，2011 年在戛纳举办了一次。

2009 年，奥巴马政府与中国政府共同努力，促使 20 国集团支持各国出台必要的经济刺激方案以应对金融危机。这一做法在欧洲，尤其是德国遇到了巨大的麻烦。① 中国的支持证明是受欢迎的，就像上文提到的那样，北京方面在 2009 年至 2010 年间出台了全世界规模最大的一揽子经济刺激方案。② 然而，中美两国在 20 国集团内的合作随着世界经济的复苏开始逐渐淡化，因此到了 2010 年的首尔峰会，美国关注的是中国在助长国际收支不平衡中的作用，而北京则反过来指责美国的财政和货币政策问题。③ 在 2011 年的 20 国集团峰会上，欧洲债务危机成了关注的焦点。

2009 年 11 月，奥巴马总统前往北京对中国进行了国事访问，巩固了两国之前达成的一致，并为今后的合作打下了坚实的基础。在两国首脑会晤后发布了一份联合声明，美国承认中国拥有自己的核心利益（中国用这个词语来表示它在台湾、西藏和新疆问题上坚定不移的立场），并将给予中国作为一个主要大国所应有的尊重。这份联合声明还确认"中国欢迎美国作为一个亚太国家为本地区和平、稳定与繁荣作出努力"，并提出了一个双方都认为十分重要的问题：在建交 30 年后，仍然没有消除各自对对方长期意图的误解。④ 奥巴马总统和胡锦涛主席表示将直接处理这一问题。最终，双方都认为他们为在哥本哈根达成一致奠

---

① Sarah Marsh, "Europe to Urge Exit from Stimulus Schemes at G20: Merkel," Reuters, June 19, 2010.

② Ariana Eunjung Cha and Maureen Fan, "China Unveils $586 Billion Stimulus Plan," *Washington Post*, November 10, 2008.

③ Ding Qingfen and Wang Bo, "U. S. – China Conflict May Be Central at G20 Summit," *China Daily*, October 23, 2010 (www. chinadaily. com. cn/world/2010 – 10/23/content_ 11448522. htm).

④ White House, Office of the Press Secretary, "U. S. – China Joint Statement," November 17, 2009 (www. whitehouse. gov/the – press – office/us – china – joint – statement).

定了基础，尽管其中的详细情况并未公开。

2009 年 11 月的峰会遭到美国媒体的严厉批评，这当然是不公正的。① 事实上，双方在此次会晤中努力巩固了两国合作的基础，把中美关系引向未来，并在中国对世界发挥更为重要作用的基础上做出具体调整。考虑到这件事发生在新政府上台一周年之际，整个世界仍然陷在金融危机的泥潭中，它突出体现了奥巴马政府执政初期对华战略的有效性。然而随着事务的发展变化，这种友好不可能自然而然地保持。

应对气候变化

气候变化是奥巴马总统特别重视的一个议题，在他访问北京后该议题移到了中美关系中的前端。由于该议题需要同时考虑国际和国内因素，并像中美两国在其他许多领域的合作那样包含了不信任的因素，因而需要对此做更为细致的梳理。

小布什政府在上台之初曾表示支持限制温室气体排放，但很快就放弃了这一立场转而认为这一行动会对美国的经济增长产生潜在的负面影响。2001 年，小布什政府正式退出了由克林顿政府签署、但并未批准生效的《京都议定书》。从那时起，小布什政府对国际社会限制温室气体排放的态度一直徘徊在勉强接受和强烈反对之间。②

奥巴马总统声明强烈支持为阻止气候变化付诸努力，他任用了一批该领域的专家，决心彻底改变小布什政府处理这一问题方式。至于在同中国在该领域开展合作，奥巴马任命美籍华裔诺贝尔奖获得者朱棣文为能源部长，给人带来了特别的期望。朱部长在中国拥有摇滚明星般的人气。

2009 年，中国和美国是当时世界上最大的两个温室气体排放国，

---

① Helene Cooper, "China Holds Firm on Major Issues in Obama's Visit," *New York Times*, November 17, 2009; Barbara Demick, "China Not in a Gift - Giving Mood," *Los Angeles Times*, November 18, 2009.

② Tony Karen, "When it Comes to Kyoto, the U. S. Is the 'Rogue Nation'," *Times*, July 24, 2001. Llody de Vries, "Bush Disses Global Warming Report," *CBS News*, June 4, 2002; Sheryl Gay Stolberg, "Bush Proposes Goals on Greenhouse Gas E-missions," *New York Times*, June 1, 2007.

许多科学家都认为中国的排放量在 2008 年已经超过了美国。但是中国长期以来一直在气候变化问题上坚持自己的立场，要想改变并不容易。中国坚持认为《京都议定书》将各国归入附录 I（工业化国家，需要为当前的温室气体问题负主要责任，应当在减排过程中起带头作用）和附录 II（发展中国家，没有强制性的减排义务）是十分合理的，中国应当继续作为附录 II 国家。中国可能会改变传统的"一切照旧"政策，在国内采取积极行动减少温室气体的排放，但它不会同意强制自己减排的国际公约。①

这一态度符合中国更大范围上的国际努力以使国际社会继续承认其"发展中国家"身份，不管其国内生产总值大小，这个做法给中国带来了既有象征意义、又有实际价值的好处。如果国际社会能够接受，那么中国作为附录 II 国家可以在国内采取一些重要步骤发展和应用清洁能源技术，而不必承担国际义务。这样一来中国就能灵活地调整减排目标，而且不违背国际公约、受到可能的难堪的国际监督。

对奥巴马总统而言，让中国在哥本哈根发挥建设性的作用对于在美国国内建立碳排放交易体系限制未来的温室气体排放量十分重要。碳排放交易体系的反对者们认为，中国不会采纳碳价，这将导致中国在全球制造业中占有相对优势，美国企业为了获得竞争力会将生产车间转移到中国，而中国碳排放量的增加将抵消美国的减排努力。简言之，他们认为，如果中国没有实施对等的政策，美国的碳排放交易体系扼杀了本国的就业机会，却无法减少整个世界的温室气体排放量。奥巴马总统希望中国能在这个至关重要的问题上与他合作，气候变化特使托德·斯特恩致力于实现这一目标。②

在哥本哈根气候大会召开前的几个月，北京方面担心的事情不少，其中之一就是对奥巴马的能源立法能否在参议院通过缺乏信心。在中国国内，那些反对在哥本哈根会议上承担国际义务的人认为，在该领域对

---

① "China Strives for Renewal of Kyoto Protocol," *China Daily*, June 9, 2011（www. chinadaily. com. cn/world/2011 – 06/09/content_ 12669445. htm）. 中国对该问题的立场第一次出现松动是 2011 年在南非德班举办的缔约方会议上。

② Kenneth Lieberthal, "U. S. – China Clean Energy Cooperation：The Road A-head," Policy Brief 09 – 07（Brookings, September 2009）.

中国施加压力是奥巴马政府诱使北京方面承担这些义务的一项计谋。在他们看来，奥巴马政府之后会借口没有在参议院获得通过而背弃自己的承诺。在这种情况下，中国将在竞争中处于不利地位，给经济发展造成困难。奥巴马总统对医疗卫生改革的专注为这种思想提供了佐证，因为这使得他再花费大量政治资本促使参议院通过碳排放交易立法的可能性大大降低。

以上两段叙述说明两国都必须做出让步，否则就无法在哥本哈根达成实质性的协议。我们永远无从知道如果美国参议院支持碳排放交易法案，中国将怎么做。从历史经验上看，在温室气体排放问题上北京方面总是反对改变《京都议定书》，即使奥巴马政府证明能源法案能够获得通过也是如此。而中国人也有理由怀疑美国：一位中国负责环保事务的高级官员，每一次到访华盛顿，他都在行政机构备受鼓舞，但到国会山后就确信参议院不会通过必要的立法。[1] 他的悲观最终被证明是有道理的，那位负责中国环保事务的高级官员最后成为了中国能源政策的主要制订者。这些政策鼓励非矿物燃料的开发，提高能源能效，但中国仍反对就《京都议定书》确立的框架和自身在其中的地位做任何实质性的改变。

因此，在2009年12月的哥本哈根气候大会上，中国表达的立场就是捍卫其在《京都议定书》中的原有地位，而这是奥巴马政府无法接受的，这将失去通过碳排放交易法案的所有希望。[2] 在哥本哈根，奥巴马政府必须起到穿针引线的作用：要让中国向全世界表明它愿意承担减少温室气体排放的责任，但美国不愿意在国际公约上签字，因为美国参议院几乎肯定不会批准这一总统造成的既成事实。[3]

在这种情况下，在哥本哈根气候大会结束前的最后一个晚上，中国、印度、南非、巴西和美国的领导人举行的非正式会谈带来了奥巴马期待的成果。这次会晤向北京方面传递了一个信号，即整个大会将以失

[1]　私下交流。

[2]　Edward Wong and Jonathan Ansfield, "China Insists That Its Steps on Climate Be Voluntary," *New York Times*, January 29, 2010.

[3]　奥巴马政府从《京都议定书》的结局中吸取了教训。副总统戈尔力主签署了这一公约，但它从未接近于获得参议院的批准。

败告终，而中国将要对此承担主要责任。北京的立场因此有所松动，中方同意通过一项折中方案，中国仍然无须承担正式的国际义务，但要保证国内制订减排目标并写入国际公约，采取相关措施至少在实际操作中做出积极的转变，这就是随后签署的《哥本哈根协议》。① 奥巴马总统获得了战术上的胜利，但离他自己最初制订的 2009 年应对气候变化目标还相去甚远。

防止核扩散

核不扩散作为中美关系中的一个议题。在上台之初，奥巴马政府在该领域关注的焦点是应对朝鲜核计划带来的威胁。尽管奥巴马政府认为朝鲜是全球防止核扩散工作中重要的一环，但不是他们制定亚洲政策的主要考虑因素。

尽管在小布什政府时期，美朝关系总体上令人担忧，但 2007 年 10 月六方会谈达成的协议还是在朝鲜中止钚项目并完全公开整个核计划方面迈出了重要的一步。② 奥巴马政府希望更进一步，完全实现朝鲜的"去核化"，这样一来他们就无法重启或轻易地继续推进其核计划。然而，看看朝鲜过去违背协议的记录（包括 2007 年 10 月的协议），奥巴马政府决定不为朝鲜重返六方会谈提供优厚条件，也不会接受朝鲜方面违背 2007 年 10 月以后达成的协议。美国在该问题上寻求中国的合作。

一个主要的问题是小布什政府留下的复杂局面。尽管在 2007 年达成了协议，但也证明美国只是在朝鲜每进行一次核试验后才愿意与其打交道。平壤方面从一系列事件中汲取的教训是展现其核计划上的进展是

---

① 《哥本哈根协议》的具体内容见：http://unfccc.int/resource/docs/2009/cop15/eng/107.pdf.协议的签署受到了各方普遍的欢迎，但该协议同整个大会一样并不具备约束力。在会议召开期间，这些变动导致中国代表团内部发生了争论，在中方妥协的情况下代表团中的一位重要成员公开提出了异议。中方采取这种行动产生的争议有多大，从如下情况就能反映出来：那位公开对自己的领导表示异议、批评中方妥协的代表团成员并没有受到任何处罚，也没有对他的仕途造成影响。以上内容基于李侃如对周五晚会议参加者的访问。

② Jonathan Pollack，"An Assessment of U. S. Strategy on Korea and a Policy Agenda for the Next Administration，" *Strategic Asia* 2008 – 09（Seattle：National Bureau of Asian Research，2008），pp. 135 – 164.

促使美国态度转向积极的关键。此外，朝鲜还宣称自己已经成为一个完全的核国家，美国和其他所有国家都必须承认这一事实。① 这些教训促使朝鲜在自己的道路上坚定地走下去，与奥巴马上台时定下的目标渐行渐远。

朝鲜在 2009 年 4 月 5 日第一次试射了远程导弹，并于 2009 年 5 月 25 日进行了第二次核试验，朝核问题立刻变成了头等大事。② 前两次的导弹试射取得成功，第三次失败，但这标志着朝鲜比之前任何时候都要接近获得打击美国的能力。核试验也取得了进展，清楚地表明朝鲜无意于完全放弃核武器计划。③ 朝鲜在以上两个方面取得进展是奥巴马政府解决朝核问题的转折点。

2009 年 6 月 5 日，詹姆斯·斯坦伯格和杰弗里·贝德飞赴北京，商讨合作应对朝鲜核试验的事宜。他们先期前往日本和韩国，协调各方立场。在北京，他们清楚地表明奥巴马政府将朝鲜核试验视为核不扩散问题的转折点。

起初，北京方面对朝鲜核试验进行了严厉的批评，并在联合国合作参与制订和通过新的严厉制裁措施。④ 然而在整个夏天，中国在执行联合国的制裁决议上的立场不断倒退，尤其是在提供财政支持方面。到了 2009 年 9 月，北京方面显然已经做出决定，加强与平壤的交往。由于在 2008 年夏季得了严重的中风，金正日的健康状况很不稳定，北京方

---

① 见 Jonathan Pollack, *No Exit：North Korea, Nuclear Weapons, and International Security*（New York：Routledge, 2011）. 帕勒克详细论证了核计划在朝鲜的安全战略中占有多么重要的位置，他对历史的回顾有力地证明了不可能诱导朝鲜完全放弃核武器。

② Blaine Harden, "Defiant N. Korea Launches Missile," *Washington Post*, April 5, 2009；"North Korea Conducts Nuclear Test," BBC, May 25, 2009.

③ Choe Sang - hun, "North Korea Claims to Conduct 2nd Nuclear Test," *New York Times*, May 24, 2009.

④ 联合国安理会第 1874 号决议，于 2009 年 6 月 12 日获得通过。全文见："Security Council, Acting Unanimously, Condemns in Strongest Terms Democratic People's Republic of Korea Nuclear Test, Toughens Sanctions"（www. un. org/News/Press/docs/2009/sc9679. doc. htm）. 也可见：Bonnie S. Glaser, "China's Policy in the Wake of the Second DPRK Nuclear Test," *China Security*, no. 14（2009）（www. chinasecurity. us/index. php? option = com_ content&view = article&id =287&Itemid = 8）.

面明显在寻求朝方对其政治和传统利益的理解。看起来朝鲜已经在进行权力交接，这也是导致北京采取上述做法的原因之一。10 月 4 日至 6日，温家宝总理访问了朝鲜（这是 2005 年以来中国最高规格的访朝代表团），随行者多为经济官员。① 随后，国防部长梁光烈率领一个军事代表团于 11 月 22 日抵达朝鲜。中国清楚地表明它致力于提升同朝鲜的关系。②

朝鲜的核计划在许多层面上与中国的利益背道而驰。它加剧了东北亚的紧张气氛，使朝鲜半岛拥有了中国不希望看到的核能力，并且中国牵头的六方会谈失去效用。然而 2009 年发生的一切证明，中国并不准备为制止核计划而对朝鲜采取足够强硬的立场。换句话说，这意味着朝鲜在当前和未来都将是引起中美关系紧张的一个因素。这也表明，为了国家利益（维持朝鲜的存在以使其继续发挥缓冲国的作用），中国在国际事务中（防止核扩散）所承担的责任的局限。③

总之，尽管存在种种问题，中美关系在奥巴马政府上台后的第一年中总体良好；相比之下，尽管有着共同的利益，2010 年的中美关系就要差得多。

"蜜月"之后

很难有把握地断定在奥巴马执政的第一年年末中国领导人对奥巴马总统的能力、强硬态度和目标的看法。在 2009 年底对北京的访问中，本书的其中一位作者向部长级别的官员们询问中国最高领导人对奥巴马总统的评价，得到的答案惊人的一致：奥巴马总统十分聪明，善于言辞，但是他在塑造历史的过程中加入了太多的信念。而在中国人看来，"现实政治"更为重要。美国政府的高级官员们认为，中国人的这些评价证明他们孤陋寡闻。事实上，奥巴马总统在会谈中不可能给胡主席留

---

① Chris Buckley, "China Vows to Stand by Isolated North Korea," Reuters, October 5, 2009.

② "China and North Korea Defense Ministers Pledge Ties," BBC, November 23, 2009.

③ 详细情况见第六章。

下理想主义或者可以任人欺凌的印象。① 无论怎样，接下来的几个月证明美国的态度十分强硬，在中国人看来带有清晰的战略意图。

这突出地体现在安全领域。在经济和贸易领域，两国都敏锐地意识到彼此相互依赖的程度。即使两国关系在特定问题上趋于紧张，也没有任何一方打算走得太远，双方会保持密切、精心的联系。然而在安全领域，紧张的气氛在南海、东海、黄海和中国的专署经济区不断升温。在国际事务中，中国显得一般不愿意做任何有可能降低其国内经济增长的事情，而是专注寻求拓宽获得能源和其他自然资源的渠道，并维持其继续扩大出口的能力。②

让事情变得更加复杂的是，美国的政治日历对中美关系设置了许多障碍。例如，每隔半年财政部就必须公布中国（或者其他任何国家）是否是货币操纵国。③ 此外，每年国防部都有发布中国军力发展分析的年度报告的义务。近年来，每一位总统都会在私人官邸或白宫西厅外的公共礼仪厅接见达赖喇嘛，如果不这么做就会被认为是向北京做出明显让步。而且，两国关系也因宣布允许台湾购买新的武器装备以提高军事能力而出现周期性的紧张。④ 以上每一个问题，还有其他一些问题，都严重刺激着北京的神经，新一代的中国领导人需要考虑如何表达他们的不满。

在前 11 个月的相对蜜月期过后，这个背后的政治日程走到了前台。2009 年，奥巴马政府在中美关系的这些传统问题上采取拖延的做法，以促使两国关系利用这一段平静期步入正轨。然而到了 2010 年，这些问题就再也无法回避了。的确，美国政府在 2009 年底告知中国，它将在 2010 年早些时候重启对台军售，并允许达赖喇嘛访问白宫。⑤ 北京方面表示抗议，但在包括美国官员在内的许多人看来，这种抗议不过是

---

① 基于李侃如所作的访谈。

② Central People's Government, "China's Peaceful Development."

③ 这些报告可以（经常是）经财政部长的慎重考虑推迟一段时间发布。

④ 小布什总统把年度审议改为不定期的决议，以缓解该议题每年都会造成两国关系极度紧张的状况。但是对台军售仍然是困扰中美关系的一个主要问题，许多人都主张每隔一两年就对该问题给予足够的重视是推动中美关系发展的积极因素。

⑤ 达赖喇嘛曾于 2009 年 10 月到访华盛顿，而奥巴马拒绝会见；那时距离 11 月的首脑会议只有一个月，白宫希望避免成为"往水里投毒的人"。这一决定遭到许多美国评论家的严厉批评。

走个形式而已。

如上文所述，世界经济危机影响了中国相对的国际地位，也影响了国民心理。不应感到奇怪的是，在这样的新背景下，北京至少会以更激烈的方式表达出自己的不满，尤其是在那些对美国的不满情绪长期积累的议题上。

中国认为美国虽然正在衰落，但它仍决定通过强有力的行动展示其当前的实力，并通过挑起国内的紧张气氛削弱中国。美国在 2010 年初的所作所为为这种论调提供了支持。奥巴马政府接连行动，1 月公布了对台军售，2 月 18 日达赖喇嘛在白宫得到了总统接见，这引发了中国的强烈反应。尤其是在对台军售问题上，中国表达情绪之激烈给美国决策者留下了深刻的印象。① 美国人认为他们已经预先告知了北京，但中国方面认为这些行动违背了 11 月两国联合声明的规定和精神，以上行为在新型的中美关系中（就是指美国的相对衰弱和中国的崛起）是不可接受的。②

北京方面之所以反应强烈也与其他一些事情有关，比如谷歌宣布将撤出中国，不会继续容忍中国政府对其搜索引擎的审查。③ 中美关系持续降温，很快触底，中国领导人胡锦涛拒绝承诺在 4 月份参加由奥巴马

---

① 实际上，1 月的声明只是"允许"台湾从美国购买特定型号的军事装备。详细情况见：Helene Cooper，"U. S. Approval for Taiwan Arms Sales Angers China," *New York Times*，January 29，2010. 关于达赖喇嘛访美带来的后果，见：John Pomfret，"Obama Meeting with Dalai Lama Complicates U. S. Ties with China," *Washington Post*，February 19，2010.

② 见 "China Denounces U. S. Arms Sales to Taiwan," *China Daily*，January 9，2010（www. chinadaily. com. cn/china/2010 – 01/09/content_ 9291821. htm）；Huang Xiangyang，"Deplorable for Obama to Meet Dalai Lama," *China Daily*，February 3，2010（www. chinadaily. com. cn/china/2010 –01/09/content_ 9291821. htm）；《就美售台武器提出严正交涉和抗议》，人民网，2010 年 1 月 31 日，http://politics. people. com. cn/GB/1026/10888178. html。邢世伟：《外交部：奥巴马会见达赖严重损害中美关系》，《新京报》，2010 年 2 月 20 日，http://news. sina. com. cn/c/2010 – 02 – 20/012619700995. shtml。

③ David Drummond，"A New Approach to China," Official Google Blog，January 12，2010（http://googleblog. blogspot. com/2010/01/new – approach – to – china. html）.

总统提议召开的核峰会，也没有确定其在 2010 年的访美行程（这次访问是 11 月北京峰会达成的共识）。胡锦涛清楚地感觉到只要美国商务部有可能宣布中国为货币操纵国，他就无法出席 4 月份的核峰会，而这份报告应该在峰会召开前不久发布。①

为此，美国政府精心安排了一次外交斡旋，副国务卿詹姆斯·斯坦伯格在新闻发布会上重申了美国政府的"一个中国"政策，并对中国支持联合国制裁伊朗表示欢迎。② 在核峰会开幕前的 11 天，胡锦涛主席宣布他将参加本次会议。③ 因为不这么做，中国就会背负恶名。如果中国仅出于对纯粹双边问题的不满，就不参加这次重要的国际防止核扩散大会，那么就会给人造成北京方面弃大国责任于不顾、坚持走狭隘的民族主义道路的印象。中国将做出正确选择的另一个表现是，胡锦涛主席已经同意在 4 月核峰会结束后直接访问拉美。

胡锦涛出席核峰会表明，中国在对美政策上回旋余地不大，有关对台军售和达赖访美的批评也渐轻。反过来，中国领导人离开美国后，财政部公布了半年报告，没有把中国列入货币操纵国。④

安 全 问 题

在整个 2010 年，亚洲地区事务给中美关系的发展造成了障碍，两国都发生了一系列事件，加深了对彼此的恐惧和不信任。两国领导人都希望保持双边关系的稳定，而各类更广泛的事件相互影响，强化了双方的不信任感，也为两国的怀疑者提供了口实。在 2010 年前，美国的亚洲政策既没有以中国为中心，也没有完全整体化，然而隐约可见的是中国的分量在不断加大。在两国领导人的共同努力下，中美关系在 2010

① "U. S. Treasury to Delay Currency Report to Congress," Reuters, April 8, 2010.

② U. S. Department of Secretary, "The Deputy Secretary's Trip to the Balkans and Asia," FPC Briefing, March 29, 2010（http：//fpc. state. gov/139203. htm）.

③ Keith B. Richburg, "President Hu Jintao of China to Attend Nuclear Summit in Washington," *Washington Post*, April 2, 2010.

④ 该报告在 7 月份公布，见："U. S. Treasury Releases Delayed China Currency Report," BBC, July 8, 2010.

年底变得更平稳了，然而两国之间的这种新型关系与奥巴马总统2009年11月北京峰会后的关系差异明显。到2011年底，两国关系促使美国出台了基本上以中国为中心、更为全面的亚洲战略。

美国越来越担心中国做出在它看来越来越独断的举动，特别是当涉及中国人民解放军时。这些行为在各地域有所不同，在某些情况下当地态势使问题更加复杂化。然而，一方面，随着越来越多的国家要求美国介入，平衡中国因经济实力的上升而获得的外交和安全利益，以防北京过于自信，最终的结果是美国更广泛更深入地介入整个亚洲地区；另一方面，中国也认为它在本地区面临更大的挑战，而美国在背后支持和怂恿其他国家。①

事实也许介于以上两者之间。在亚洲国家向华盛顿表达戒心的同时（它们是直接且通过高层发出呼吁的），美国的外交官们试图让他们放心。甚至早在入主白宫前，奥巴马就决定无论如何他都应该增强美国在亚洲的存在，削减驻伊美军（最终也要削减驻阿美军）。这包括增加高级官员访问该地区的频率，与本地区的盟友和伙伴发展更为紧密的关系，更加积极地融入亚洲的地区性组织，以及提高对地区事务的关注程度。该地区的国家主动向美国寻求更大的支持，这就等于在推一扇已经打开了的门。此外，个别美国官员有时会有意煽动对中国的恐惧，以促使亚洲国家接近美国。② 他们还促使美国做出更积极、更完整的回应，但这并不是美国的总政策。

中国与亚洲其他大国间的紧张气氛在2010年和2011年有所升级。各处的具体问题都是复杂的，并且塑造美国的行为。在日本，美国尽全力提升日本民主党对美国和美日同盟的支持。在韩国，美国的行动部分地取决于对盟友应有的支持，因为朝鲜发动了自20世纪80年代以来最严重的攻击行动，并且在核扩散问题上持续制造麻烦。在南海，越南和

---

① Edward Wong, "China Sees Separatist Threats," *New York Times*, January 20, 2009; "U. S. Shows of Force in Asian Waters a Treat to China: Magazine," Xinhua, August 15, 2010（http://eng. mod. gov. cn/Opinion/2010 - 08/15/content_ 4184307. htm）.

② Martin Fackler, "Cables Show U. S. Concern on Japan's Disaster Readiness," *New York Times*, May 3, 2011.

菲律宾加大了努力,希望美国支持它们各自的海权主张,他们自己也更积极坚持自己的立场。最终的结果是,美国发现自己由于种种原因加强了同该地区国家的关系,这些国家对中国的行为心存疑虑,其中甚至包括澳大利亚和印度。①

而北京方面认为这证实了自己的看法,即美国作为世界第一强国必然会积极寻求遏制中国崛起,以保护自身的特殊地位。中国的猜疑、言语和行动反过来又使美国的核心决策层更加确信中国对亚洲的野心在膨胀,军方在北京的外交政策制定中发挥着更加核心的作用,因此美国必须让对方相信自己将回击任何挑衅,以维护其在该地区的地位。这种看法在美国国务院的政策考量中表现得尤为突出。这种恶性循环加深了彼此的不信任,双方都坚持自己的立场。

此外,中国还展示了有选择地阻止美国军队进入西太平洋海域的能力,令人印象深刻,因为长期以来美国军队一直都能相对自由地进出这一区域。情况的改变对两岸关系和北京最终促使台湾接受"一个中国"的能力产生了影响。这也刺激了美国军方,他们努力提升自己的实力以击败中国的"地区拒止"战略,其中包括提出全新的"空海一体战理论"。② 中国认为自己的正当安全需求受到了威胁,而美国则认为自己的重要利益受到了潜在的挑战。双方又一次站在了引起了对方的担忧的立场上,而接下来双方采取的一系列行动加深了各自的忧虑。

还有三个因素促使北京在本地区摆出强硬的姿态。首先,中国的媒体认为中美之间的差距已经大大缩小,他们对政府施加了更大的压力,

---

① Brendan Nicholson, "U. S. Force Get Nod to Share Our Bases," *The Australian*, November 6, 2010 (www. theaustralian. com. au/national – affairs/us – force – get – nod – to – share – our – bases/story – fn59niix – 1225948576285); Jayshree Bagoria and Esther Pan, "The U. S. – India Nuclear Deal," Council on Foreign Relation Backgrounder, November 5, 2010 (www. cfr. org/india/us – india – nuclear – deal/p9663#p8).

② U. S. Army Corps, "Air – Sea Battle Concept Summary," November 10, 2011 (www. marines. mil/unit/hqmc/Pages/TheAir – SeaBattleconceptsummary. aspx); "U. S. Pledges Wider Military Presence across Pacific Rim," BBC, June 4, 2011; "Viewpoint: A New Sino – U. S. High – Tech Arms Race?" BBC, January 11, 2011. 美国国防部的报告使用"地区拒止"这一术语表述解放军的战略,但中国方面并没有采纳这一术语,并且对其适用范围提出了质疑。

要求政府在其长期坚持的立场遭遇挑战时不能退让;① 其次，随着时间的推移，中美关系的持续紧张扩大了中国强硬派的影响，无论是在国内政策还是在外交政策中都是如此;最后，军方正在发挥更大的作用，他们的作战能力和可使用新装备都在增强。②

朝 鲜

朝鲜 2010 年的鲁莽行动在北京和首尔之间打入了一个楔子，并强化了美韩同盟，以上两个结果都是北京不想看到的。这一年发生了三起决定性的事件：3 月 26 日韩国海军"天安"号舰沉没，46 人丧生;11 月 23 日朝鲜炮击延坪岛，造成韩国方面两位平民和两名军人丧生;朝鲜披露开始进行铀浓缩活动，直接违背先前的保证和承诺。③ 韩国方面组建了一个国际调查团，天安舰一打捞上岸就展开调查，其最终结论是一枚朝鲜的鱼雷击沉了军舰。④ 这是自 1953 年停战以来朝韩双方在冲突中造成的最大伤亡。然而中国坚持拒绝承认朝鲜的罪行，并在联合国安理会讨论应对措施时保护了朝鲜。最终，中国只同意联合国发表一份"主席声明"，这是一种最温和的处理方式。这份声明对袭击进行谴责并引用调查结果，却没有明确谴责朝鲜。⑤

---

① 《奥巴马或对台军售、会见达赖，2010 年中美恐翻脸》，《环球时报》，2010 年 1 月 4 日。《以网络自由名义，美国巩固网络霸权》，《广州日报》，2010 年 1 月 31 日，http：//news. xinhuanet. com/mil/2010 - 01/31/content_ 12905749. htm。

② Office of the Secretary of Defense, "Military and Security Developments Involving the People's Republic of China 2010" (www. defense. gov/pubs/pdfs/2010_ CMPR_ Final. pdf) .

③ "´North Korea Torpedo´ Sank South's Navy Ship: Report," BBC, May 20, 2010; Jack Kim and Lee Jae - won, "North Korea Shells South in Fiercest Attack in Decades," Reuters, November 23, 2010; Seo Yoonjung and Keith B. Richburg, "2 Civilians Killed in North Korea Artillery Attack," *Washington Post*, November 24, 2010.

④ "´North Korea Torpedo´Sank South's Navy Ship," BBC.

⑤ Chico Harlan and Colum Lynch, "U. N. Security Council Condemns Sinking of South Korea Warship," *Washington Post*, July 10, 2010; UN Security Council, "Statement by the President of the Security Council," July 9, 2010 (www. securitycouncilreport. org/atf/cf/% 7B65BFCF9B - 6D27 - 4E9C - 8CD3 - CF6E4FF96FF9% 7D/NKorea% 20S% 20PRST% 202010% 2013. pdf) .

　　"天安号事件"让中国处于十分尴尬的境地。朝鲜拒绝负责，北京不想在如此重大的问题上直接与平壤冲突。但是，这种挑衅实在是太过火了，引起了韩国的恐慌，美国坚定地站在自己盟友的一边（私下里，美国也在阻止韩国的报复行为，避免军事冲突升级）。最终的结果是中韩关系降温，而美国对中国十分不满，因为在这特别骇人的时刻北京仍然不愿谴责朝鲜的行为。① 随后，局势因美韩两国决定在西海（黄海）举行联合军事演习以显示它们的决心而趋于恶化。尽管演习显然不会进入中国的领海或专属经济区，但北京方面还是抗议说这是"对中国的威胁"。②

　　11月23日发生的"延坪岛炮击事件"使韩国人的愤怒到达了高潮，尤其是在年轻人中。中国再一次拒绝对朝鲜进行谴责，而是呼吁双方保持克制，防止冲突升级。③ 对于中国、美国和韩国三国关系而言，这次炮击事件强化了三月"天安号事件"后形成的局面。尽管中国私下暗示美国自己无法控制朝鲜，本国也在引导朝鲜做出更友善的举动，但中国的底线导致国际社会无法对朝鲜的猖狂挑衅进行干预。

　　与此同时，中国也为平壤正在进行的政权交接提供支持，金正日让自己的儿子金正恩接班。这种世袭性的政权交接方式在社会主义国家中是独一无二的，但北京方面最终决定表示支持，并多次欢迎金正日访问中国。④ 金正日于2011年12月突然去世后，北京方面立刻宣布支持金

---

　　① 朝鲜怎么考虑并不清楚。这次袭击可能是金正恩显示自己足够强硬、有能力继承父亲事业的一部分，也可能是运用惊人手段在中国和美韩之间打入楔子战略的组成部分。历史证明，朝鲜总是能够残忍而成功地离间那些有可能联合起来向其施压的国家。

　　② Martin Fackler, "U. S. And South Korea Begin Joint Naval Exercises," *New York Times*, November 27, 2010.

　　③ "China Calls for Restraint from DPRK and ROK," *China Daily*, November 24, 2010（www. chinadaily. com. cn/china/2010 - 11/24/content_ 11604656. htm）.

　　④ 金正日于2010年5月3日抵达中国。见：Blaine Harden, "Kim Jong Il Visits China, Shows Persisting Frailty," *Washington Post*, May 7, 2010. 他第二次到访中国是在8月26日，与第一次相距不到4个月。见："North Korea Leader Kim Jong - il Pays Visit to China," BBC, August 26, 2010. 金正日于2011年5月20日再次访问中国。见 "Top DPRK Leader Kim Jong - il Visits China," Xinhua, May 26, 2011（http: //news. xinhuanet. com/english2010/world/2011 - 05/26/c_ 13895772. htm）.

正恩合法继位。①

总之，中国坚持既定战略，加强同朝鲜的联系，在国际社会中为朝鲜提供庇护，尽管这给中国的外交造成了一些麻烦。这一切只是在 2010 年底发生了变化（也许仅仅是临时性的），北京方面严厉警告平壤不要在胡锦涛主席 1 月份访问华盛顿前做出任何挑衅的举动。

日　本

日本民主党的上台导致美日关系十分紧张，因为新政府呼吁重新思考美日同盟关系，渴望同亚洲、尤其是中国发展更为紧密的关系。② 而长期悬而未决的美国海军航空兵冲绳普天间基地搬迁问题又加剧了紧张的局势。③ 然而到了 2010 年底，两国的同盟关系要比之前稳固得多，主要是因为日本对中国的担忧在增加。④

随着日本民主党取代自由民主党执政，中国最初试图寻找机会提升中日关系，共同培育日本新领导人提出的东亚一体化理念。⑤ 然而在 2010 年全年，中日关系受到了一些低层次问题的困扰，其中包括长期以来中日两国在开发东海天然气资源问题上存在分歧，这些资源分布在两国专署经济区。⑥ 2010 年 6 月底，日本警告中国不要在其东北地区的 200 海里专署经济区内进行海洋调查。一艘中国的海事调查船在未经东京方面许可的情况下，考察了日本的"专署经济区"。⑦

然而，两个关键性的事件让东京方面大为光火。首先，在 2010 年 3 月和 4 月初，中国派遣小型舰队穿越了宫古水道。在此之前，东京方面从未在日本附近发现过如此多的中国船只；而当东京派遣船只监视第二批舰

---

① 详细情况见第六章。

② John Pomfret, "U. S. Concerned about New Japanese Primer Hatoyama," *Washington Post*, December 29, 2009.

③ 同上。

④ "China, Japan and the Sea," *New York Times*, September 24, 2010; Yuka Hayashi, "Japan's Defense Minister Seeks Stronger Military Ties to U. S.," *Wall Street Journal*, April 23, 2011.

⑤ Kyodo World Service in English (Tokyo), March 7, 2010.

⑥ 例如，见 Kyodo World Service in English (Tokyo), January 17, 2010.

⑦ *Mainichi Daily News*, June 23, 2010.

队时，据说中国人民解放军海军的一架卡 – 28 反潜直升机挑衅般地低空掠过日本驱逐舰"铃波"号，高度还不到 90 米。① 之后，在 2010 年 9 月，一位看似醉酒的中国船长驾驶渔船在日本宣称拥有主权的海域撞击了日方船只，当时后者正试图将其赶出该水域。日本政府将所有船员带上岸并拘捕了船长听候审判，北京反应强烈，最后据说切断对日本的稀土出口。考虑到稀土资源对日本电子产业和清洁技术的重要性，这被视为是带有强烈敌意的行动。② 以上这些引发紧张的事件最终导致美日同盟更加牢固，而日本的民众也表现出了对中国的极度反感。③

南　海

2009 年 5 月 13 日是南海地区各国向联合国提供自己在南海主权所有证据的截止日期，这必然会加剧该地区的紧张局势。④ 中国长期以来一直明确宣称对南沙群岛和西沙群岛享有主权。此外，中华人民共和国对南海的主权要求是基于 1949 年之前"中华民国"⑤ 政府主张的"九段线"。该线将整个南海的 80% 以上划入中国版图。尽管北京重申对这块区域的主权，但它并未试图用翔实的文献证明南海南部大部分岛礁应归其所有。⑥

对于南海岛礁的归属长期以来一直存在众多争议，中国大陆、文

---

① Kyodo World Service in English（Tokyo），April 13，2010.

② Keith Bradsher，"Amid Tension，China Blocks Rare Earth Exports to Japan，" *New York Times*，September 22，2010. 中国方面否认切断了对日本的稀土出口，并强调自己试图通过正常的外交渠道处理这一问题。但日本方面将此事提交到了冲绳的一家地方法院，因此这就变成了双方的主权之争。

③ Tomahisa Tsuruta，Shuhei Kuromi，and Toshimtsu Miyai，"Public Opinion of China Slumps，" *Yomiuri Shimbun*，October 5，2010（www. yomiuri. co. jp/dy/national/T101004003738. htm）.

④ Alister Doyle，"World Seabed Disputes Face U. N. Deadline，" Reuters，May 12，2009.

⑤ 此处引号为译者所加，译者注。

⑥ 对中方主张和相关事务的简要概括，见：Micheal D. Swaine and M. Taylor Fravel，"China's Assertive Behavior：Part Two：The Maritime Periphery，" *China Leadership Monitor*，no. 35（Summer 2011）（www. hoover. org/publications/china – leadership – monitor）.

莱、越南、菲律宾、中国台湾地区和马来西亚对于领土和专属经济区的
划分无法达成一致。中国和越南之间的冲突最为激烈，但是菲律宾和其
他国家也对中国的崛起感到紧张。① 中国的九段线主张让该地区的所有
国家都如坐针毡，尤其是当中国人民解放军海军和中国其他海事部门在
该地区出现的频率大大增加时。

南海争端以多种方式影响着中美关系。美国并未支持任何一个国家
的主张，但是它希望在解决这类争端时不要诉诸威胁或使用武力。它也
希望该地区继续向国际贸易开放，尤其是保障南海区域的航行自由。

中美两国在南海问题上的第一次重要交锋发生在 2010 年 7 月 23 日
举行的东盟地区论坛河内会议上。② 中国外交部长杨洁篪听到了东盟各
国的齐声抱怨。国务卿克林顿在其简短发言中提出的关键要素让中国觉
得十分刺耳：各国应通过多边协商制订南海地区的行为准则，美国愿意
为此从旁协助；领土争端也应当通过协商的方式解决；美国支持和平解
决这些争端；任何对海洋权益的主张必须基于有效的领土主张；保障南
海地区的航行自由事关美国的核心利益。③

美国未能向中国澄清使用"协作"一词描述解决争端的方式并不意
味着"多边"。事实上，奥巴马政府已经对二者进行了谨慎的区分：支
持通过多边过程制定一项行为准则（如果有必要的话美国将起到推动作
用），同时美国不直接参与解决领土争端。"协作"一词只是简单地表
达了美国认为涉及领土争端的各国应当通过积极的方式解决问题。然
而，北京认为"协作"就等同于"多边"，因此反应十分消极。在北京
看来，这些立场同中国的愿望背道而驰：中国不愿意制订正式的行为准
则，希望通过双边谈判解决领土争端，将美国排除在外。

因此，杨洁篪外长对克林顿国务卿的讲话反应强烈，尤其是美国显然

---

① "China Accuses Vietnam in South China Sea Row," BBC, June 10, 2011; Andrew Quinn, "U. S. Backs Philippines as S. China Sea Tensions Flare," Reuters, June 23, 2011; "Q&A: South China Sea Dispute," BBC, June 13, 2011.

② 见："Chairman's Statement, 17th ASEAN Regional Forum, Hanoi, July 23, 2010" (www. aseansec. org/24929. htm).

③ Hillary Rodham Clinton, "Remarks at Press Availability," Hanoi, Vietnam, July 23, 2010 (www. state. gov/secretary/rm/2010/07/145095. htm).

已经在之前对所有东南亚国家表达了自己的立场，而没有与中国讨论。① 他的强烈回应显示出北京方面对于美国直接插手南海事务感到十分懊恼。他在地区论坛会议上谴责了赞同克林顿国务卿观点的东南亚国家。② 这次交换意见之后，南海问题显然成为了中美关系中一个充满争议的焦点。

事实上，中国引起周边国家担忧的原因有两个，一是中国的实力远远超出其他国家，二是"九段线"划入的面积太大。北京反复呼吁合作开发争议地区的海底资源，但是其"九段线"的主张等于将南海的大片区域都划入了"争议"地区。③ 自从 2010 年东盟地区论坛在河内召开以来，菲律宾和越南都极力拉拢美国支持自己的主张。④ 然而随着时间的推移，它们也试图通过发表共同声明缓和同中国的紧张气氛，表示要通过协商解决分歧，避免事态恶化。⑤

截至 2012 年，美国核心决策者认为中国在南海问题上表现得咄咄逼人。这使得美国提升了自己保障其在该地区盟友和伙伴的安全利益的作用。但是中国的看法完全不同，它指责华盛顿反复利用南海争端在该地区挑起反华情绪，并为美国扩大在该地区的军事存在寻找借口。公开信息中对于该地区局势发展所做的最谨慎的分析总结如下："中国的行为反映了自身实力的增加，为其一贯的国家目标提供支持，同时也是（中国）对于它所认定的挑衅或前所未有的行为的反应。"⑥

---

① 克林顿国务卿原本打算在前一天向杨洁篪外长简要介绍自己的讲话内容，但由于其他事务而未能成行。

② 一位参与此次会议的美国外交官告诉李侃如，杨洁篪花了 20 分钟时间解释中国过去 10 年的外交政策，试图减轻东南亚国家对于中国恃强凌弱的担心。

③ 在该地区许多国家看来，中国的立场就是中国既能开发自己的海域，也能参与开发他国的海域。

④ Ben Bland, "Vietnam Seeks U. S. Support in China Dispute," *Financial Times*, June 12, 2011; Andrew Quinn, "U. S. Backs Philippines as S. China Sea Tensions Flare," Reuters, June 23, 2011.

⑤ "China, Vietnam Agree to Resolve Maritime Dispute through Negotiations," Xinhua, June 26, 2011 (http: //news. xinhua. com/english2010/china/2011 - 06/26/c_13950640. htm); Office of the President of the Philippines, "Philippines - China Joint Press Statement," July 8, 2011 (www. gov. ph/2011/07/08/philippines - china - joint - press - statement - july - 8 - 2011).

⑥ Swaine and Fravel, "China's Assertive Behavior. "

中国的专属经济区

中国和美国对于在一国专属经济区内能采取哪些行动有不同的解释。中国认为任何其他国家的军事行动，包括对海底暗流的研究、海洋调查和情报搜集活动都需要经过沿岸国家的同意。① 因此，它坚持外国军舰在穿越专属经济区时需要预先通报。美国（以及其他多数国家）在解释联合国海洋法公约对于专属经济区行为的限制时，则要宽松得多。这一争议已经引发了一些危险的情况，最著名的就是 2009 年发生的"无暇号事件"。② 尽管在此之后并没有类似的严重事件发生，但也没有迹象表明双方在专属经济区的行为准则上达成了一致，双方继续相互指责，爆发严重事件的可能性依旧存在。③

网络安全

随着双方对各自战略意图的不信任感增强，网络安全问题的重要性迅速上升。④ 在网络领域上做出正确的裁决是非常困难的事情。归属问题尚未解决，要完全确认网络攻击的最终源头几乎是不可能的。⑤ 数字世界的性质也决定了网络会将间谍活动（经济的、外交的和军事的）提升到一个新的层次。例如，黑客通过网络在生产第一架 F - 35 战斗机之前就窃取了几乎全部设计信息——总共 400 万兆字节的机密数据。⑥

---

① Swaine and Fravel, "China's Assertive Behavior."

② Thom Shanker and Mark Mazzetti, "China and U. S. Clash on Naval Fracas," *New York Times*, March 10, 2009.

③ "China Asks U. S. to Prevent Illegal Entry to its EEZ," *China Daily*, May 6, 2009 (www. chinadaily. com. cn/china/2009 – 05/06/content _ 7750820. htm); Peter Dutton, ed., *Military Activities in the EEZ: A U. S. – China Dialogue on Security and International Law in the Maritime Commons* (Newport, R. I.: U. S. Navy War College, China Maritime Studies Institute, December 2011).

④ Kenneth Lieberthal and Peter Singer, "Cybersecurity and U. S. – China Relations" (Brookings, forthcoming).

⑤ Tom Gjelten, "Cyberattack: U. S. Unready for Future Face of War," NPR, April 7, 2010.

⑥ Siobhan Gorman, August Cole, and Yochi Dreazen, "Computer Spies Breach Fighter – Jet Project," *Wall Street Journal*, April 21, 2009.

2009 年，印度政府发现其计算机系统遭到了所谓来自中国的大规模侵入，有大量敏感数据被窃取。① 国际货币基金组织也通告自己的系统遭到了入侵，被窃取的数据可能高达几百万兆字节，包括秘密财务状况以及它与世界上许多国家协商的情况。② 大量针对美国的攻击都是从中国的服务器发出的，而那些泄露的信息则增加了人们的怀疑：中国的机构是否应对多数攻击事件负责。③ 反过来，中国认为自己非常容易遭受网络攻击，因为其网络防御系统十分简陋，包括政府部门在内大多数用户普遍使用盗版软件。④

中美两国已经开始就网络安全问题展开对话，但目前尚未形成一个成熟的机制将这一议题向前推进。与此同时，两国计算机领域的专家都越来越担心对方可能采取的行动，从来导致双方战略互信的下降。⑤

经济与贸易

中国目前是世界第二大经济体，第一大外汇储备国，几乎是亚洲所有国家的第一大贸易伙伴，海外直接投资迅速增加，2007 年贸易顺差占国内生产总值的比重高达 9%，2010 年仍然超过国民生产总值的 4%。⑥ 全

---

① Ron Deibert and Rafal Rohozinski, "Shadows in the Cloud: Investigating Cyber Espionage 2.0," April 6, 2010 (www. scribd. com/doc/29435784/SHADOWS – IN – THE – CLOUD – Investigating – Cyber – Espionage – 2 – 0) .

② David E. Sanger and John Markoff, "I. M. F. Reports Cyberattack Led to 'Very Major Beach,'" *New York Times*, June 11, 2011.

③ Ben Worthen, "Wide Cyber Attack Is Linked to China," *Wall Street Journal*, March 30, 2009; Ariana Eunjung Cha and Ellen Nakashima, "Google China Cyberattack Part of Vast Espionage Campaign, Exports Say," *Washington Post*, January 14, 2010.

④ Michael Martina, "China Says Makes Progress on Use of Copyrighted Software," Reuters, April 21, 2011.

⑤ Kenneth Lieberthal, "The U. S. and China—Mending Fences," *Los Angeles Times*, January 17, 2011.

⑥ 根据瑞士联合银行经济学家王涛的研究："今年（中国贸易顺差）占国民生产总值的比重应该会低于 4%。在最高的 2007 年，贸易顺差占到国民生产总值的 9%。"引自：David Barboza and Bettina Wassener, "China Poses Trade Deficit of $7.3 Billion in February," *New York Times*, March 10, 2010.

球经济在 2009 和 2010 年表现低迷，中国经济保持快速增长对于世界需求的增长至关重要。依靠公认的低估值货币的手段和对贸易与投资的积极干预，中国给全球贸易和投资体系带来了特别巨大的议题。

中国也是美国国债和政府债券的最大海外持有者，是美国进口商品的最大来源国。① 美国企业是中国的主要投资者，中国已经完全融入了许多美国企业的供应链。确实，美国最大的 500 家跨国公司绝大部分都在中国开展重要的业务。总之，中国在全球的经济和贸易中发挥重要作用，也是美国及其每一个亚洲盟友重要的贸易和投资伙伴。

奥巴马政府对中美关系中的经济和贸易问题关注的变化，也反映出两国经济和世界经济形势的变化。总之，在财政部长蒂莫西·盖特纳（他把很多与中国打交道的经验带入工作中）的领导下，美国的政策十分积极、实用和敏锐，既能照顾到中国的正当权益，又能保证美国的优先权。

双方最初关注的焦点是中国估值过低的货币，它阻碍了美国对华出口的增长，并且也可以说等于在为中国出口到美国市场的商品提供补贴。汇率问题已经在国会讨论了很长时间，多年以来国会议员们总是将美中贸易逆差的扩大归咎于人民币估值过低。②

在 2010 年到 2011 年，其他一些问题也浮现出来。美国越来越担心中国采用新的发展模式，通过投资、补贴和从外国企业获得技术等方式培养自己的创新能力。这一方面包括中国政府在政府采购过程中对那些非"中国"创造的产品实施严格管制的一个原因，那是中国主要的一

---

① U. S. Department of the Treasury and Federal Reserve Board, "Major Foreign Holders of Treasury Securities," August 15, 2011（www. treasury. gov/resource – center/data – chart – center/tic/Documents/mfh. txt）; Office of the U. S. Trade Representative, "China"（www. ustr. gov/countries – regions/china）.

② 实际上，美中贸易逆差是由多种因素造成的，估值过低的人民币在其中起到的作用并不像国会议员们认为的那样大。然而人民币估值过低会严重恶化国际收支形势，扩大收支不平衡。见：Wayne M. Morrison and Marc Labonte, "China's Currency: An Analysis of the Economic Issues," Congressional Research Service Report for Congress, January 12, 2011（www. fas. org/sgp/crs/row/RS21625. pdf）; Ian Talley, "IMF: Chinese Yuan Substantially Weaker Than Fundamentals Warrant," *Wall Street Journal*, April 11, 2011.

项贸易保护措施。① 中国的知识产权保护仍然停留在纸面上，实际效果不容乐观，司法体系在绝大多数情况下只能提供有限的保护。② 更有甚者，中国利用其经济高速增长和对于庞大国内市场的准入管制迫使国外企业用知识产权交换准入权。③ 以上这些措施结合在一起使得美国企业对其长期在华前景感到越来越悲观，尽管它们目前通过投资获得了空前的利润。④ 结果是，美国的跨国公司逐渐对中国的行为表示不满，而它们原本都极力倡导保持良好的中美关系。⑤

中国有它自己的忧虑，尤其担心美元贬值（中国可以说是在其中投资过度），所看到的在美国直接投资的种种障碍，美国对华技术出口一直有禁令，贸易保护主义有可能在美国抬头。⑥

以上任何一个问题都不可能在短时间内得到解决，但双方都显示出对对方的忧虑感同身受。北京逐渐从 2010 年中期开始逐步提高了人民

① U. S. – China Business Council, "Issues Brief: China's Domestic Innovation and Government Procurement Practices," March 2011 (www. unchina. org/public/documents/ 2011/innovation_ procurement_ brief. pdf).

② Ryan Ong, "Tackling Intellectual Property Infringement in China," *China Business Review Online* 36, no. 2 (2009) (www. chinabusinessreview. com/store/product/ view/384).

③ Nick Carey and James B. Kelleher, "Special Report: Does Corporate America Kowtow to China?" Reuters, April 27, 2011.

④ American Chamber of Commerce in the People's Republic of China, *American Business in China*: 2011 *White Paper* (Beijing 2011).

⑤ Tan Yingzi and Chen Weihua, "U. S. Firms Vent Frustration over China Trade," *China Daily*, November 18, 2010 (www. chinadaily. com. cn/world/2010 – 11/18/content_ 11572573. htm).

⑥ Andrew Batson and Andrew Browne, "Wen Voices Concern Over China's U. S. Treasurys," *Wall Street Journal*, March 13, 2009 (http://online. wsj. com/article/ SB123692233477317069. html); Daniel H. Rosen and Thilo Hanemman, "China's Changing Outbound Foreign Investment Profile: Drivers and Policy Implications," Policy Brief PB09 – 14 (Washington: Peterson Institute on International Economics, June 2009); Ding Qingfen, "China Urges U. S. to Reduce Investment Barriers," *China Daily*, November 2, 2010 (www. chinadaily. com. cn/china/2010 – 11/02/content_ 11487348. htm); "Ministry: U. S. Export Control Disappoints China," *China Daily*, June 29, 2011 (www. chinadaily. com. cn/china/ 2011 – 06/29/content_ 12797349. htm); Joe McDonald, "China Warns U. S. Currency Bill Might Harm Ties," *Washington Post*, September 30, 2010.

币对美元的汇率。2010 年底，在中美商业贸易联合委员会会议上，中国承诺加大保护知识产权的力度。① 2011 年 1 月参加华盛顿首脑会议期间，胡锦涛主席承诺取消政府采购政策中对于"本土创造"的规定。美国承诺经过审查将尽可能地放松对华技术管制，表示美国对中国海外直接投资开放，并再次向中国保证将认真对待自身的财政问题。②

华盛顿首脑会议

到 2010 年下半年，奥巴马政府和中国领导人都对两国关系在趋于恶化感到担忧。一旦胡锦涛主席确认于 2011 年 1 月中旬前往华盛顿参加首脑会谈，双方都为两国关系回到正轨付出了巨大的努力，并为两国关系在 2012 年的稳定发展奠定基础。到那时，两国都会选出下一任国家领导人，执掌未来四五年的大局。

在首脑会议的准备阶段，为会谈设立一个正确的框架是十分重要的。中方同意恢复自 2010 年 1 月起因美国对台军售而中止的两军交流，美国国防部长罗伯特·盖茨在首脑会议召开前不久访问了北京。③ 如前文所述，中美商业贸易联合委员会在 2010 年底运转良好，12 月的中美防务磋商也是如此。④ 颇为引人注目的是，中国主管外交事务的官员戴秉国在 2010 年 12 月初发表了一片重要文章，呼吁中国调整外交政策，放弃大半年以来的强硬路线。⑤

---

① U. S. Department of Commerce, "21st U. S. – China Joint Commission on Commerce and Trade Fact Sheet"（www. commerce. gov/node/12467）.

② White House, Office of the Press Secretary, "Fact Sheet：U. S. – China Economic Issues," January 19, 2011（www. whitehouse, gov/the – press – office/2011/01/19/fact – sheet – us – china – economic – issues）.

③ Phil Stewart and Chris Buckley, "China Media Says Gates Visit Alone Cannot Heal Ties," Reuters, January 11, 2011.

④ "U. S. , China Discussed North Korea, Maritime Security in Talks," Reuters, December 10, 2010.

⑤ Dai Bingguo, "Stick to the Patch of Peaceful Development," Xinhua, December 6, 2010（http：//news. xinhuanet. com/english2010/indepth/2010 – 12/13/c _ 13646586. htm）.

　　在首脑会谈中，两国领导人为中美关系的发展提出了一条明智而又务实的发展道路。双方都强调尽管两国的历史、政治体制、文化和利益各不相同，在许多问题上仍然存在分歧，但双方应着力避免让某些具体的问题影响两国关系的大局。这次首脑会议的意义就是为维持两国关系的总体稳定和防止暗藏的紧张局势建立了一个务实的框架。①

　　奥巴马总统个人为保障首脑会议的成功举行付出了巨大的努力，防止再次出现 2006 年胡锦涛主席访问华盛顿时的问题。② 他举办的精致晚宴和对礼仪的注重令胡锦涛主席对此次交流的结果十分满意。

　　之后，第三轮中美战略与经济对话于 2011 年 5 月进行，深化了首脑会谈达成的共识。双方签署了两份文件（一份战略文件、一份经济文件），强调了两国在政策和战略意图上达成的共识。③ 双方也开展了相关的战略安全对话，第一次有军方代表同普通官员一起参加讨论。美国迫切要求召开这次计划外的讨论会，他们相信：完全将军事交流与非军事交流分开无助于理解和推动许多政治军事议题，而这些问题对中美关系来说恰恰变得越来越重要。战略安全对话中讨论了诸如网络安全这样的敏感问题，也设定未来它将成为战略与经济对话的常设项目。④

　　中美战略与经济对话机制（美方由国务卿希拉里·克林顿和财政部

　　①　White House, Office of the Press Secretary, "Press Conference with President Obama and President Hu of the People's Republic of China," January 19, 2011 (www. whitehouse, gov/the – press – office/2011/01/19/press – conference – president – obama – and – president – hu – peoples – republic – china); "Building a China – U. S. Cooperative Partnership Based on Mutual Respect and Mutual Benefits," speech by Hu Jintao, Xinhua, January 20, 2011 (www. xinhuanet. com/english2010/china/2011 – 01/20/c_ 13700418. htm).

　　②　在 2006 年接待胡主席的过程中，美国在接待礼仪和其他一些事情上犯下了严重的错误。见：Joseph Kahn and Christine Hauser, "China's Leader Makes First White House Visit," *New York Times*, April 20, 2006.

　　③　U. S. Department of the Treasury, "Third Meeting of the U. S. – China Strategic and Economic Dialogue Joint U. S. – China Economic Track Face Sheet," May 10, 2011 (www. treasury. gov/press – center/press – released/Pages/tg1170. aspx); U. S. Department of State, "U. S. – China Strategic and Economic Dialogue 2011 Outcome of the Strategic Track," May 10, 2011 (www. state. gov/r/pa/prs/ps/2011/05/162967. htm).

　　④　战略安全对话的情况，见：Department of State, "U. S. – China Strategic and Economics Dialogue 2011."

长盖特纳牵头，中方由副总理王岐山和国务委员戴秉国牵头）显示了奥巴马政府管理两国关系的另外两个要点：一是注重在双方高层官员间展开密切的个人交流，希望能借此加深相互了解，减少战略不信任感；二是每年特意安排数次高层会晤，因为这激励两国政府将议题向前推进，进而提升会议成功的概率。

截至2012年初，奥巴马总统在各种场合与胡锦涛主席见了10次面，此外还经常与他通电话。奥巴马总统也多次会见了温家宝总理。2011年8月，拜登副总统对中国进行了国事访问，与习近平副主席进行了会谈。大家普遍认为习近平将在2012年秋成为中国共产党的总书记，并在第二年春天成为下一任国家主席。[①] 这次访问也为习近平副主席2012年初的回访打下了基础，届时他和他的随行人员将有机会与奥巴马总统和其他高级官员建立私交。

在这些保密会谈中，双方都会着力不打官腔，极力阐述自己的立场，以增加彼此的了解，增进互信。中美两国会谈的基础是相互尊重，并承认双方利益攸关。这种闭门会谈的目的是减轻中美之间不必要的敌意。中美两国试图通过这种安静的双边外交形式控制两国间的紧张气氛，并为今后每年两国政府间的众多日常会议定下基调和议程。

转向亚洲[②]

2010年和2011年，奥巴马政府对中国一系列依靠经济实力在本地区获得的外交和安全优势的行为作出了反应。这些反应加上中美两国活跃的双边外交使得两国关系始终在正轨上运行，并且管理着双方的预期。胡锦涛主席在2011年1月对华盛顿进行了成功的国事访问，显示出双方坚持在一定议题上的立场和积极的双边外交使中美关系处于相对稳定的状态。

在奥巴马政府的对华政策中，这种做法还隐藏着一个更基本的动

---

① 拜登访问的情况，见：Edward Wong, "Cooperation Emphasized as Biden Visits China," *New York Times*, August 18, 2011.

② 中文多译为"重返亚洲"，英文原文为"the pivot to Asia"，原意为"向亚洲的转向"或"转向亚洲"。译者注

因。如前文所述，奥巴马执政初期的对华政策是在副国务卿詹姆斯·斯坦伯格和国家安全委员会东亚事务资深主任杰弗里·贝德的通力合作下制订的。他们是 2009 年开始最重要的对华决策官员，两人的配合不仅有效地保持了美国的对华乃至更广泛的亚洲政策。

但是，自从 2009 年底以来，一种不同的思潮在国务院兴起，并且得到了五角大楼部分官员的支持。他们试图对中国采取更为强硬的措施，赞成警告该地区的其他国家要小心提防中国实力的增强，并联合一起遏制中国的行为。这两种政策是并不是直接对立，但双方都试图塑造美国的整体战略，他们通常会在各类议题上提出不同的操作性建议。

尽管所有主要决策人员都认为加强美国在亚洲的存在、增强该地区的盟友关系十分重要，也认同美国将继续在亚洲发挥至关重要的作用，但那些主张对华强硬的官员巩固美国在亚洲的地位的方式将更明显地给中国带来挑战。他们更强调民主和人权；更愿意同中国的对头建立更密切的安全领域联系，比如越南；更愿意鼓励亚洲的国家把中国的行动视为严重的威胁；并且大肆渲染中国人民解放军在外交决策中的作用大为上升，而且过不了几年就将其决定性作用。[1]

斯坦伯格和贝德于 2011 年春离开政府部门。[2] 他们离开之后，国务院、国家安全委员会和五角大楼中已经没有任何一位中国问题专家担任局长或更高级别的职务。在 2011 年余下的时间里，美国的对华政策看起来转向了强硬，而这正是贝德和斯坦伯格在位时劝说总统应阻止的。

其他事件也可能会对这段时间的美国外交政策产生影响。总统选战即将拉开帷幕，米特·罗姆尼强调对华强硬似乎促使奥巴马总统和他的政治顾问们也向这个方向倾斜，至少在经济和贸易问题上是如此。[3] 由于五角大楼面临大幅削减预算的压力，一些鹰派军官可能会将维持美国

---

① 基于李侃如所作的访谈。

② U. S. Department of State, "State Department Daily Press Briefing, May 31," May 31, 2011 (http: //translations. stat. gov/st/english/texttrans/2011/05/20110531171907su0. 9079663. html); U. S. Department of State, "Presents Jeffery Bader with the Secretary's Distinguished Service Award," May 8, 2011 (www. state. gov/secretary/rm/2011/05/162896. htm).

③ Mark Landler, "Republicans and Obama Can Agree on Criticizing China's Trade Practices," *New York Times*, November 21, 2011.

在亚洲的领导地位以遏制中国视为维持国防开支的好借口。

不管怎样，奥巴马总统 2011 年 11 月访问檀香山、澳大利亚和印度尼西亚展现了一整套综合性的外交、军事和经济战略，从南亚次大陆一直延伸到东北亚。如此完整的一套战略在美国的历史上是空前的，其目的就是向全世界传达一个强烈的信号——美国将在未来几十年中在亚洲占据领导地位。白宫为这次访问举办了新闻发布会，称其为把"中枢"转向亚洲，这一词语也是克林顿国务卿在 11 月访问亚洲时反复强调的。①

转向的要素

奥巴马总统 2011 年 11 月访问亚洲时强调当前美国的政策目前在四个方面迈出了重要的一步。

多边组织　过去 10 年中，中国在东盟、东盟 10 + 3 会议（东盟，加上中国、日本和韩国）和东盟地区论坛中投入了大量的精力。中国与东盟签署了自由贸易协定，2003 年生效的"早期收获"计划为大批商品的流动提供了便利，整份协议于 2010 年全部生效。② 这份协定当然没有包括美国。北京也支持东盟地区论坛成为重要的地区安全论坛，这

---

① 见：Office of the Press Secretary, The White House, "Press Briefing by Press Secretary Jay Carney, Deputy National Security Adviser for Strategic Communications Ben Rhodes, and NSC Senior Director for Asia Danny Russel," November 16, 2011 (www. whitehouse. gov/the – press – office/2011/11/16/press – briefing – press – secretary – jay – carney – deputy – national – security – advis). 国务院的备注，见：U. S. Department of State, "America's Pacific Century," November 10, 2011 (www. state. gov/secretary/rm/2011/11/176999. htm); "Remarks with Nina Easton of Fortune Magazine at the CEO Summit on Women and the Economy," November 11, 2011 (www. state. gov/secretary/rm/2011/11/177032. htm); "Press Availability Following the APEC Ministerial Meetings," November 11, 2011 (www. state. gov/secretary/rm/2011/11/177030. htm); "Presentation of the Order of Lakandula, Signing of the Partnership for Growth and Joint Press Availability with Philippines Foreign Secretary Albert Del Rosario," November 16, 2011 (www. state. gov/secretary/rm/2011/11/177234. htm); "Remarks at ASEAN Business and Investment Summit," November 18, 2011 (www. state. gov/secretary/rm/2011/11/177349. htm).

② Raul L. Cordenillo, "The Economic Benefits to ASEAN of the ASEAN – China Free Trade Area (ACFTA)," January 18, 2005 (www. asean. org/17319. htm); ASEAN Secretariat, "ASEAN – China Free Trade Area: Not a Zero – Sum Game," January 7, 2010 (www. asean. org/24161. htm).

可能是因为多年的经验表明该论坛完全依赖全体一致原则，不会去解决
一些具体的难题。

　　在这样的背景下，奥巴马总统在 2011 年 11 月把决定付诸行动，支
持两个不同的多边组织。在经济和贸易领域，总统宣称美国希望仍在协
商中的《跨太平洋伙伴关系协定》能成为一个高品质的贸易和投资平
台，把亚太地区的主要经济体都纳入其中。美国用自己崇尚的理念构建
了《跨太平洋伙伴关系协定》：公正透明、保护知识产权、劳工权利和
环境保护等等（这些可以被视为"世界贸易组织原则加强版"）。奥巴
马总统表示欢迎所有接受这些理念的国家加入。① 然而，《跨太平洋伙
伴关系协定》的理念同指导中国经济和贸易行为的原则有显著差异。②
中国不在第一批谈判签署《跨太平洋合作伙伴关系协定》的国家之列。

　　在安全领域，美国正式加入了东亚峰会，奥巴马总统利用首次参加
峰会之机引导这个新组织关注本地区那些难以解决的、具体的安全问
题，尤其是海上安全。这一点也不讨北京的喜欢，但是参加峰会的多数
国家都支持美国总体的做法。③

　　总之，奥巴马总统大胆地在几个重要的亚洲多边组织中转移了重
心，倾向那些吸收美国加入的组织，并领导它们采取华盛顿欢迎、但北
京反对的举措。

　　经济与贸易　奥巴马政府的前两年半时间里在贸易问题上留下了一
系列令人失望的纪录。但在 2011 年 11 月初，与韩国的自由贸易协定终
于得到批准。④ 之后就像上文所述，美国政府将注意力转向《跨太平洋

---

　　① White House, Office of the Press Secretary, "Remarks by President Obama at
APEC CEO Business Summit Q&A," November 12, 2011 （www. whitehouse. gov/the -
press - office/2011/11/12/remarks - president - obama - apec - ceo - business -
summit - qa）.

　　② Office of the U. S. Trade Representative, "Outlines of the Trans - Pacific Partner-
ship Agreement" （www. ustr. gov/about - us/press - office/fact - sheets/2011/november/
outlines - trans - pacific - partnership - agreement ［December 6, 2011］）.

　　③ Jackie Calmes, "Obama and Asian Leaders Confront China's Premier," *New York
Times*, November 19, 2011.

　　④ "South Korea Ratifies Long - Delayed US Trade Deal," BBC News, November
22, 2011.

合作伙伴关系协定》，希望将其打造成亚太地区贸易和投资的新平台。这两大举措使亚洲重新回到了美国经济和贸易的中心位置，也符合奥巴马总统反复强调的"没有任何一个地区像亚洲这样对未来美国经济的繁荣至关重要"。① 所有这些都是在中美经贸关系趋于紧张的时候发生的，双方的紧张气氛在 2012 年不太可能出现缓和，因为这是美国的选举年，也是中国的换届年。②

安全　奥巴马总统在访问亚洲时宣布，无论将来美国的军事开支削减到何种程度，他都将保证美国在亚洲的安全投资。此外，他在澳大利亚签署了一项协定，同意在达尔文轮流部署最多达 2500 名海军陆战队士兵，那里是整个澳大利亚离南海最近的地方。③ 几个星期前，国防部长莱昂·帕内塔对该地区进行了访问；而总统的到访则无疑表明美国军事和安全战略关注的焦点已经从伊拉克和阿富汗转到了亚洲，该地区将长期位列美国安全关注之首。④

民主　在全球推广民主并没有在奥巴马总统的日程表中占据突出的位置，但是这一切在 2011 年"阿拉伯之春"革命爆发后发生了明显的变化。在 2011 年 11 月的访问中，他清楚地表明美国将引导亚洲推进民主和人权，并在澳大利亚宣布："其他人也尝试过不同的发展模式，但是他们都失败了——无论是法西斯主义还是共产主义，由某个人或某个

---

① White House, "APEC CEO Business Summit Q&A."

② Chris Buckley, "China, U. S. Grapple with Tensions at Trade Talks," Reuters, November 20, 2011.

③ White House, Office of the Press Secretary, "Remarks by President Obama and Prime Minister Gillard of Australia in Joint Press Conference," November 16, 2011 (www. whitehouse. gov/the – press – office/2011/11/16/remarks – president – obama – and – prime – minister – gillard – australia – joint – press); U. S. Department of State, "White House Briefing on President Obama's Trip to Asia – Pacific," November 23, 2011 (http://iipdigital. usembassy. gov/st/english/texttrans/2011/11/20/111123120030su0. 9150769. html # ixzz1fxYmEopv) .

④ Karen Parrish, "Panetta Outlines Goals for Asia Trip," American Forces Press Service, October 21, 2011 (www. defense. gov/News/NewsArticles. aspx? ID = 65762); White House, Office of the Press Office, "Remarks by President Obama to the Australian Parliament," November 17, 2011 (www. whitehouse. gov/the – press – office/2011/11/17/remarks – president – obama – australian – parliament) .

团体统治。他们失败的原因很简单——他们忽视了权力和合法性的源泉，那就是人民的意志。"① 在访问的最后一站，奥巴马总统宣布克林顿国务卿将于 12 月初访问缅甸，考察那里新一轮的改革浪潮，并鼓励政府推进民主化治理。② 这是 55 年来美国国务卿第一次访问缅甸。

　　总之，新的总体战略为美国的亚洲政策加入了更多民主的成分。这一举措间接地与胡锦涛主席认为威权政府最适应现代化转型的观念对立。另外就缅甸而言，中国已经投入了大量资源以确保自己是在该国的主要外国力量。③ 美国的所作所为都符合中国所担心的，即美国的最终目的就是让中国共产党崩溃。

　　奥巴马总统在 2011 年 11 月出访途中表达的多数计划都有前身。④但是自 2009 年底起，美国只是有选择地回击中国的敏感行为，主要精力还是放在维护中美关系发展的大局上。2011 年 11 月的出访是一个明显的转折点。华盛顿仍然十分重视维持同中国的建设性关系。但到了 2011 年底，华盛顿的所有行为都开始为其整体战略服务，它把所有的亚洲政策整合为一个相互强化的整体，明显并积极地在可预见的将来维持美国在亚洲的领导地位。这将给中国带来重大的潜在影响。

中国的反应

　　无论从哪方面看，中国对美国 11 月行动的范围和细节感到惊讶。它最初的反应比较温和，这其中既有其领导人已在各种会议中得到对方

---

① Karen Parrish, "Panetta Outlines Goals for Asia Trip," American Forces Press Service, October 21, 2011 (www. defense. gov/News/NewsArticles. aspx? ID = 65762); White House, Office of the Press Office, "Remarks by President Obama to the Australian Parliament," November 17, 2011 (www. whitehouse. gov/the – press – office/2011/11/17/remarks – president – obama – australian – parliament).

② White House, Office of the Press Secretary, "Statement by President Obama on Burma," November 18, 2011 (www. whitehouse. gov/the – press – office/2011/11/18/statement – president – obama – bruma).

③ Edward Wong, "U. S. Motives in Myanmar Are on China's Radar," *New York Times*, November 29, 2011.

④ 2009 年 12 月 4 日，美国贸易代表罗恩·科克告知国会，总统打算加入《跨太平洋合作伙伴关系协定》谈判。总统本人在 2010 年夏决定美国加入东亚峰会。

私下保证的因素，也有中国即将在下一年进行领导人更迭的因素。① 胡锦涛等领导人很可能希望避免中美关系出现严重的倒退，不希望在这个非常敏感的时刻引发国内对中美关系的审视。

但是，北京当然会对这些新的发展感到担忧。在很多方面，这些举措强化了北京长期以来对美国的猜疑。在中国看来，美国总是首先考虑维持自己的全球霸主地位，这就意味着它会采取各种手段阻挠或遏制中国的崛起。美国在全球金融危机中止步不前，复苏缓慢，与此同时中国在2010年成为世界第二大经济体。这让北京方面更加担心美国决心要尽可能地延后中国超过美国成为世界第一强国的那一天。

中国领导人对美国的力量和实力保持了足够的尊重，奥巴马总统能够自信地宣称美国保持在亚洲的领导地位——可以在美国的战略思想和外交行动中找到充足的证据——至少已经提升了一个大不相同的中国自己的地区战略的背景的不乐观的可能性。与此同时，中国领导人并不想太多落后于普遍的民族主义情绪，他们如果认为美国在阻止中国回归到亚洲的合法地位，就会转向敌对。② 美国的行动在东亚峰会上明显得到了几乎所有主要国家的口头支持，这加深了中国的这些忧虑。③

展　望　未　来

奥巴马政府并没有寻求与中国在所有议题上对抗。相反，它采取了一种两分的战略：重申并加强同中国的合作，同时给美国在亚洲建立一个强大并可信的存在；鼓励中国采取建设性的措施，同时向该地区的其他国家保证它们不必向中国潜在的地区霸权让步。未来的一个重要问题是美国的信誉。

---

① Chris Buckley, "Analysis: China Gameplan in Question as Obama Pivots to Asia," Reuters, November 24, 2011.

② "China: United States Begins 'Pacific Century', Online Nationalism Follows," *Global Voice Online*, November 20, 2011 (http://globalvoiceonline.org/2011/11/20/china - us - begins - pacific - century - online - nationalism - follows/).

③ Jackie Calmes, "Obama's Trip Emphasizes Role of Pacific Rim," *New York Times*, November 18, 2011.

美国的信誉

事实上，如果更为强硬的新路线能说服北京，美国仍有能力长期保持在亚洲的领导地位，与此同时美国也愿意鼓励中国继续发展，只要中国不挑战美国在该地区的总体地位和核心利益，那这条路线也许能促使中国做出更多建设性的举动。中国的领导人同样非常务实。如果美国能延续其广受尊敬、坚实可靠的亚洲战略，他们就不太可能和美国"较量"。信誉是实现这种可能的关键；支撑信誉的是展现其拥有保障总体战略长效运行的资源和能力。

在这样的背景下，奥巴马总统和克林顿国务卿在 2011 年 11 月出访途中的讲话令人吃惊。在他们的讲话中，似乎亚洲人并没有把美国视为全球金融危机的罪魁祸首，似乎近年来美国的民主系统表现得完美无缺，似乎美国军队完全有能力按照华盛顿的愿望以各种形式部署到整个太平洋地区。但所有亚洲人都知道这一切都是虚假的。

对亚洲而言，最大的问题是美国能否摆脱财政危机并迅速恢复稳定的财政和强大的实力。2011 年 8 月提升债务上限引发的政治混乱严重损害了美国在亚洲的形象，因为美国在这一问题上释放出了一个十分消极的信号。[1] 正当总统在 11 月宣布亚洲战略的时候，国会"专门委员会"甚至没能就此达成一个最基本的共识以提交全体议会讨论，这一失败直到总统返回华盛顿时才宣布。[2]

因此，奥巴马总统在亚洲的言辞可能想得有点过于圆满了。他表示欢迎任何国家为亚洲的繁荣贡献力量，只要他们接受《跨太平洋合作伙伴关系协定》设立的高标准。但现实是，目前中国是该地区所有重要经济体的第一大贸易伙伴，而不是美国；中国并没有遵照这些标准行

---

① David E. Sanger, "In World's Eyes, Much Damage Is Already Done," *New York Times*, July 31, 2011.

② Joint Select Committee on Deficit Reduction, "Statement from Co - Chairs of the Joint Select Committee on Deficit Reduction," November 21, 2011（www. deficitreduction. gov/public/index. cfm/pressreleases? ID = fa0e02f6 - 2cc2 - 4aa6 - b32a - 3c7f6155806d）.

事。① 没有一个亚洲国家表示愿意牺牲它同中国的经济联系，尤其是当前中国经济发展迅速，美国经济疲软，欧洲经济的未来很有大的不确定性。

此外，美国军队将面临未来十年预算总额裁减一万亿的问题。尽管近期美国发表了一系列声明，亚洲各国政府还是怀疑这一举措是否会对美国在亚洲的军事力量造成不利影响，并进而影响到美国在亚洲使用军事力量的意愿。尽管中国军队远远比美国要弱小，但它将受惠于未来几年估计每年两位数的军费增长。②

总之，塑造美国在亚洲角色的决定性因素是美国国内经济的恢复情况，以及美国能否证明自己，就像历史上多次发生的那样，被迫接受危机带来的改变，从严重的国内问题中反弹出来，并且更加强大。

中国的轨迹

这也同样与中国的未来发展有关。无论何时只要讨论中国国际地位问题，人们总是会有这样的印象：中国的发展势头是不可阻挡的，中国的体制在国内有异常坚实的基础。然而事实上，以上两种印象都应受到质疑。北京方面已经清楚地表明它必须转变自己的发展模式，尽管这种模式在过去几十年的运行过程中获得了巨大的成功，但它已经不再适用——在经济上缺乏可持续性，还会引发社会的动荡。③ 然而很少有证

---

① Ian Johnson and Jackie Calmes, "As U. S. Looks to Asia, It Sees China Everywhere," *New York Times*, November 15, 2011.

② 根据国防部的一份报告，中国的军费"仍然保持了每年两位数的增长速度……对 2000 年至 2010 年的数据进行分析显示，扣除物价上涨因素，这段时间中国官方公布的年均军费增长率为 12.1%"。见：U. S. Department of Defense, "Annual Report to Congress: Military and Security Developments Involving the People/s Republic of China 2011"（www. defense. gov/pubs/pdfs/2011_ CMPR_ Final. pdf）. 也可见 "Li Zhaoxing: China's Defense Budget Set to Increase by 12. 7% in 2011," Xinhua, March 4, 2011（http: //news. xinhuanet. com/mil/2011 – 03/04/c_ 121148771. htm）.

③ "China at Key Stage of Reform, Development," Xinhua, October 18, 2010（http: //news. xinhuanet. com/english2010/china/2010 – 10/08/c_ 13561781. htm）. 这些不希望看到的结果包括贫富差距悬殊，普遍存在的产品质量和食品安全问题，官员的腐化问题，严重的环境恶化问题，投资获得收益的减少以及多数人感觉到整个体系本身缺乏公正。

据表明在当前北京政权交接之际，中国能做出十分艰难的政治抉择去转变发展模式，因为这会得罪企业的既得利益群体，还有一些掌握实权的地方官员。

确实，中国领导集团更迭所费时间之长使得在大约 2014 年前发生大规模的国内改革变得不现实。尽管改变是非常困难的（或许异常艰难），但如果不对中国的政治制度做出一系列调整，中国的政治稳定就无法保证。如果中国经历严重的政治动乱，或者经济发展势头大为减缓，那亚太地区各国对中国在地区的地位和该地区中美实力平衡的观念就会发生变化。

结　论

奥巴马政府入主白宫时制订了一系列计划，其中包括美国更加积极地参与亚洲事务，提升美国同该地区盟国和伙伴的关系，继续推进中美双边传统关系，以及随着中国影响力的显著增强在地区和主要全球事务中与中国增进合作。美国新政府完全明白中国对于整个世界的重要程度正在迅速上升，美国无法再维持长期以来全球主导的力量。

以上的叙述并未完全涵盖奥巴马政府面对的中美关系所有议题以及所付出的努力。中国的崛起逐渐成了影响很多领域的全球平衡的重要因素，美国的一系列政策和措施都需要考虑中国的影响。通常来说，奥巴马政府能够站在全局的高度恰当考虑中国因素。

尽管很用心，奥巴马政府试图与中国建立更广泛的合作关系的努力，还是带来了成功与失败。诚然，两国关系并没有出现大的倒退，但是这一结果也许能体现出中美关系内在的成熟，这早在奥巴马入主白宫前已经形成，而且中美两国领导人都希望能将双方的分歧控制在一定的范围内。高级别的会谈，如两次首脑会晤和每年举行的战略与经济对话，极大地激励两国保持关系的稳定和阐释清楚合作的方面，以使会议成功。但是随后两国在落实这些重要会议达成的意向时通常都做得不够。

从总体上看，对中美关系的最大挑战源自 2008 年至 2009 年的全球经济和金融危机。在中国看来，这场双面危机是由美国引发的，它严重损害了中国对美式发展道路的尊重。这次危机提高了中国的全球地位，为美国的发展前景蒙上了一层阴影。此外，中美两国在对危机带来的变化的认识上存在严重的分歧，进一步增加了两国关系的不确定性，加剧了紧张气氛。

奥巴马政府的一个主要目标是让中国成为当前国际体系中的一个负责任的大国，接受该体系主要的价值观和规则，为该体系最终获得成功贡献力量。然而，奥巴马政府在前三年获得的教训是：中国向全球大国的转变也许来得太快了，以至于北京方面无法完全适应新的变化。到 2012 年，也许中国会拥有全球性的影响力，但并不能因此说中国就成了全球大国，后者意味着做好了在国际事务中承担起大国责任的准备。然而迄今为止，北京方面显然尚未就自己应负哪些责任达成共识。事实上，中国仍将自己视为发展中国家，其首要义务是发展经济，直到它成为一个中产阶级社会。①

中美两国在中国当前应当承担多少责任的问题上存在的严重分歧给两国关系带来的紧张和猜忌，虽不明显却意义重大，因为双方在国际社会与对方交流时候都缺乏了解对方的"真实"意图和目的的自信。事实上，双方最大的政策失误也许就是没能减轻在战略层面上的相互猜忌。在多数中国人看来，美国有一个庞大而又复杂的阴谋，目的就是阻碍和拖延中国的崛起，防止中华人民共和国的综合国力赶上美国，几乎美国的每一项政策都是这个阴谋的组成部分。②

这种背地里的不信任在"阿拉伯之春"革命中爆发出来，当时中国国内的反应远远超出多数美国人的预期。中国政府明显强化了内部监控

---

① 到 2011 年，中国的人均国民生产总值排在全世界的第 126 位。U. S. Central Intelligence Agency, "CIA World Factbook：China"（www. cia. gov/library/publications/the－world－factbook/geos/ch. html）. 也可见：Central People's Government, "China's Peaceful Development".

② Kenneth Lieberthal and Jisi Wang, "Understanding and Dealing with U. S. －China Strategic Distrust."

和镇压措施，采取一系列措施防止革命波及中国。① 北京方面也在观察奥巴马政府对阿拉伯世界的政策走向，并得出结论：只要独裁政府遭到国内看上去民主的持不同政见者的挑战，哪怕这个国家是长期盟友，美国也会迅速转向反对他们。② 有人在美国散布消息呼吁中国人在特定时间聚集到公共场所表达他们对政府的不满，而随后美国驻华大使洪博培在那个时间点出现在离一个指定集会点很近的地方，这大大增加了中国的疑虑。③ 所有这些似乎印证了中国觉得美国的终极目标是颠覆中国政府的忧虑。而且，北京的应对措施是强化国内的监管压制，这凸显两国价值观的巨大差异，使得双方建立互信变得更为困难。

此外，华盛顿越来越倾向于认为北京在亚洲地区恃强凌弱，试图利用自己不断增强的军事和经济实力恫吓其邻国接受中国在该地区的支配地位。华盛顿清楚地知道，尽管几乎所有亚洲国家都希望美国能帮助平衡中国不断加大的压力，但是没有一个亚洲国家愿意走到必须在中国或美国之间做出选择这一步。

在这种情况下，奥巴马总统于 2011 年 11 月大胆宣布美国战略中枢转向亚洲，其目的显然是为了让各国相信美国仍将在该地区占据主导地位，同时让它们对华盛顿施展精妙外交手腕达成这一蓝图的能力给予尊重。许多亚洲国家都曾为美国实力的衰落感到担忧。奥巴马总统表现出了美国人的乐观、原则、决心和领导能力。

该战略可能具有很多潜在的好处，但真正的落实并不像奥巴马总统和克林顿国务卿说得那样确定。最重要的是，除非美国能高效处理本国财政问题和相关政治问题，而不是像最近历史显示得那样，它并没有资源和能力实现总统的全部许诺。此外，中国为了回应该战略可能会采取更具挑衅性的措施，尤其是当他们的国内政治渗透到国际政策时。

---

① Andrew Jacobs, "Chinese Government Responds to Call for Protests," *New York Times*, February 20, 2011; Peter Ford," Report on China's "Jasmine Revolution"? Not If You Want Your Visa," *Christian Science Monitor*, March 3, 2011; Geoff Dyer and Kathrin Hille, "Beijing Stamps on Calls for Revolution," *Financial Times*, February 23, 2011.

② 本书第五章讨论了奥巴马政府的阿拉伯政策。

③ Jeremy Page, "Call for Protests Unnerves Beijing," *Wall Street Journal*, February 21, 2011.

　　并且，尽管大多数亚洲国家担心北京会利用其不断扩大的经济影响取得外交和安全利益，但它们还是认定要继续扩大同中国的经贸往来。尽管它们希望美国能阻止中国成功地攫取该地区其他国家的利益，但没有一个国家希望看到一个充满紧张的中美关系，因为这会迫使它们在两国之间做出选择。它们更愿意与中美两国保持同样有效的关系，以便从两国在该地区的合作与竞争中受益。那种认为亚洲国家欢迎明确的美国领导、因而美国能够左右该地区重要事务的想法，忽略了该地区广泛存在的更为复杂的情绪。

　　应本地区伙伴和盟友的请求，一直到2011年中，美国在该地区主要在外交和安全领域开展行动。这一举措有着潜在危险，如一些国家（比如越南和菲律宾）可能成功地把美国拖入到自己同中国的领土争端中，而这正是华盛顿过去明智地避免的。更重要的是，这一战略给美国带来了长期风险，亚洲正在成为美国的一个包袱（提供安全保障代价高昂），与此同时中国继续从该地区获得更多的利益（因为双方在经济上有很高的相互交往）。考虑到美国的财政状况，这一趋势并不能让人安心，甚至无法维持。

　　奥巴马政府对亚洲的再平衡，试图在经济、外交和安全上取得更加平衡的效果。近期美韩自由贸易协定获得批准以及推动《跨太平洋合作伙伴关系协定》的签署是朝这个方向迈出的重要一步。然而，这种新的亚洲整体战略也存在问题：走过头，或者至少是有点夸大其词，产生了过高的期望，但华盛顿并不能做到这一切；加深了中国的怀疑，可能会导致中美关系更加紧张；对亚洲其他国家的目标进行假设，而并未理解它们对美国在该地区的战略和前景更为复杂的想法。

　　因此，美国官员在充实美国亚洲新战略的细节时，谨言慎行是十分重要的，以避免引发不必要的猜忌和紧张。美国也必须了解保障本国运行稳健的极端重要性，这是新亚洲战略取得成功的必要条件。

　　虽然由于领导人更替和总统大选，中美关系在最近几年不太可能取得明显进展，但美国不能忽视加强与北京的关系，因为这是任何一项成功的地区或全球战略的组成部分。与其他亚洲国家获得再大的成功也无法实现奥巴马总统追寻的地区目标。

　　的确，中美两国都必须牢记，它们最好是采取措施，使对方对自己的核心利益和目标给予足够的尊重，这样任何一方都不会莽撞行事，双方都有强烈的意向在可能的领域开展合作。到目前为止，评价奥巴马政府是否确实通过11月的出访为一项更为平衡和可持续的亚洲战略打下了基础，还为时尚早。

第三章

战争、反恐与国土安全

尽管渴望在全球范围重塑历史，但奥巴马在入主白宫后还是很快认识到必须在两件重要的事情上花费大量时间和精力——恢复经济和处理战争。尽管各种国内和国际事务已经排满了日程表，但他还是特别注重像反恐、伊拉克、阿富汗和巴基斯坦这样的硬实力问题。奥巴马特有的方式是务实而又耐心，特别是在伊拉克和关塔那摩问题上，同时又很果敢，特别是在处理阿富汗和巴基斯坦问题时。

奥巴马总统的方式有着矛盾的成分。例如 2011 年 6 月，他决定加速削减阿富汗驻军，这要比战地指挥官建议的以及他先前在竞选时规划的都要快。这种矛盾性的根源也许出自总统本人微妙的世界观，正如在《无畏的希望》中所说的那样：他直述美国的外交史"掺杂着成功与失败"，批评以前的信念如"天定命运"中有很多冷战逻辑，把美国带入包括越战悲剧在内的一些事件。奥巴马总统显然把对美国的干涉主义的谨慎带入了白宫，加上他渴望将更多的资源投入到国家建设中。他也看到近期对美国构成挑战的主要是一些失败和软弱国家以及与此相关的恐怖主义问题。他在竞选时宣扬的计划是在阿富汗投入更多的精力，与此同时结束在他看来不明智的伊拉克战争。就任总统后，奥巴马将阿富汗和巴基斯坦视为世界安全的关键，然而在处理这两个国家的问题时十分棘手，因为在任何一国推进不可逆转的进程都是困难的。

当奥巴马总统结束第三年任期开始着手准备竞选连任的时候，他在战争上的成绩还是不确定的。美国特种部队于 2011 年 5 月 2 日击毙奥萨马·本·拉登是他的显著成就，是他给这次大胆的行动下达了特别指令。做出这样的决定需要很大的勇气，因为要冒很大的风险，一旦行动失败他将付出巨大的政治代价。不批准突袭行动同样要冒很大的风险，是轰炸还是派遣突击队员也颇费思量。例如，轰炸可能会错过目标，或者无法提供有力证据证明本·拉登已死亡。总而言之，奥巴马称职而高效地指挥了这次行动，对美国媒体和巴基斯坦采取了必要的保密措施。这个决定是果断而又明智的。

　　这次突袭和其他许多成功的打击行动都是在奥巴马的命令下进行的，多数都由无人机在巴基斯坦部落地区发动，这些行动已经摧毁了基地组织高级领导层。奥巴马总统声称，基本上通过与巴基斯坦合作，到2011年6月美国已经除掉了超过半数的基地组织领导人。① 国防部长莱昂·帕内塔在2011年7月宣布美国及其盟友"即将在战略层面上击败基地组织"。② 彼得·伯根等一批独立的反恐专家也同意这一判断。③ 此外，美国的无人机于2011年9月30日在也门击毙了安瓦尔·奥拉基，消灭了被认为是自本·拉登死后世界上最危险的恐怖分子。

　　美国本土并没有遭受另一次袭击，从某种程度上说这有运气的成分：2009年圣诞节，在飞往底特律的航班上发现"内裤炸弹人"；2010年5月，恐怖分子试图用炸弹袭击时代广场；2010年，恐怖组织试图将炸弹藏入打印机内带上飞往美国的班机。这些袭击事件都有可能得逞，因为都不是美国的情报和国土安全人员阻止了这些事件的发生。但是，他的政府没有退缩，而是采取了坚决的行动，在海外追捕极端主义分子，有时甚至显得冷酷。

　　除了直接消灭基地组织领导人外，奥巴马的反恐策略所取得的成效非常复杂，没有什么明显的得失。到本书撰写之时，阿富汗和巴基斯坦的局势仍然动荡不安，随着美国军队开始撤出阿富汗，两国前景难料。美国和巴基斯坦的关系也许降到了自"9·11"事件发生以来的最低点，巴基斯坦的内部凝聚力依然是个问题。作为世界上核武器增长最快的国家，巴基斯坦也是受国内内部冲突和恐怖主义威胁最大的国家。

---

　　① "President Obama on the Way Forward in Afghanistan," June 22, 2011 (www. whitehouse. gov/blog/2011/06/22/president – obama – way – forward – afghanistan).

　　② Elisabeth Bumiller, "Panetta Says Defeat of al Qaeda Is 'Within Reach,'" *New York Times*, July 10, 2011, p. 11.

　　③ Peter Bergen, Testimony before the Subcommittee on Emerging Threats, House Armed Services Committee, June 22, 2011 (newamerica. net/sites/newamerica. net/files/profits/attachments/Bergen_ HASC_ June_ 22_ Testimony. pdf).

此外，即使基地组织在全球范围受到大大牵制，认为它不再构成威胁也是不明智的。奥巴马在任期内经常得到有关跨国恐怖主义威胁的警报，比如 2009 年 11 月发生的胡德堡军事基地枪击案，以及上文提到的、一个月后发生的圣诞节民航客机炸弹事件，更不用说从 2009 至 2010 年间基地组织成员对纽约地铁的未遂袭击和塔利班巴基斯坦分支策划的针对时代广场的未遂炸弹袭击事件。实际上，在消灭本·拉登的行动之后，总统国土安全与反恐事务助理约翰·布伦南还是呼吁要对基地组织及其分支对美国本土造成的威胁引起足够重视，其中包括在美国长大或具有美国背景的恐怖分子。①

伊拉克也在不断发生变化。奥巴马总统决定在 2011 年底前撤出全部驻伊美军表明他无法说服伊拉克人维持同美国的伙伴关系，尽管总统可能真的不希望大量美国军队留在伊拉克。事实上，他对伊拉克决定取消美军的司法豁免权表示欢迎，因为这是美军留驻伊拉克的所要求的必要条件。完全的撤军会导致一个危险，即加强一种可能引发宗派战争的势态。尽管如此，奥巴马大体上是在落实小布什的撤军计划：逐步撤军的时间是他竞选时承诺的两倍，华盛顿在这一敏感政治议题上能够向巴格达政府施加的压力是有限的。

至少奥巴马减少了战争给国家造成的负面影响。尽管发生过一些针对美国的小规模袭击事件，但美国毕竟没有再次遭受重大袭击。尽管胜利看上去遥不可及，但美国并未在阿富汗遭遇惨败，它也不太可能成为奥巴马的越南。尽管美国与巴基斯坦关系总体上困难重重，但巴基斯坦对国内反叛者的平定渐有成效，也没有发生像孟买恐怖袭击这样的突发性事件让印度和巴基斯坦处于战争的边缘。非法拘捕的数量大为下降，也没有类似阿布格莱布监狱丑闻事件发生；然而，关塔那摩监狱尚未关闭。鉴于这场斗争的艰难，奥巴马成绩虽不圆满，但也扎实。

① John O. Brennan, "Ensuring al Qaeda's Demise," remarks, Paul H. Nitze School of Advanced International Studies, Washington, June 29, 2011; Bruce Riedel, *Deadly Embrace: Pakistan, America, and the Future of the Global Jihad* (Brookings, 2011), pp. 99 – 114.

伊 拉 克

2007 年，奥巴马以反对伊拉克战争为平台开启了自己的竞选之路。与民主党内的多数总统候选人不同，在小布什总统号召美国开战的 2002 年和 2003 年，他还不是参议员。因此，他从未投票赞成或反对这场战争。从这个意义上说，奥巴马是幸运的。他足够年轻能够选择竞选总统的时机。2007 年，他的观念同大多数民主党基础支持者的性情和世界观十分吻合。

但是，奥巴马同样了解自己对这一问题的想法。我们没有理由怀疑他自称一直以来都反对侵略这一点。例如，在 2002 年宣布竞选参议员之前，奥巴马在芝加哥发表演讲，声称入侵伊拉克将是"一场愚蠢的战争，一场鲁莽的战争"。他和他的核心团队一直坚持这一立场，这次演讲也证明了他的坚定、真诚和明智的抉择。①

至少对于典型的民主党初选投票者来说，其他候选人在反战问题上表现得不够诚实，看上去更像投机者。奥巴马许诺将在短时间内从伊拉克撤出全部美军战斗部队——无论是在上任后的 16 个月内完成撤军，还是迅速一些，每月撤出一到两个旅，这取决于他在不同时间和地点发表的演讲——这在党内并不鲜见。实际上，州长比尔·理查德森、参议员约翰·爱德华兹和众议员丹尼斯·金里奇在这个议题上都显得更为激进。然而，奥巴马在这点上要比参议员希拉里·克林顿更大胆，在忠实的反战、反小布什的人眼中，他表现得比希拉里更坚定。

之后奥巴马确实运气不错。就在他获得党内提名、即将全力投入大选时，伊拉克的军事状况大为改善。这样一来，他就可以调整策略方向，而不致暴露在被共和党人指责为在这个重要的国家安全问题上显得懦弱的攻击下。在民主党内初选阶段，人们可以讨论增兵是否起作用；但到了 2008 年春天，这个问题的答案就显然了。这似乎对参议员约翰·麦凯恩更有利。然而伊拉克局势的改善来得太快太突然，以至于到

①　Marvin Kalb and Deborah Kalb, *Haunting Legacy*: *Vietnam and the American Presidency from Ford to Obama* (Brookings, 2011), pp. 246 – 247.

2008 年夏天提出迅速撤军已不再显得不负责任。事实上，伊拉克自己的领导人、来自什叶派的总理努里·马利基已经为美国撤军提供了一张时间表，这与奥巴马的计划并无大的不同。① 从 2007 年底，增兵前几个月的行动已经使伊拉克全境发生暴力活动下降了四分之三。随后在 2008 年春天，伊拉克总理指挥伊拉克军队在巴士拉和巴格达市内的萨德尔城开展清剿行动②，伊拉克的暴力活动因而随之大大减少。这不仅从根本上改善了伊拉克的安全环境，而且也提升了马利基在伊拉克民主主义者心中的形象，他们希望建立一个强大的国家；也提升了他在逊尼派信众和库尔德人心中的形象，他们此前怀疑他打击什叶派极端分子的意愿。③

没有人能预见到这一系列事件的发生。但是它就是发生了，而且时间正巧。突然间，奥巴马长期以来呼吁向阿富汗增派军队并减少伊拉克驻军，看起来并不像某些人指责的那样是"最自由派的参议员"，而是他作为领导者有预见性地领导国家跨入对反恐战争的全新思考。

刚一上任，奥巴马摈弃了意识形态和党派偏见，以务实的态度投入工作。面对仍有 15 个旅留驻伊拉克的状况，他许诺大约用 12 到 16 个月的时间撤出除少量教官和后勤人员外的全部驻伊美军（他曾在某些场合提到过计划每月撤出一到两个旅，这样一来完成撤军的时间就要比 16 个月短）。不过取而代之的是，他决定花 19 个月的时间将驻伊美军人数削减到 5 万人，也就是大约 6 个旅。之后，他把这些部队留守伊拉克一年，直到下一轮撤军行动开始，从伊拉克撤出全部主要美军部队的最终时间是 2011 年底。这并不是一次随意的或微小的调整，而是对奥巴马最初许诺的一次重大修正。因此，这一决定在 2009 年 2 月底宣布

① Barack Obama, "My Plan for Iraq," *New York Times*, July 14, 2008.

② Kimberly Kagan, *The Surge: A Military History* (New York: Encounter Books, 2009); Stephen Biddle, Michael E. O'Hanlon, and Kenneth M. Pollack, "The Evolution of Iraq Strategy," in *Restoring the Balance: A Middle East Strategy for the Next President*, edited by Richard N. Haass and Martin Indyk (Brookings, 2008), pp. 33–40.

③ Jason Campbell and Micheal O'Hanlon, "The Iraq Index, July 31, 2008" (Brookings), p. 4 (www. brookings. edu/~/media/Files/Centers/Saban/Iraq%20Index/index20080731. pdf).

时，引起了民主党内大量的不同意见。① 虽然留守的美军整编成"参谋与支援旅"，使总统能宣称已经履行了自己在短时间内撤出所有战斗部队的承诺，然而实际上这些新的旅有80%至90%的单位和武器装备与原来的部队一模一样，而伊拉克内部并没有忽略这点（尽管这在美国国内的辩论中经常被忽视）。②

将5万驻伊美军保留到2011年的决定是基于三位高级将领的建议做出的：一位是驻伊美军司令雷蒙德·奥迪尔诺将军；一位是大卫·彼得雷乌斯将军，2008年9月前他领导了增兵行动，之后回国主管美国中央司令部；另一位就是国防部长罗伯特·盖茨。做出这一决定也考虑了小布什同马利基2008年底谈判的美伊双边协议：美军要在2009年6月前撤出伊拉克的城市，2011年12月前撤出伊拉克全境。

奥巴马很幸运，拥有彼得雷乌斯和奥迪尔诺这样的驻伊美军指挥官。他明智地留用了盖茨，虽然就政治惯例而言，新总统肯定会选用他人继任国防部长一职。有如此强大的团队处理战争事务，奥巴马调整竞选时的承诺就显得理所当然了。毕竟，19个月的撤军时间可以描绘成与16个月相差并不太多；尽管在伊拉克留下5万人要比人们预想的或是奥巴马竞选时暗示的多得多，但与2009年1月20日他就任总统时的13.5万人相比还是少了很多。最重要的是，谁能指责奥巴马在这一问题上听从这几位五角大楼高官的建议呢——他们是那么地受人尊重且步伐一致？

通过以上述方式对计划进行修正，奥巴马能够避免在动荡的2009年大幅削减驻伊美军的数量，那时伊拉克人将掂量他，并且当美军撤出伊拉克城镇之后，伊拉克军队和警察将承担起更为重要的责任。那时过于动荡，不宜实施预先制订的撤军计划，考验伊拉克的稳定性。根据奥巴马的新计划，驻伊美军数量将在2010年3月伊拉克大选的关键时期保持稳定。这是这个新生民主国家第二次真正的选举，对于任何一个刚刚摆脱独裁统治、建立起代议制政府的国家来说这都是一个微妙的

---

① Ed Hornick, "Democrats Voice Concerns on Obama's Iraq Drawdown Plan," CNN, February 27, 2009.

② 2009年2月奥汉隆在巴格达同驻伊美军官兵的谈话。

时刻。

奥巴马的这些决定既谨慎又务实，而非历史性的或转型性的。将大批美军撤离伊拉克的时间延后了几个月，并让余下的部队继续留驻一年或一年半，并未使这个新总统面临严重的危机，也没有付出高昂的代价。与他在竞选时提出的计划相比，这也许要多花 1000 亿美元。但考虑到上万亿美元的战争经费和每年上万亿美元的联邦财政赤字，这个数字也没什么大不了的。诚然，撤军期间美军的伤亡数字还会继续增加，但是同之前相比已经大为下降：2004 年至 2007 年的平均阵亡人数在 800 到 900 人之间，2008 年已经下降到了 314 人。2009 年总共有 129 人阵亡，2010 年为 60 人，2011 年的情况和前一年差不多。我们为这些在战争后期阵亡的将士感到无比悲痛和惋惜，然而很少有证据表明如果美军加快撤离的进度就能减少伤亡；相反，美国很有可能会付出更大的代价。① 因此，虽然奥巴马的决策并不是"丘吉尔式"的，但仍是经过深思熟虑后做出的谨慎而又有效的决定。

奥巴马的机智也体现在其他方面。在 2009 年初举行的一次总统办公会议中，盖茨和克林顿国务卿在讨论伊拉克面临的众多挑战以及如何应对。奥巴马很快意识到还没有一个专门的领导机构以应对这些挑战。毫无疑问，美军还有大量人员留在伊拉克，从这个角度看应该将指挥权授予五角大楼。但是伊拉克的战斗已经接近尾声，这个国家的未来将主要取决于其领导人抛开萨达姆时期的个人恩怨、同各宗教派别合作共事的能力。换句话说，美国的伊拉克政策正向影响伊拉克政治转变，这就意味着它主要是国务院的工作。但克林顿国务卿要管的事情已经太多了，于是总统转向拜登，对他说："乔，你来吧！"就这么定了，决策已做出。没有事先同副总统商量，征求他的同意，也没有尝试安抚五角大楼或国务院的可能受损的自尊心。"不戏剧化的奥巴马"做了个决定，所有人都支持他。

从某种程度上说，这一决定可以同选择克里斯托弗·希尔出任奥巴

① Ian Livingston and Michael O'Hanlon, "The Iraq Index, January 31, 2011" (Brookings), www.brookings.edu/~/media/Files/Center/Saban/Iraq% 20Index/index. pdf.

马政府的首个驻伊拉克大使做个对比。希尔是一位能干的职业外交官，在东亚地区有着丰富的履历，同理查德·霍尔布鲁克关系密切。但他不懂阿拉伯语，缺乏在该地区工作的经验，因而这一任命引发了争议。① 希尔的继任者吉姆·杰弗里拥有更多在该地区工作的经验，没有引发很大争议。

　　拜登任参议员期间有伊拉克事务的背景。2002 年，他曾就如何在后萨达姆时期保持伊拉克的稳定举行过重要的听证会，小布什政府最好应当听取这些听证会的建议。随后在 2005 年和 2006 年，战争看上去要失败了，拜登呼吁伊拉克向联邦制转变（有时也称为"柔性隔离"）。尽管柔性隔离政策充满争议，但在第一计划明显失败的情况下，它最初是这位忠实的反战参议员的一个合理建议。②

　　这一全新的挑战对拜登来说完全不同：作为由总统授权、主要在幕后开展工作的现任副总统，他要使当前的美国对伊政策获得成功。这需要进行长期而又耐心低调的外交斡旋。拜登每隔几个月就要对伊拉克进行一次访问（到 2011 年末，他在副总统任上至少进行了 8 次访问）。他在这一方面成功了：在华盛顿接待伊拉克各政治派别的代表，掌控相关议题，发起并跟进与伊拉克方面的对话，充当伊拉克政府顾问，有时甚至要在尊重伊拉克敏感问题的前提下指导伊拉克政府的行动。③ 在整个过程中，他一般会避免引起美伊两国公众的关注。拜登知道美国在伊拉克仍然不受欢迎，因而竭力避免正面拥护或公开支持任何一位伊拉克政治家，以免拖累他们。他也知道伊拉克人希望按照自己的意愿解决问题，因而他不会在这些问题上提出建议：是否应该建立一个广泛的联合政府，是否应当避免同伊朗发展关系，以及他们何时解决一些关键性的问题，比如阿拉伯人、库尔德人和该国北部的土库曼人之间的领土

---

　　① Anthony Shadid, "Ambassador Leaves Iraq with Much Still Unsettled," *New York Times*, August 12, 2010.

　　② Senator Joseph R. Biden Jr. and Leslie H. Gelb, "Federalism, Not Partition," *Washington Post*, October 3, 2007.

　　③ Carol E. Lee, "Biden Makes Surprise Visit to Iraq," *Politico*, January 12, 2011.

争端。①

拜登成功了，至少在某种程度上是如此。我们很少听到伊拉克领导人抱怨华盛顿向他们施加了太多的压力。2010 年夏季的民意测验显示，伊拉克民众对于美军加速撤离感到担心，这表明他们已经不再认为美国过于霸道。如果说有什么的话，那就是在绝大多数伊拉克政治派别看来美军的撤离显得过于仓促，萨德尔派除外。2011 年 10 月，白宫宣布所有美军单位都将在年底前撤离伊拉克，这突然的通知加重了他们的担忧。② 与此同时，伊拉克的局势也确实在朝好的方向发展。安全状况不断得到改善，尽管明确的目标性袭击活动还时有发生。2010 年 3 月大选过后，伊拉克新一届政府经过 9 个月的延迟最终成立。

在 2010 年冬季，总理马利基似乎打算利用《伊拉克选举法》中的灰色区域（有些甚至连灰色区域都不是）确保自己能够继续掌权。③ 拜登为阻止其使用各种拙劣的竞选手段付出了巨大努力。④ 双方同意在那些其他政党得票更多的区域进行重新计票并不是一个好主意。禁止赢得选举的前萨达姆的复兴社会党成员出任公职是没有法律依据的。为了显示美国在这些点上的坚持，副总统总是能够在必要的情况指望得到总统的支持。就像拜登说的那样："每当我需要总统打电话给某位伊拉克政治家来阐明我们的立场时，他总是乐意这么做。"尽管奥巴马分配了任务，但他并没有回避或遗忘这些问题。⑤ 小布什执政后期开始的增兵、逊尼派复苏、进攻巴士拉和萨德尔城以及其他一些相关进展在奥巴马执政时期得到了加强。伊拉克内战现在看来已经结束（至少目前是如此）。与 2006 年和 2007 年初相比，暴力活动已经减少了 90%。发电量

---

① "U. S. Vice - President Biden in Iraq Amid Election Deadlock," BBC, July 3, 2010.

② Emma Sky, "Iraq: From Surge to Sovereignty," *Foreign Affairs* 90, no. 2 (2011), p. 127.

③ Steven Lee Myers, "Vote Seen as Pivotal Test for Both Iraq and Maliki," *New York Times*, February 28, 2010.

④ "Biden's Iraq Visit Conveniently Timed for Crisis," *Weekend Edition Sunday*, NPR, January 24, 2010.

⑤ Scott Wilson, "U. S. Withdrawal from Iraq Will Be on Time, Vice President Biden Says," *Washington Post*, May 27, 2010.

也提高到了 50%，国际能源巨头积极在伊拉克帮助开发新油田。伊拉克中央政府和 18 个省共享税收、共担责任，无论这些地区是由逊尼派还是由库尔德人统治。政治局势仍然十分混乱，前景并不明朗，伊拉克还是取得了进步令人吃惊但切实的进步。无论闹得多不愉快，辩论、议会策略和讨价还价成了伊拉克解决分歧的主要方式，而不是诉诸暴力和威胁。拜登说过，"政治已经破茧而出了。"①

对美国来说，伊拉克的政治有时仍然很棘手，奥巴马政府并不总是能够找到恰当的词语描述局势的进展。例如，2010 年初拜登在"拉里·金现场"节目中赞颂了奥巴马政府在伊拉克取得的成就，说这是当局获得的"伟大成就"之一。这一席话惹恼了他的前任、前副总统迪克·切尼，后者提醒拜登他和奥巴马总统都反对增兵计划，而正是增兵降低了伊拉克境内的暴力活动，使局势整体趋于好转。拜登没有收回自己的话，但他承认在小布什执政的最后两年中伊拉克局势得到了改善。② 在其他一些场合，奥巴马政府过分执着地强调自己履行了竞选诺言。奥巴马 2010 年 8 月 31 日在总统办公室宣布"战斗任务"结束、从伊拉克撤出全部战斗部队的演讲只是在玩文字游戏，因为还有大批装备精良的美国军队留在那里，并且事实上还在遭受人员损失。③ 因此奥巴马政府并没有避免在这个问题上耍一些手段，玩一些文字游戏。但是到 2011 年底，奥巴马确实是兑现了拖延已久的承诺，从伊拉克撤出了全部美国军队，那时就不再是个措辞的问题了。

---

① Vice President Joe Biden, "Remarks by Vice President Joe Biden at the Veterans of Foreign Wars 111th National Convention," Indianapolis, August 23, 2010 (www. whitehouse. gov/the - press - office/2010/08/23/remarks - vice - president - joe - biden)

② Jack Tapper, "Political Punch," *ABC News*, February 11, 2010; Carol E. Lee, "Biden 'Happy'to Thank Bush," *Politico*, February 14, 2010 (www. politico. com/blogs/politicolive/2010/Biden_ happy_ to_ thank_ Bush_ on_ Iraq. html); Peter Wehner, "A Stroll Down Memory Lane," *Commentary*, July 30, 2010 (www. commentarymagazine. com/blogs/index. php/wehner/335756).

③ President Barack Obama, "Remarks by the President in Address to the Nation on the End of Combat Operations in Iraq," White House, August 31, 2010 (www. whitehouse. gov/the - press - office/2010/08/31/remarks - president - address - nation - end - combat - operations - iraq).

尽管奥巴马政府的伊拉克政策存在一些相对较小的失误，但总体上还是相当成功的。总统在党派斗争的海啸中打着战争这个议题获得了政治上的胜利，但是他在任上仍然奉行了一条务实的代表两党的政策，十分依仗留任的小布什外交团队的明星人士。之后，他又指派经验丰富的副总统落实这些政策。伊拉克的故事尚在延续。至少在奥巴马执政的头三年中的大部分内容都是好的，伊拉克问题也不再是造成两党严重分歧、打入美国共和民主两党间的楔子。

但是，奥巴马政府的工作尚未完成，伊拉克问题可能会在 2012 年大选中再次成为两党争论的焦点。近期经历过内战的国家很有可能再次经历战争，发生战争的可能性大约为 30% 到 50% 。如果说伊拉克的宪法和议会民主制可以被视为和平的元素，但这种和平有很多致命弱点。具体地说，就像斯坦福大学史蒂夫·斯特曼教授和其他学者描述的那样，那些邻国一心一意企图给它造成严重破坏的、国内有试图打破和平协议的"捣乱分子"以及有丰富资源可供开发的国家，特别容易再次爆发冲突。以上三条伊拉克都符合。[1] 此外，尽管政治科学告诉我们守成的民主制度国家倾向和平（同其他民主国家以及在自己国内），但新生的民主国家显然不是这样，例如伊拉克就在 2005 年大选之后经历了暴乱。[2]

因此，2011 年撤出全部驻伊美军有可能引发危机。伊拉克已经获得了长足的发展，但还没有完全远离危险。炸弹爆炸和人员伤亡仍在继续，有可能升级到对高层人士的暗杀和其他悲剧。伊拉克还存在许多严

---

[1] 　Stephen John Stedman, "Policy Implications," and George Downs and Stephen John Stedman, "Evaluation Issues in Peace Implementation," in *Ending Civil Wars: The Implementation of Peace Agreements*, edited by Stephen John Stedman, Donald Rothchild, and Elizabeth M. Cousens (Boulder, Colo.: Lynne Rienner, 2002), pp. 54 – 61, 666. 类似观点，见：William J. Durch with Tobias C. Berkman, "Restoring and Maintaining Peace: What We Know So Far," in *Twenty – First Century Peace Operations*, edited by William J. Durch (Washington: U. S. Institute of Peace, 2006), pp. 1 – 48.

[2] 　Edward D. Mansfield and Jack Snyder, "Turbulent Transitions: Why Emerging Democracies Go to War," in *Leashing the Dogs of War: Conflict Management in a Divided World*, edited by Chester A. Crocker, Fen Osler Hampson, and Pamela Aall (Washington: U. S. Institute of Peace, 2007), pp. 161 – 176.

重的政治问题，包括未决的有关中央政府到底能行使多大的权力的宪政争论；"伊拉克之子"（也包括所谓的"伊拉克之女"）的未来充满了不确定性，他们中的多数都是逊尼派，在 2007 年和 2008 年为打击基地组织做出了巨大贡献，但是现在他们担心由什叶派控制的政府会轻易忘掉他们；基地组织的残余力量；伊朗和其他邻国给伊拉克带来的不良影响。① 这些问题混杂在一起使冲突再次爆发成为真正存在的可能。

这并不是说如果暴力发生，美军就能够阻止。美国在伊拉克的存在的目标是对相关党派施加影响，起防范和树立信心的作用。实现这一目标得到了美国军队的帮助，他们派人充实检查站，与伊拉克和库尔德士兵一起巡逻，帮助平复伊拉克人的不安和紧张情绪，使他们从该国内战的创伤中恢复过来。当他们离开后，情况将大为不同。

美军撤离伊拉克在多大程度上是不可避免的？奥巴马是否可以通过努力与伊拉克政府达成一项可接受的协议，保留一支 5000 人至 2 万人的美国军队且留驻一段时间，甚至数年？这很难说，因为奥巴马政府不能在这个议题上施加压力。国防部长盖茨 2010 年底提出美国愿意再次考虑撤军的最后期限问题，但这必须由伊拉克人提出。② 是伊拉克总理马利基坚持按 2008 年达成的双边协定完成撤军，签署该协议的是小布什政府，而不是现在的美国政府。反美主义在伊拉克政坛仍有一定市场，而伊拉克人民族自尊心很强，他们希望运行自己的国家，而没有任何外界帮助。

有报道说奥巴马政府曾预示伊拉克政府，不要太指望美国在伊拉克长期发挥作用，这也许吓跑了那些本来愿意游说让美军继续留驻当地的

---

① Kenneth M. Pollack and others, *Unfinished Business*: *An American Strategy for Iraq Moving Forward* (Brookings, 2011), pp. 35 – 60; Timothy Williams and Durad Adan, "Sunnis in Iraq Allied with U. S. Rejoin Rebels," *New York Times*, October 16, 2010.

② Donna Miles, "Robert Gates: U. S. Open to Talks on Post – 2011 Presence in Iraq," American Forces Press Service, November 9, 2010 (http: //thesop. org/story/20101109/robert – gates – us – open – to – talks – on – post2011 – presence – in – irq. html).

伊拉克领导人，只有足够多的美国军事存在才会起作用。① 这一事实也许是导致谈判陷入僵局的罪魁祸首，并最终导致全部美军撤出伊拉克。如果这些报道的内容是真实的，那么奥巴马政府也许是在做不必要的冒险。其实，在一定程度上讲，美国试图继续与伊拉克有所接触。盖茨曾试图用隐晦的语言劝说，而其继任者莱昂·帕内塔则更加直率。出任国防部长后不久，他就访问了伊拉克，劝说伊拉克人"快做决定！"②然而包括国务卿和总统这一级别的协调一致的外交行动，却没有应有的那么缜密。

就像伊拉克前总理阿亚德·阿拉维说的那样："2003 年入侵伊拉克也许的确是一场战争的选择，但美国和其他国家却承担不起在 2011 年失去伊拉克这个选择。"③ 我们在此不会过分夸大美国政府的错误。美国给予了伊拉克八年半的军事支持，包括奥巴马任内将近 3 年时间，即便他在竞选总统时许诺只用 16 个月的时间完成撤军。终有一天，伊拉克要为自己的未来承担起主要责任。直到最后，尽管众所周知，华盛顿方面对继续保留驻军的态度不冷不热，终究是伊拉克人以及他们新成立的民主政府坚持不给予驻伊美军司法豁免权，而所有人都知道这是美国无法接受的。也就是说，奥巴马本来可以提高在伊拉克保留部分美国军队的可能性，这种方式将更保险。

尽管如此，伊拉克人决定让美国人走，这是他们的权利，这也从各个方面反映出他们的自信，这是受人欢迎的进步。这也让美国再次向中东和全世界证明，一旦别人要求我们离开，我们就会离开。这一事实打破了许多误解，我们既不没有帝国野心，也不要别的国家把我们的存在和援助视为理所当然。总的来说，这次巴格达和华盛顿的冒险结果尚为合理。

我们有理由担心美国撤军会带来一系列问题。马利基行事不仅在表

---

① Kenneth M. Pollack, "With a Whimper, Not a Bang," October 21, 2011 (www. brookings. edu/opinions/2011/1021_ iraq_ pollack. aspx_).

② Elisabeth Bumiller, "Panetta Presses Iraq for Decision on Troops," *New York Times*, July 12, 2011, p. 8.

③ Ayad Allawi, "The Forgotten Battlefield," *Washington Post*, September 1, 2011, A15.

面上受到民族自豪感和政治联盟的驱使，也同样受到其个人莽撞性情的影响，下面两个例子能充分说明这一点：2008 年春，他几乎是在没有制订任何计划、没有与美军协调的情况下发起了巴士拉战役；2010 年初，他试图取消一些合法的反对派议员的资格。马利基也试图把权力集中到自己手中，限制议会和他人的权力，诸如谁有资格提出法案。① 在 2004 年到 2007 年的内战后，伊拉克各派间的紧张只是部分地缓和了，并不排除未来阿拉伯人和库尔德人或逊尼派和什叶派爆发冲突的可能。尤其是后者更容易对该地区造成恶劣影响，这可能会扩播散到其他国家。美国撤军后随即发生的一系列事件也并不乐观。马利基立刻试图逮捕一位副总统，解除一位副总理的职务，并加大了对财政部长的政治和司法压力。这些针对逊尼派的举措显然违背了政治宽容的许诺，也突破了宪法对于他作为总理权力的限制。

　　而且就在这一切发生的一星期前，奥巴马在总统办公室为马利基访问华盛顿致了贺词，现在看来就显得不合时宜了。事实上，这在当时看来已经是不合时宜的，奥巴马所庆祝的这个里程碑式的举措——撤出了全部驻伊美军——这正是他的谈判专家们所竭力避免的。由于美国人已经对伊拉克感到厌倦，出于国内政治的考虑，奥巴马无法抵御庆祝撤军完成的诱惑。然而这可能减少了美国在伊拉克的影响力，使他看上去脱离现实。只有未来发生的一切才能确定这个问题有多严重。

　　简言之，奥巴马总统在伊拉克问题上的表现并不完美，但从目前看来还是相当不错的。当然，工作还没有结束。随着全部美军永久撤出伊拉克，新的挑战随之而来，华盛顿要运用自己的影响力帮助伊拉克人把这个在过去十年中近乎分崩离析的国家重新整合起来。一个恰当的例子就是美国向伊拉克出售 F - 16 战斗机的计划。鉴于马利基近期反对民主，甚至可能是一些非法行为，很难想象华盛顿还会支持完成这一交易。奥巴马政府要有足够的勇气做出困难的决定：在未来几个月内它把与巴格达的合作添加附加条件，即使这么做会把自己成功结束伊拉克战

---

　　① 有时马利基能在相关进程中得到伊拉克法院的帮助。Micheal S. Schmidt and Jack Healy, "Maliki's Broadened Powers Seen as a Threat in Iraq," *New York Times*, March 6, 2011.

争这一说法复杂化。

除驻军问题外，美国看起来还在 2010 年底还犯了一个错，带来了以后的问题。当时，伊拉克前总理伊亚德·阿拉维领导的"伊拉克名单"联盟在 2010 年 3 月的大选中赢得了相对多数席位，但他们无法找到足够多的盟友以组成新政府，而现任总理马利基做好了组阁的准备。华盛顿建议马利基组建一个包括阿拉维派在内的民族联合政府，在该联盟当中阿拉维派将主导国防部长和内政部长的任命。遗憾的是，这种构架最终陷于瘫痪，导致伊拉克政府丧失了多数功能，因为阿拉维和马利基并未举行对话，重要的安全部门人选也悬而未决。这一状况增加了伊拉克人决定是否吁请美国在 2011 年后继续保留一定驻军的所面临的难度。因此，人们在回顾这一时期美国对伊战略时普遍认为组建联合政府是一个错误的决策。[1]

美国现在失去了在 2011 年后在伊拉克保留驻军的机会，奥巴马总统也许必须在伊拉克问题上更多地亲力亲为，以弥补美军撤离所造成的美国影响的下降。无论他自己是否愿意，他的行政部门都必须保持对这个重要国家的关注。

阿　富　汗

从竞选之初起，贝拉克·奥巴马就清楚地表示，在他看来阿富汗战争是美国在"9·11"事件发生之后应当去打的战争。他发誓会将注意力从伊拉克转向阿富汗，并多次表示至少要向阿富汗增派两个旅的美军部队，因为在小布什总统第二届任期内塔利班卷土重来。

许多旁观者都怀疑这是出于政治的考虑。考虑到现任总统和战争本身在民主党支持者中不受欢迎的程度，反对伊拉克战争能给在初选中给民主党人带来政治上的便利。然而，考虑到要在未来的大选中击败强大的"越战英雄"约翰·麦凯恩参议员，尤其是考虑到前三任民主党总统常常都在国家安全问题上遭到质疑，一些人怀疑如果奥巴马既反对伊

① Michael S. Schmidt and Tim Arango, "Bitter Feud between Top Iraqi Leaders Stalls Government," *New York Times*, June 26, 2011.

拉克战争又赞成关闭关塔那摩监狱、愿意与独裁者展开对话，那么他就需要支持另一场战争。阿富汗是必然的选择。根据这一理论推断，他对这场战争的承诺可能坚持不到总统竞选结束。

　　就任总统后，奥巴马以实际行动驳斥了这些论调。上任伊始，他在阿富汗已有4个旅的美军部队的基础上，增派了多达8个旅的美军，远远超出了竞选时许诺的规模。奥巴马就任时驻阿美军只有3万人，而到2010年底达到10万。奥巴马不仅在上任伊始旋即对美国阿阿富汗政策进行审议，结果是将驻阿美军人数从3万增加到6.8万，而且他同意在2009年秋进行第二轮审议，以双倍的决心进行第二次增兵。有批评质疑奥巴马第二轮政策审议用了太长时间，质疑那些将军们，或者质疑在确定行动方针前他在审议过程中提出尖锐问题。然而，事实是在他执政的第一年已经授权了两批主要增援部队，每一批都与他入主白宫时驻阿美军的规模相仿。

　　尽管2011年6月做出的到2012年夏末将驻阿美军人数裁减到6.8万人的决定遭到了国际安全援助部队司令大卫·彼得雷乌斯将军的公开质疑，但奥巴马在他的阿富汗政策上仍然十分坚定。虽然目前驻阿美军人数大约是他上任时的两倍，他号召选民继续支持他。部分是出于战斗升级，在奥巴马任内的2009年和2010年，美军在阿富汗的伤亡人数要比小布什整个任期内还要多。这并不是一个好消息，但它是美国承诺的体现。尤其是作为美国三军总司令的总统，在任何一场战争中总统往往能亲身感受到这种伤亡带来的深切悲痛。

　　此外，奥巴马团队在2009年秋对于制订二次增兵计划一开始表现出的谨慎并不难理解。可以理解为什么像副总统约瑟夫·拜登、总统国家安全事务助理詹姆斯·琼斯和驻阿富汗大使卡尔·艾肯伯里会对斯坦利·麦克里斯特尔将军的方案将信将疑。该方案得到了陆军上将彼得雷乌斯、海军上将迈克尔·马伦和国防部长盖茨的支持，计划在2009年夏天向阿富汗再次增兵。军方（即使不是麦克里斯特尔本人，他在2009年6月成为驻阿联军指挥官）才在半年前提出了同样的要求，并暗示第一次增兵能够满足作战需要，怎么才过了几个月，就回过头来要求派遣更多的地面部队呢？质疑者们还提到阿富汗是部族社会，没有效忠国家的传统，在那里进行传统的反叛乱作战前景暗淡。美军作战的双重目标，一是保护阿富汗人民的安全，二是扶植阿富汗安全部队，这样一来他们就能依靠自己的力量保卫国家和人民，这两个目标与阿富汗的历史、文化和社会并不协调。北约在战争初期所发挥的作用不禁使人怀疑它是否能对该国施加建设性的影响，因为它对当地的人文缺乏了解。① 北约不经意偏向某些部族和团体的做法激起了其他被冷落的人的反抗。同时，在较短的时间内向阿富汗提供过多的资金也导致腐败问题更加严重。

然而，奥巴马最终发现那些质疑麦克里斯特尔的人并没有提供一个真正的足以减少损失替代性方案。如果这场战争终将失败，那么他们似乎将是预言性的，因为他们的方法至少能减少美国在战争中的投入。他们还争辩说，现在基地组织阿富汗分支的规模已经大为缩小，而在也门等其他地区的分支则相对壮大，对整个组织的作用不断上升。分离塔利班与基地组织是有可能实现的，这样一来即使前者在阿富汗重新掌权，后者也得不到什么好处。这一看法可能在本·拉登死后变得更具说服力，因为他与阿富汗塔利班高级领导人之间的私人关系已不复存在，这也许会弱化两个组织间的联系，尽管到目前为止哈卡尼网络和塔利班其他领导人在拉登死后举动并未变得更为温和。尽管如此，至少在2009年这些质疑的声音汇聚起来并没有在奥巴马脑中形成一个在阿富汗成功的、能够阻止基地组织重建安全壁垒计划。

一些观察家认为，五角大楼的重要官员并未在要求第二次大规模增兵时向奥巴马提供所有可能的选择，鲍勃·伍德沃德在他的引人入胜的书中描述了2009年的政策审议过程，他即持此观点。② 但是，从总体上看这种批评并没有抓住要领。是奥巴马本人断然选择了一种坚决、稳

---

① 关于这方面的情况，见：Adam Cobb, "Intelligence in Low - Intensity Conflicts: Lessons from Afghanistan," in *Victory Among People*: *Lessons from Countering Insurgency and Stabilising Fragile States*, edited by David Richards and Greg Mills（London: Royal United Services Institute, 2011）, pp. 107 - 126; Michael Flynn, Matt Pottiner, and Paul Batchelor, "Fixing Intel: A Blueprint for Making Intelligence Relevant in Afghanistan"（Washington: Center for a New American Security, 2010）.

② Bob Woodward, *Obama's War*（New York: Simon and Schuster, 2010）, pp. 234 - 240.

健的处理方式，并一直这么说着。① 你可以不赞成这项政策，但毫无疑问这项政策的条文规定是由三军总司令亲自做出的。

在 2009 年夏天和初秋，军队和白宫之间确实存在沟通上的障碍，部分原因在于军方在第一次提出向阿富汗大规模增兵的要求后不久就再次提出了相同的请求。此外，尽管军方提出这样的要求是可以理解的，因为在麦克里斯特尔之前还没有人就阿富汗所需兵力进行过综合评估，但奥巴马总统要求军方提供二次增兵的更充足的理由也是自然而然的。白宫助理们故意在奥巴马总统与战地指挥官麦克里斯特尔将军之间制造距离也是造成沟通困难的原因之一。小布什总统每周都与远在伊拉克的彼得雷乌斯将军和瑞安·克罗克大使进行视频电话会议。在白宫助理们看来两者的关系过于密切，他们不希望复制这种模式。但是现在，他们对小布什时期做法的反感导致在 2009 年夏天关键的几个月中阻断了麦克里斯特尔与奥巴马的联系，而当时美国正需要评估向阿富汗增派援军的必要性。这导致后来发生了一些不愉快的事件，使关系变得紧张。关于这一点，白宫应该就沟通中出现的问题承担大部分责任。但是秋季的政策审议使局面有所改观。

从决定的内容上看，本来有可能推出一种混合方式：先在一些地区试行更为严厉的反暴乱措施，然后再推广到阿富汗东部和南部的主要人口聚居区。然而事实上，麦克里斯特尔要求增派 4 万名官兵（最终削减到 3 万人）本身就是一种有所取舍的战略。它无法全力保障美军在该国东部，或者是北部和西部开展行动，就像喀布尔那样局势的相对稳定，并不是绝对安全。实际上，麦克里斯特尔在新的增兵计划中只是划出了 80 个地区和 40 个次要地区，两者相加占到阿富汗国土面积的三分之一。鉴于小布什政府第一届任期内美国实行的"轻脚印"的战略，强调在少数区域集中开展反恐行动并不能给奥巴马带来更多希望。事实上，正是这样的行动导致了塔利班的重新崛起。奥巴马也不相信同塔利班的谈判有多大成功的希望。塔利班组织和哈卡尼网络仍然十分激进，

---

① Michael O'Hanlon and Bruce Riedel, "Plan A – Minus for Afghanistan," *Washington Quarterly*, Vol. 34, No. 1 (2011), pp. 123 – 132. 里德尔是奥巴马政府第一次调整阿富汗政策的协调人。

带有浓厚的意识形态色彩，他们大概认为自己正在赢得战争，无须做出妥协。①

有人认为阿富汗并不希望建立一个强大的中央政府，无法负担一支庞大的军队，那里的人民和政治家并不愿意看到其他国家的军队大量驻扎在自己的领土上，这种看法有一定的吸引力，也符合该国的历史。②然而，小布什政府已经尝试了基于这种认识之上的战略（可能也有其他的原因，小布什关注伊拉克势必会减少用于阿富汗的资源），但失败了。证据有二，一是塔利班的实力不断增强，武装分子数量从 2005 年的 5000 人增加到奥巴马就职时的 2.5 万人；二是暴力事件增加，美军阵亡人数在 2004 年前每年约 50 人，2005 年为 99 人，2006 年为 98 人，2007 年为 117 人，而 2008 年则达到了 155 人（相关的袭击事件更是大幅增加）。③

塔利班正在复兴的几个重要方面显示了该组织在过去几年中已经变得越来越可怕，也促使麦克里斯特尔和奥巴马思考。尽管仍存在许多缺陷，但阿富汗塔利班组织和其他主要反政府武装要比伊拉克的基地组织聪明得多。塔利班很少策划在伊拉克常有的、巴基斯坦也时有发生的炸弹袭击事件。取而代之的是，塔利班通过暗杀达到自己的目的，他们也会通过向忠于政府的人投递匿名恐吓信的方式发出威胁，吓退了很多原本愿意改革和重建自己的国家的阿富汗人。

---

① 哈卡尼网络领导人的看法，见：David Rohde and Kristen Mulvihill, *A Rope and a Prayer*: *A Kidnapping from Two Sides* (New York: Viking, 2010), pp. 71 - 96, 238 - 249.

② 关于阿富汗历史，见：Thomas Barfield, *Afghanistan*: *A Cultural and Political History* (Princeton University Press, 2010)；关于"9·11"事件发生后阿富汗的情况，见：James F. Dobbins, *After the Taliban*: *Nation - Building in Afghanistan* (Washington: Potomac Books, 2008).

③ General Stanley McChrystal, "COMISAF Initial Assessment," unclassified version, *Washington Post*, September 21, 2009; Ronald E. Neumann, *The Other War*: *Winning and Losing in Afghanistan* (Washington: Potomac Books, 2009); Seth G. Jones, *In the Graveyard of Empires*: *America's War in Afghanistan* (New York: W. W. Norton, 2009)；关于美军伤亡情况，见：Ian S. Livingston, Heather L. Messera, and Micheal O'Hanlon, "The Afghanistan Index, February 28, 2011" (Brookings) (www. brookings. edu/ ~ /media/Files/Programs/ FP/afghanistan%20index. pdf).

　　塔利班把恐吓、诱导、贿赂和有选择性的暴力结合到一起，重新获得了影响力。尽管塔利班的治国理念仍未得到那些曾经受其统治的阿富汗人青睐，但它已经在特定地区产生了吸引力，因为民众对卡尔扎伊政府和北约联军的一次次失败感到越来越沮丧。塔利班在其控制地区迅速建立起的、强加给民众的司法体系，尽管有时显得粗暴甚至残忍，但在民众看起来仍然要比政府更公平可靠。如果这个"更加善良、更加温和"、更加高效的塔利班愿意脱离基地组织，他们有可能在阿富汗东山再起。然而，这可能仅仅是一种明智的策略，反映出塔利班内部已经认识到重塑其自身形象的重要性（即使其意识形态和长远目标并没有改变）。总之，他们为联军制造了极大的障碍，使后者很难号召阿富汗民众反对塔利班，尤其是阿富汗第一大部族普什图族，塔利班的支持几乎都来自这里。

　　塔利班和哈卡尼网络中的武装分子也在改进其战术，他们放弃了严密的纵向组织构架，转而建立了一套灵活的横向网格体系。[1] 几年前，他们或许会聚集大量的人员作战，但即使在接下来的交火中没有被击败，北约援军一到他们也必然输掉这场战斗。例如，2006 年，塔利班试图控制该国南部的一大片区域，由加拿大部队、其他北约国家军队和阿富汗政府军组成的联军挫败了这一企图。[2] 自那时起，虽然仍有大批塔利班武装人员集中行动的事件，但主要是在一些他们认为只需对付一支小规模北约部队的前哨地区。比如，2008 年夏季发生在阿富汗东部的一系列战斗（诸如瓦纳特之战）和 2009 年 10 月 4 日在东部地区发起的一场类似的大规模攻势。其他大多数行动都是由少量叛乱分子发起的。他们通常采用多种手段进行伏击，先用威力巨大的路边炸弹制造伤亡和恐慌情绪，然后迅速用轻武器对付失去保护的车辆和其中的北约军队和阿富汗安全部队，之后在北约增援部队或空中力量到达前撤离。

----

[1]　Stanley McChrystal, "How to Fight in Afghanistan," *Foreign Policy*, March/April 2011, pp. 66 – 70.

[2]　Carl Forsberg, "The Taliban's Campaign for Kandahar" (Washington: Institute for the Study of War, 2009), pp. 24 – 27; Ashraf Ghani, "A Ten – Year Framework for Afghanistan: Executing the Obama Plan …and Beyond" (Washington: Atlantic Council, 2009), pp. 1 – 3 (www. acus. org).

　　然而，从阿富汗传来的并不总是坏消息。一些地区（包括北部、西北部、南部和西南部）的安全形势在 2011 年下半年从很多方面来说都有所好转（尽管东部地区是个重要的例外）。生活水平显著改善，尽管这种改善主要是由临时驻扎的外国军队带来的；在校学生人数、开业的医疗诊所数量和移动电话保有量飞速上涨。直到今天，对于普通民众来说阿富汗并不是一个特别危险的地方，至少与南非、尼日利亚、墨西哥以及哥伦比亚这几个饱受战争摧残或犯罪率极高的国家相比。据统计，阿富汗并不比以上任何一个国家差，按照人均计算甚至还是最安全的。① 但是在某些民众、政客和部落之间，经济利益的分配并不均衡。至于安全情况，对于北约部队、阿富汗士兵、警察，以及那些没有参与叛乱的政治、宗教和部落领袖来说，情况比综合数据所显示的更糟。例如，阿富汗安全部队每年因暴力袭击损失 1000 人，而这一数字在 2011 年甚至更高。针对政治、商业、政府和部落领导人的暗杀行动也日益增多，2010 年，在坎大哈一地造成的死亡为每周一到两人，2011 年则更高。②

　　在这种情况下，2009 年，奥巴马发现自己别无选择，只能决定采取传统反叛乱手段。尽管他的核心目标是阻止基地组织再次袭击美国，同时防止拥有核武器的巴基斯坦出现动荡，但他还是认为保持阿富汗的稳定非常重要。如果不这样做，该国有可能成为基地组织、巴基斯坦塔利班和虔诚军的安全壁垒。反叛乱模式被视为实现反恐目标所必要的手段。

　　奥巴马向阿富汗增派军队的主要目的是在重要的人口聚居区维持足够数量的北约部队，尤其是在该国南部和东部的普什图族聚居区。大量援军被派到了赫尔曼省和坎大哈省，后者是塔利班的精神家园和基地，前者是增援的重要来源并通过鸦片贸易获得资金。向这些地区增派美军导致伤亡大幅增加，2009 年美军的阵亡人数超过了 300 人，2010 年更是逼近了 500 人，2011 年回落到 418 人。然而，一些数据和重要的事

---

　　① Livingston, Messera, and O'Hanlon, "Afghanistan Index, February 28, 2011."

　　② 同上。

实也反映出这些地区的安全状况也大有改观。比如在赫尔曼省，2011年在校生人数与 2009 年相比增加了 50%；现在有将近一半的人认为道路是安全的，而在一年前仅有三分之一的人持这样的观点；本地官员现在更倾向于坐车出行而不是搭乘北约直升机。

许多增派的美国和北约士兵也被用来训练阿富汗国民军和警察部队。在这里做的超过了在伊拉克所做的，麦克里斯特尔强调不仅首先要对阿富汗武装力量进行严格的训练并派遣指导组深入各部队和警察单位，而且要在阿富汗和北约各部队之间建立起正式的合作。它们现在两两结成了兄弟部队，一起训练，一起规划，一起部署，一起巡逻，一起战斗。现在大约有四分之三的阿富汗军事单位已经与北约部队建立了这种关系。这种"学徒期"的理念是美国撤军战略的精髓，这种训练阿富汗武装力量的强度要比之前大得多。尽管还有很长的路要走，但这种方式已经有所成果。例如，彼得雷乌斯将军在 2011 年 3 月举行的国会听证会上表示，2010 年，在坎大哈及其周边地区执行主要任务的联军部队中阿富汗士兵占到 60%。

奥巴马政府在敦促盟友为联军提供更多支持方面也取得了不错的成绩。诚然，奥巴马更倾向于奉行多边主义外交政策，可这并不能开启导致北约和其他盟友援助纷至沓来的闸门。然而各国扶助力度的增加仍然很明显，证明他的外交方式能够带来实际利益，即使这种好处还没有达到扭转乾坤的程度。针对麦克里斯特尔增兵 4 万请求，总统同意向阿富汗增派 3 万名美军官兵，他希望盟友们能补上这一万人的差额。它们确实或多或少地做到了，尽管荷兰后来不再参加联军行动，加拿大也缩减了驻军规模。那些希望奥巴马的魔力能让其他国家派出数万援军前往阿富汗以显示与美国总统共进退的人恐怕要失望了。但多数经验丰富的外交政策评论家都对奥巴马能说服盟友派出比以往总数多 25% 的援军留下了深刻印象。

无论怎样看美国的总体战略，遗憾的是其中有许多战术性的错误。奥巴马团队内部存在一些分歧，有时还会公开化。这种现象在"维基解密事件"发生前就存在，那时艾肯伯里大使在亲自起草的一份电文中对卡尔扎伊总统的可靠性提出了质疑，有政府官员将该电文的内容泄露了。从更大层面上说，奥巴马政府在与阿富汗总统哈米德·卡尔扎伊打交道时并未保持一种始终如一或建设性姿态。多位政府官员不是在公开场合严厉批评阿富汗领导人，就是在私底下与他发生过激烈争吵，其中包括前国家安全事务助理吉姆·琼斯、副总统拜登以及已经去世的前驻阿大使理查德·霍尔布鲁克，这给两国的总体关系造成了负面影响。[①]回顾历史，国防部长盖茨曾说美国在倾听阿富汗领导人呼声方面做得"实在太糟糕了"，尽管这并不完全是由美国单方面造成的。[②]

　　最重要的是，尽管奥巴马做出了强有力的战争决策，但却在言辞上没有很好地表达出来。在这方面，他的政策要比他的话语更坚定。2009年12月1日，奥巴马在西点军校宣布了第二次增兵的决定，与此同时他也保证将从2011年7月起撤回驻阿美军。就计划本身而言，任何临时向阿富汗增派外国军队的计划都不会太让人吃惊，毕竟小布什总统在增兵伊拉克上也是这么做的。但是奥巴马似乎在许诺战争较快就将结束，这成了他希望给美国国会和公众传递一种信息，尤其是对民主党人反战基层。奥巴马充分了解全国上下的厌战情绪，也充分了解在公众在比较他领导的阿富汗战争与林登·约翰逊领导的越南战争，他试图找到一个两全其美的解决办法——通过两面下注的方式，一方面强硬，以创造赢得胜利的机会，另一方面希望继续获得美国左翼政治力量的支持。随后，政府官员时常解释说2011年7月以后的任何撤军行动都要视情况而定，然而这无法改变一个基本的事实：全世界的人都认为奥巴马已经承诺将在很短的时间内"无条件"撤出驻阿美军。2009年3月27日，在首次宣布对阿富汗政策进行审议的时候，奥巴马总统曾表明他在该国的核心目标是阻止今后针对美国的恐怖袭击活动，这也让许多人相信他对阿富汗的期望是有限的，在该国驻军也是暂时的。

　　奥巴马制订了强有力的战争政策，但在表述时却含糊其辞。考虑到他在国内政治中面临的挑战和总统顾问们对于美军能否完成使命的怀疑，这种做法是可以理解的，然而却产生了相反的结果。在阿富汗，许多人都把奥巴马的讲话视为一个信号，认为美军有可能在完成使命前就

　　① Ahmed Rashid, "How Obama Lost Karzai," *Foreign Policy*, March/April 2011, pp. 71 - 76.

　　② Donna Cassata, "Gates Says US Did 'Lousy Job' Listening to Karzai," Associated Press, March 2, 2011.

撤出该国，因为建立阿富汗安全部队和实现其他一些重要目标需要三四年的时间，一两年是不够的。这也许会如华盛顿所愿促使一部分阿富汗人加快改革的步伐，但这也会让许多阿富汗人士首鼠两端，因为他们不知道未来会怎么样。尽管会谈由卡塔尔的一个塔利班办公室牵头，但在目前情况下，阿富汗塔利班及哈卡尼网络的中央领导人似乎并不打算进行和谈。2011 年 9 月，阿富汗前总统拉巴尼在喀布尔被塔利班于暗杀，便印证了这一点。在被遇刺时，拉巴尼负责国家的谈和事项。

设置最后期限对巴基斯坦也产生了相似的影响，该国延续了支持阿富汗塔利班的传统。一些巴基斯坦军官将阿富汗塔利班视为最好的筹码，不然美国和北约将提前撤军；结果或者是巨大混乱，或者是过多的印度影响。尽管这么说有些言过其实或者不正确，但并不代表它们不重要。

有时，奥巴马政府也试图向公众展现自己的坚定信念。但是他们每迈出一步，都会退回一步。在 2010 年初春奥巴马总统飞往阿富汗指责卡尔扎伊后，美国政府随即在 5 月又邀请他访问华盛顿。之后，尽管卡尔扎伊恳求，奥巴马还是因其助手向《滚石》杂志泄露消息而解除了麦克里斯特尔将军的职务，甚至还留用了与卡尔扎伊不和的艾肯伯里大使。几个月后，奥巴马总统专程飞往喀布尔附近的巴格拉姆空军基地，与美军官兵一起庆祝节日的到来。恶劣的天气导致奥巴马无法乘坐直升机前往总统官邸拜会卡尔扎伊，于是他直接飞回了华盛顿，甚至没有同这位原本应是他重要的反暴乱盟友见面。

除了种种个人因素，传递出的各种政策信息也令人费解。例如，2010 年 11 月举行的北约里斯本峰会表达了维持联盟实力的决心。此次峰会强调撤军的期限是 2014 年，而不是 2011 年。到那时，阿富汗安全部门领导人的更迭将完成。然而在 2011 年国情咨文讲话中，奥巴马总统重新强调要从 2011 年 7 月开始撤军，但没有提到之后几年的任何驻军。① 2010 年 12 月，副总统拜登在"与媒体见面"节目中表示美国肯定会在 2014 年撤回全部阿富汗驻军，而不会像之前说的那样继续留在

---

① President Barack Obama, "State of the Union Address," Washington, January 25, 2011.

那里发挥支持性作用。数周后，他对喀布尔进行了访问，对自己的言论进行了修正，但也只是部分修补了这造成的损害。① 国防部长盖茨是这场战争的坚定支持者，他一直保证美国不会再像 1989 年苏联撤军之后那样抛弃阿富汗。尽管如此，2011 年 2 月他在西点军校发表讲话，表示任何一个支持在亚洲发动另一场地面战争的人都应该"检查一下大脑是否正常"。虽然盖茨在谈论未来，但他表现出对军事手段的蔑视不禁使人对他有关阿富汗战争的承诺产生怀疑。② 简言之，奥巴马对战争的态度摇摆不定，他的顾问们也存在很大分歧。这种决策构架势必会影响到政策的落实和公众对政策的理解，必然会损害到这个政策的整体，并且还会使阿富汗和巴基斯坦各重要族群产生疑惑，促使他们两面下注。

要想知道奥巴马孤注一掷的阿富汗政策能否奏效现在还为时尚早。卡尔扎伊政府的软弱会危及使命的成功，尽管民意调查显示他个人在民众中的支持率始终保持在 60% 以上。北约也需要为卡尔扎伊政府的软弱负一定责任，因为驻扎在阿富汗的外国军队需要建立一套后勤系统，这就提供了滋生腐败的温床。此外，联军经常被当地部族操纵，用来处理他们的内部纷争。③

应对这些挑战的措施是否得力或足够及时目前尚不清楚。巴基斯坦依然态度暧昧是另一个大问题。他们对阿富汗塔利班和哈卡尼网络在其境内的安全壁垒采取了容忍的态度，这也许是为应对北约军队可能过早撤离阿富汗或未来阿富汗政府过于倾向印度而制订的备选方案。而且，要挫败在邻国拥有众多基地的暴乱分子是十分困难的，因为他们可以轻松跨越两国边境。④

2011 年 5 月 2 日击毙本·拉登的大胆行动给人留下了深刻的印象，

---

① *Meet the Press*, NBC, December 19, 2010.

② Remarks of the Secretary of Defense, West Point, February 25, 2011 (www. defense. gov/speeches/speech. aspx? speechid = 1539).

③ Sarah Chayes, *The Punishment of Virtue: Inside Afghanistan after the Taliban* (New York: Penguin, 2006).

④ Seth G. Jones, *Counterinsurgency in Afghanistan* (Santa Monica, Calif.: RAND, 2008), p. 21; Christopher Paul, Colin P. Clarke, and Beth Grill, *Victory Has a Thousand Fathers: Sources of Success in Counterinsurgency* (Santa Monica, Calif.: RAND, 2010), pp. 50 – 51.

基地组织很有可能因此受到了削弱。通过这一事件给基地组织和阿富汗塔利班之间造成隔阂的可能性似乎不大，但有可能让美国变得更安全。阿富汗战争可能正处在一个重要转折点，形势在向好的方向发展：其效果可能不如向伊拉克增兵后那样明显，但在一定程度上形成了良性循环。一次成功能带来更多的成功，使一种必然性在阿富汗政府的支持者和反对者的脑海中产生。考虑到目前阿富汗境内的多数叛乱分子都是大卫·基尔卡伦所说的"机会主义游击队员"——更多受到金钱、当地敌对势力和个人仇恨的驱使，意识形态的影响不大——产生这样的效果是完全有可能的。① 此外，随着北约将在未来几年内的撤出，以及阿富汗安全部队在更好的训练实力更强、更多的报酬和前面提到的联合行动的共同作用下，部分叛乱分子的排外动机也会减弱。

　　但更有可能的是一个尚可以接受的结果：阿富汗政府逐渐拥有足够的军力和警力应对内部的安全问题但仍无法主掌该国某些地区的局势——因为美国和其他外国联军撤军过快而没有能够完成这些任务。② 无须全部推翻或对居民保护战略做出重大改变，只要调整下一步骤，并在撤军行动中稍加暂停。人们期望会降低；原有的战略需要做一定的修改，但不会被抛弃。如果采用这种方式，奥巴马就必须制订一项细致的撤军计划，在 2012 年 9 月和 2014 年底撤出仍留在阿富汗的美军官兵。2012 年 9 月，第一轮撤军行动刚刚完成，驻阿美军将减少到 6.8 万人。而到 2014 年底，绝大多数北约部队都将撤回本国。2012 年初在本书即将付印时，国防部长帕内塔宣布驻阿美军将在 2013 年完成战斗使命（他同时强调在此之后美军部队仍将执行危险任务）。这只是换了一个名称，他并没有回答将有多少美国和北约其他国家的军队留在阿富汗的问题；事实上，2010 年宣布美军完成在伊拉克的战斗任务之后，仍有 5

---

① David Kilcullen, *The Accidental Guerrilla*：*Fighting Small Wars in the Midst of a Big One*（Oxford University Press, 2009）.

② 对采用这种新方式可能导致的结果更激进的预测，见：Bing West, *The Wrong War*：*Grit, Strategy, and the Way out of Afghanistan*（New York：Random House, 2011）. 更温和、更乐观的预测，见：Michael O'Hanlon and Bruce Riedel, "Plan A – Minus for Afghanistan," *Washington Quarterly* 34, no. 1（2011）, pp. 123 – 132.

万人留在那里。在决定驻军规模时，奥巴马必须十分谨慎，并征询当地指挥官和外交人员的意见。

根据这些假设，未来阿富汗的局势会与我们现在看到的巴基斯坦和哥伦比亚相似，暴乱时常发生，特定地区大多在政府控制之外。但至少阿富汗不会再由塔利班掌权，也不会像索马里那样陷入无政府状态；可供基地组织隐藏的地点将越来越少、越来越不安全，并受到政府军和北约的打击。这种结果并非没有风险，但它总比彻底失败要好得多。当然，付出如此高昂的代价换回这样的结果是否值得仍将是一个充满争议的话题。

巴基斯坦及其他地区：更宽泛的"反恐战争"

作为国家的统帅，奥巴马总统对于使用美国武装力量的行动负有特殊责任。当然，无论是在伊拉克还是在阿富汗的行动都与一个更重大的挑战有关。乔治·W. 布什称之为"反恐战争"，尽管事实上萨达姆·侯赛因与"9·11"事件没有任何瓜葛。贝拉克·奥巴马从未使用过这一说法，但他也认同基地组织和相关社会团体会带来跨国界的挑战。小布什和奥巴马都把"反恐"作为阿富汗战争的根本原因。当然，"反恐"议题所包含的内容已经远远超出了阿富汗：比如像巴基斯坦、也门和索马里这样的国家；美国本土的国土安全问题；更加广泛的情报搜集活动以及关塔那摩监狱的关押政策问题。它也同样渗透进了外交政策的其他领域，超出了军事力量、情报和国土安全等硬实力工具的范畴。我们会将一些相关的议题放到中东那一章进行讨论。

贝拉克·奥巴马准确地评估了巴基斯坦的重要性。实际上，巴基斯坦比阿富汗更重要。在其北部和西部靠近阿富汗边境的部族地区，基地组织的新的高级将领阿伊曼·阿尔-扎瓦希里据信居住在那里。针对美国和其他国家的一系列袭击和袭击未遂事件都是从那里发起的，比如2006年试图炸毁伦敦客机的图谋以及2010年发生在时代广场的炸弹袭击未遂事件。巴基斯坦拥有6倍于阿富汗的人口，是仅次于印尼的世界第二大穆斯林国家。它拥有核武器，而且其核武库的扩张速度是全世界最快的。在独立后的短短几十年内，它与印度打了三场战争。过去的十多年间，巴基斯坦至少挑起或参与了三次有可能导致印巴两国再次开战的危机，分别是 1999 年的卡吉尔冲突、2001 年的印度国会大厦遇袭事件和 2008 年的孟买恐怖袭击事件，而两国都是有核国家。脆弱的经济、高出生率和低就业率、薄弱的政治传统、悬而未决的克什米尔问题以及精英和平民间普遍存在的反印情绪，使巴基斯坦的未来充满不稳定性。①

在这一背景下，贝拉克·奥巴马早在就任总统之前就对巴基斯坦在全球反恐战争中的地位做出了正确的评价。他的评价基于一个事实，即：即使在"9·11"之后，相较于巴基斯坦问题之艰巨，华盛顿对这个国家的关注还是不够。的确，"9·11"事件发生后对巴基斯坦的国外援助力度大大增加了，同时该国在美国人眼中的形象也有所恢复，尽管它曾在核扩散问题上留下了不良记录，多次进行核试验，并对印度挑衅。然而，年均 10 亿美元的援助主要以"联盟支援资金"的形式提供给伊斯兰堡，以补偿美国和北约巨大后勤对该国道路和港口造成的损耗和破坏。在巴基斯坦人看来，这笔资金更像是通行费而非援助，这对于一个在"9·11"事件发生后帮助美国抓捕了 500 名基地组织成员的盟友来说实在是微不足道。② 它只勉强抵消巴基斯坦所付出的直接成本，但就国内发生的暴乱和破坏而言，这显然是不够的。

巴基斯坦人经常把暴力发生的原因归咎美国，说是阿富汗战争的外溢效应。此外，在他们看来阿富汗战争主要是由美国引起的，因为 1989 年苏联人被赶出这个国家后美国也撤出了该地区，留下了一堆烂摊子。这种解释的出发点是十分符合事实，但它忽视了巴基斯坦自身培育的极端主义分子，像塔利班和虔诚军在那里建立了恐怖组织网络，而后对于自己曾经的养育者恩将仇报。③ 然而，不管怎样，巴基斯坦人对这种解释深信不疑。2011 年 6 月，前副国务卿詹姆斯·斯坦伯格对美国公共电视台的查理·罗斯说："也许这世界上没有比美巴关系更复杂

① Stephen P. Cohen, *The Idea of Pakistan* (Brookings, 2004).

② George Tenet with Bill Harlow, *At the Center of the Storm: My Years at the CIA* (New York: HarperCollins, 2007), p. 229.

③ Daniel Byman, *Deadly Connections: States that Sponsor Terrorism* (Cambridge University Press, 2005), pp. 164 – 165, 323 –324.

的双边关系了。"① 毫无疑问，他是正确的。

贝拉克·奥巴马认识到，如果要让巴基斯坦提供更大的帮助并关闭其境内的阿富汗叛乱分子营地，美国就需要提供更多的援助。《克里－卢格－伯曼法案》（最初的发起者还包括时任参议员的拜登和奥巴马）着手解决这个问题，向巴基斯坦追加了军事援助。② 奥巴马同时指派令人生畏的理查德·霍尔布鲁克出任新设立的阿富汗和巴基斯坦特别代表一职，鼓励军队领导人加强同巴基斯坦方面的联系，并要求国务卿克林顿和国防部长盖茨同对方的相应官员开展战略对话。③

然而，奥巴马在巴基斯坦面临的问题过于棘手，以至于任何进展只能是断断续续且缓慢的。④ 2008 年 11 月底发生的孟买恐怖袭击事件与曾获伊斯兰堡支持的虔诚军有关，事件发生时奥巴马已经赢得了大选但还未就任。这次袭击事件把印巴两国带到了战争的边缘——尽管印度一直比较克制，但如果再次遇袭，这使得它很有可能会采取报复措施。⑤在贝娜齐尔·布托遭到暗杀、穆沙拉夫将军决定辞去总统职务之后，巴基斯坦在 2008 年产生了新的领导人——阿西夫·阿里·扎尔达里。他是布托的丈夫，但更为出名的是他的贪污腐败。在这种情况下，尽管某些形式的援助和相互交流在增加，但奥巴马还是很难热诚地向巴基斯坦伸出双手。因此，"奥巴马效应"并未在巴基斯坦显现；在这位有着穆斯林背景的美国新总统宣誓就职时，美国在巴已经落入谷底的受欢迎度几乎没有什么提升。⑥

事实上，2009 年通过的《克里－卢格－伯曼法案》就说明了这一点，它所造成的敌意与获得的感恩几乎一样多，巴基斯坦的批评家们认

---

① Deputy Secretary of State Jams Steinberg, interview, *Charlie Rose Show*, June 24, 2011 (www. charlierose. com/guest/view/3378).

② Riedel, *Deadly Embrace*, pp. 119 – 125.

③ Huma Yusuf, "U. S. – Pakistan Strategic Dialogue," Atlantic Council, October 25, 2010 (www. acus. org/new_ atlanticist/us – pakistan – strategic – dialogue).

④ David E. Sanger, *The Inheritance*: *The World Obama Confronts and the Challenges to American Power* (New York: Broadway, 2010).

⑤ Stephen P. Cohen and Sunil Dasgupta, *Arming without Aiming*: *India's Military Modernization* (Brookings, 2010), pp. 53 – 70.

⑥ Riedel, *Deadly Embrace*, p. 122.

为其中包含了过多的条件和对本国的要求。2010 年 3 月，笔者曾在巴基斯坦拉瓦尔品第与该国三军情报局的一位官员进行了交流。令笔者感到震惊的是，这样一位关系广泛、通情达理的政府高级官员也把美国的援助贬斥为"杯水车薪"。然而，在这些抱怨背后隐藏着的是事实。这条法案本身是可靠的。但是自 2008 年起，主要由美国金融业违规操作引发的全球经济萧条大幅削减《克里－卢格－伯曼法案》的援助规模。在 21 世纪最初 10 年的中期，巴基斯坦的年均国内生产总值增长率将近 7%，2008 年迅速落到 2%，2010 年也仅回升到 3%。而每年美国在巴基斯坦的投资额也减少了将近 10 亿美元。[①] 考虑到将近 2000 亿美元的经济总量，这就意味着实际经济增量与巴基斯坦的预期相差约 100 亿美元。[②]

　　两军合作偶有提升——这就是说，提升只体现在一些十分具体和有限的领域中。巴基斯坦在多数情况下仍然允许大批后勤运输通过其境内，尽管北约已经实现了某种程度的补给路线多样化，更多利用北部集散网络从俄罗斯和其他邻近国家输入补给。2011 年底，双方的合作一度中断。美军误炸了巴基斯坦边境，导致 24 名巴军士兵身亡，伊斯兰堡对此反应强烈，紧张局势直到数周后才趋于缓和。在本书撰写期间，尽管此次危机造成的余波也许已经平复，但两国总体关系仍然充斥着各类问题，十分脆弱。

　　由于最近几年认识到了巴基斯坦塔利班对本国领土、人民和士兵造成的威胁，巴基斯坦还是加强了对巴焦尔、斯瓦特山谷和南瓦齐里斯坦等地的组织（即所谓塔利班）的围剿，尽管 2010 年的大洪灾使行动进一步复杂化，并使部分军力用于救援。他们在相关行动上的表现逐渐取

---

　　① Nancy Birdsall, Wren Elhai, and Molly Kinder, "Beyond Bullets and Bombs: Fixing the U. S. Approach to Development in Pakistan" (Washington: Center for Global Development, 2011), p. 29 (www. cgdev. org/content/publications/detail/1425136).

　　② 关于国内生产总值的数据，见 International Monetary Fund, *World Economic Outlook* (Washington: April 2010), p. 160 (www. imf. org/external/pubs/ft/weo/2010/01/pdf/text. pdf).

得进展并取得了一些成功。① 巴基斯坦容忍了美国无人机在打击阿富汗叛乱分子时经常进入巴基斯坦部落地区上空，尤其是北瓦齐里斯坦和南瓦齐里斯坦。事实上，在奥巴马执政期间美国无人机在巴基斯坦共执行了超过 200 次空袭任务，相比之下整个小布什时期只发生了 50 次。这种空袭变得越来越精确，更容易避免造成平民伤亡。然而，巴基斯坦新闻界仍然对美国的这些举措大肆攻击，他们认为本国政府对这些行为的容忍帮了美国人大忙。②

巴基斯坦目前仍未命令军队开进北瓦齐里斯坦，也没有开展其他大规模行动消灭阿富汗塔利班和哈卡尼网络设在基达、米拉木·萨赫（分别位于俾路支省和北瓦齐里斯坦部落地区）等地的要塞和指挥中心。从更大的范围看，俾路支省和部落地区仍然相当不发达，被政府所忽视。③

在近几年对基地组织的围剿中，巴基斯坦方面充其量只是提供了微小的帮助。奥萨马·本·拉登在阿伯塔巴德镇待了五年，那里离伊斯兰堡不远，是一个城镇地区，驻扎了大量军队，还有一所军校，但在这种情况下巴基斯坦政府还是没能把他交出来。南亚问题专家史蒂夫·科尔发现，令人难以置信的是没有一位巴基斯坦政府官员知道拉登的藏身之所，他怀疑这些人可能甚至参与了这个藏身所的建造。④ 因此，奥巴马

---

① Shuja Nawaz, "Learning by Doing: The Pakistan Army's Experience with Counterinsurgency" (Washington: Atlantic Council, 2011) (www. acus. org/publications/learning – doing – pakistan – armys – experience – counterinsurgency).

② Peter Bergen and Katherine Tiedemann, "The Year of the Drones" (Washington: New America Foundation, 2010) (counterterrorisism. newamerica. net/drones); Bill Roggio and Alexander Mayer, "Charting the Date for U. S. Airstrikes in Pakistan," *Long War Journal*, January 14, 2010 (www. longwarjournal. org/pakistan – strikes. php); Ian Livingston dan Michael O'Hanlon, "The Pakistan Index, February 24, 2011" (Brookings) (www. brookings. edu/ ~ /media/Files/Programs/FP/pakistan% 20index/indes. pdf).

③ Joshua T. White, "Pakistan's Islamist Frontier: Islamic Politics and U. S. Policy in Pakistan's North – West Frontier" (Arlington, Va. : Center on Faith and International Affairs, 2008), pp. 3 – 9.

④ Steve Coll, president of New American Foundation, testimony before the Subcommittee on Oversight, Investigations, and Management, House Committee on Homeland Security, June 3, 2011, p. 5 (newamerica. net/sites/newamerica. net/files/profiles/attachments/Coll_ Homeland_ Security_ Testimony_ June_ 3. pdf)

政府并不信任巴基斯坦，所以没有预先告知其 2011 年 5 月的行动，担心巴基斯坦会泄露情报，使本·拉登得以逃脱。① 这已经不是巴基斯坦人第一次在事关美国利益的重大问题上没有告诉他们的美国同行全部真相。② 即便如此，这种可能性——巴基斯坦官员早就知道本·拉登的藏身之处，但他们选择不通知美国或自己采取行动——还是让美国感到非常苦恼。

　　奥巴马有可能为巴基斯坦做更多吗？他现在还能做些什么？重新关注巴基斯坦是正确而适宜的，但到目前为止取得的成果十分有限，这也许是因为缺乏想象力。奥巴马是否曾有机会或仍有机会向伊斯兰堡提出一些要求，这些要求足以吸引巴基斯坦的注意力，并使其领导人认真地投入与美国的伙伴关系？换句话说，美国能否做一些有违直觉的事，提升美巴关系而不是任其恶化？不通过巨大的政策改变而取得一些进展是可能实现的。2010 年 11 月举行的北约里斯本峰会宣称美国领导的国际安全援助部队行动将继续履行其使命至 2014 年，如果持续更久，也许有助于让巴基斯坦认识到美国不是在放弃该地区。或者说这至少带来了一些暂时的希望。在 2012 年初的今天，这种希望开始减退。在可预见的未来，美巴保持一个有限的关系看上去是唯一可能的状况。因此，我们的同事布鲁斯·瑞德尔提出了一项重新对焦的对巴政策，具体措施是减少双方的军事合作，削减对巴基斯坦的军事援助，并把我们的援助更大程度上的用于强化对该国文官政府的支持，尽管该政府十分虚弱、存在很多弊病。奥巴马也可以向伊斯兰堡提供一个更为广阔的美巴关系，但前提是这有助于赢得反恐战争。三大激励措施能对巴基斯坦产生特殊的吸引力。首先是一项重大的能源协定，也许涉及核能利用也许不涉及，这取决于巴基斯坦在出口管制问题上取得的进展以及它是否愿意放缓核武器的生产；其次是一项自由贸易协定。巴基斯坦正在努力发展经济，它需要注入这样一针强心剂。考虑到巴基斯坦出口到美国的商品平均需缴纳 11.4% 的关税，一项贸易协定所取得的效果在现在看来甚至

---

① "CIA Director Leon Panetta Feared Pakistan 'Might Alert' bin Laden of Raid," *New York Post*, May 3, 2011.

② Stephen J. Solaz, *Journey to War and Peace* (Brandeis Press, 2011), p. 160.

会超过援助；① 三是减免债务以及采取其他有助于实现两国收支平衡的措施，承认或多或少由美国引发的金融危机和全球经济衰退对巴基斯坦经济局势恶化产生了影响。只要伊斯兰堡切实有效地采取行动镇压包括基地组织、虔诚军和阿富汗叛军在内的恐怖组织在其境内活动，美国的慷慨付出就是明智的，并在美国国会有可能获得通过。但是华盛顿应该明确表示自己会倾向于这些更为慷慨的援助，如果巴基斯坦能够放弃观望的态度，改变其对极端组织的政策。就像布鲁斯·瑞德尔建议的那样，是时候告诉巴基斯坦军事和情报领导人这些了：如果他们再不改变他们的作为，美国的支持与合作就无法维持在先前的水平上。

除巴基斯坦外，更广范围的反恐行动包含了针对各个国家的情报、国土安全和拘捕政策，比如在也门。在奥巴马任内，美国对萨利赫政权的援助显著增加，其目的有两个：一是增强该国安全部队的实力，二是促进部落地区的发展，以安瓦尔·奥拉基为代表的一批恐怖分子曾在那里活动。根据一位美国情报官员在 2011 年初的描述，奥拉基也许是对美国威胁最大的恐怖分子，他是 2009 年 11 月得克萨斯州胡德堡军事基地尼达尔·哈桑少校谋杀案的幕后黑手，并策划了由尼日利亚人乌马尔·法罗克·阿卜杜勒－穆塔拉布实施的 2009 年圣诞节"内衣炸弹"袭击客机事件。奥巴马政府早期的也门政策是务实的，也是合理的。②

"阿拉伯之春"完全转变了这一政策，尽管 2011 年 9 月美国无人机击毙奥拉基至少缓解部分压力，但美国仍急需应用新的方式应对 2012 年及未来的也门局势。特别是在总统萨利赫离开之后，帮助树立新政府是很重要的。说美国"在后方领导"可能有些夸张，奥巴马政府让沙特阿拉伯和海湾地区的其他邻国主导了也门的大部分议程无疑是正确的。这在也门尤其如此，因为尽管美国在那里有重要的利益，但在当下它对美国而言并非至关重要。

索马里是另一个重要的国家。这不仅是因为海盗仍在其沿海一带活

---

① Riedel, *Deadly Embrace*, pp. 119 – 144；Birdsall, Elhai, and Kinder," Beyond Bullets and Bombs," p. 27.

② Charlie Szrom and Chris Harnisch, "Al Qaeda's Operating Environments：A New Approach to the War on Terror" （Washington：American Enterprise Institute, 2011）, pp. 18 – 22.

动，需要多国海军部队在亚丁湾开展护航行动，有时还会造成人质的死亡，比如 2011 年初海盗在那里杀害了 4 名美国老年人；更重要的是该国本身还处于混乱之中，结果就是它可能会成为国际恐怖主义分子的安全港。在该国驻守的维和部队主要由乌干达和布隆迪士兵组成，他们试图帮助极度脆弱的索马里中央政府应对各类民兵组织和伊斯兰激进组织青年党（al - Shabab）的袭击，后者与基地组织有联系。也许是对另一位民主党总统执政初期在索马里的遭遇心有余悸（1993 年，比尔·克林顿任上发生了"黑鹰坠落"事件，导致国防部长下台，美国军队立刻撤出该国），奥巴马与该国保持了一定的距离。

　　从某种程度上看这是正确的：尽管困难，确定优先事项在外交决策中十分重要。目前，索马里境内尚未产生也门、巴基斯坦和阿富汗产生的对西方世界构成的威胁的那样的国际恐怖主义分子。此外，索马里联邦临时政府十分无能。但是另一方面，乌干达和布隆迪主要依靠自己的力量支持索马里联邦临时政府，与实力强大的武装做斗争，这些武装组织则发动了炸弹袭击乌干达首都的报复行动等。① 他们的英勇取得了一些进展，但是整个行动还是有可能失败了，饥荒可能加剧，索马里的安全形势也可能再次趋于恶化。② 奥巴马本可以做得更多，通过非洲司令部以及双边合作训练非盟维和部队，向他们提供武器装备，增强他们的实力，加强这种克林顿执政时期开始的援助方案。我们将在第七章对此作进一步讨论。

　　政府每年都需要在有关情报和国土安全的各类事项上花费约 1200 亿美元，但迄今为止没有什么显著成效。奥巴马基本上延续了其前任的做法。

　　在情报方面，"9·11"事件调查委员会和其他一些调查机构建议大刀阔斧地改革情报系统，这一法案在 2004 年获得通过并创设了一个

---

　　① International Crisis Group, "Somalia: The Transitional Government on Life Support," Africa Report 170 (Brussels: International Crisis Group, 2011) (www. crisisgroup. org/en/regions/africa/horn - of - africa/somalia/170 - somalia - the - transitional - government - on - life - support. aspx).

　　② Jeffery Gettleman, "African Union Force Makes Strides Inside Somalia," *New York Times*, November 24, 2011.

新的职位——国家情报总监。然而奥巴马仍面临挑战。他的第一任国家情报总监丹尼斯·布莱尔海军上将同中央情报局局长莱昂·帕内塔发生冲突，直到前者在 2010 年春天被解除职务。美国情报机构没有预测到 2011 年冬季发生的阿拉伯世界革命也使国内出现了要求改革情报机构的呼声。然而奥巴马在这一问题上显得十分谨慎和保守，也许是他认识到机构改革通常都会带来混乱。① 事实上，从组织机构的角度看，被大肆吹捧的《2004 年情报改革法案》很可能让事情变得更糟糕，而不是更好——无论如何，它都会分散极度忙碌的分析人员和管理人员的注意力。② 因此从总体上看，奥巴马的处理方式似乎挺合理，虽然没有什么特别的创新或变革。每年 750 亿美元的情报预算似乎太多了，而过去十年雇员的持续增加也显得有点多余。奥巴马应该尽可能地削减这一巨大开支，但期待他现在取得很大进展无疑是不现实的。③

同样地，可能更为令人吃惊的是，国土安全形势并未有根本性的转变。2003 年，一个专门承担这些责任的新部门成立了，但争论并未停止。批评意见认为这个机构缺乏资源。有很多建议提出在它每年 400 亿美元预算的基础上再加大资源投入力度，这是自 21 世纪头 10 年中期以来的普遍预算水平。增加的预算主要用于保卫化工厂、配置应急人员应对大规模杀伤性武器的装备、对多数驶往美国的货船进行检查，等等。④

但是奥巴马在就任总统后既没有大幅增加国土安全部的预算，也没有推行新的改革。2010 年，国土安全部部长珍妮特·纳波利塔诺在《四年国土安全回顾报告》中强调的核心使命与小布什政府时期的并无

---

① Richard K. Betts, *Enemies of Intelligence*: *Knowledge and Power in American National Security* (Colombia University Press, 2007); Paul Pillar, Terrorism and U. S. Foreign Policy (Brookings, 2011).

② Michael V. Harden, "The State of the Craft: Is Intelligence Reform Working?" *World Affairs*, September/October 2010, pp. 35 – 47.

③ Dana Priest and William M. Arkin, "A Hidden World, Growing beyond Control," *Washington Post*, July 19, 2010.

④ Clark Kent Ervin, *Open Target*: *Where America Is Vulnerable to Attack* (New York: Palgrave Macmillan, 2006); Stephen Flynn, *America the Vulnerable*: *How Our Government Is Failing to Protect Us from Terrorism* (New York: Harper Collins, 2004).

二致；同年，国家安全战略强调"基地组织及其分支"是美国面临的核心恐怖主义威胁，这也与之前相同。以上这些从总体上看都是可以理解的，令人更加意外的是该报告并未要求采取任何重要举措消除国家安全上存在的漏洞。① 这是一个可靠但渐进的工作。

考虑到对国土安全追加投入有可能耗资巨大而收效甚微，大体上采取这种做法是正确的。不仅仅是国土安全部，情报机关、国务院和其他机构也都在内部整合恐怖分子名单、与盟友合作培训他国执法人员和反恐官员以及检查所有航班的旅客等关键问题上取得了进展。② 虽然如此，我们并不清楚国土安全部是否在对国家弱点进行足够多自下向上的评定，以发现安全漏洞并加以补救。

与此同时，威胁依然存在。2009 年底发生的一系列事件表明恐怖活动潜在的本土背景，甚至就是土生土长的美国人。近期其他一些未遂袭击事件也证明美国公民制造的恐怖主义威胁可能会扩大，比如试图炸毁纽约地铁的美籍阿富汗人纳吉卜拉·查兹和参与准备灾难性的孟买袭击事件的美籍巴基斯坦人大卫·黑德利。这些威胁表明政府需要采取更广泛的政策回应，绝不能对国土安全领域存在的漏洞掉以轻心。③

有一些耗费不大的措施值得奥巴马政府考虑。先前布鲁金斯学会的相关研究强调在打击基地组织惯用伎俩的同时尤其要重视挫败其策划的

---

① Secretary Janet Napolitano, *Quadrennial Homeland Security Review Report*: *A Strategic Framework for a Secure Homeland* (Department of Homeland Security, February 2010) (www. dhs. gov/xlibary/assets/qhsr_ report. pdf); White House, *National Security Strategy*, May 2010 (www. whitehouse. gov/sites/default/files/rss_ viewer/national_ security_ strategy. pdf).

② John O. Brennan, assistant to the president for homeland security and counterterrorism, "Ensuring al‑Qaeda's Demise," speech, School of Advanced International Studies, John Hopkins University, Washington, June 29, 2011 (www. sais. jhu. edu/bin/a/h/2011 ‑ 06 ‑ 29 ‑ john ‑ brennan ‑ remarks ‑ sais. pdf); Hillary Rodham Clinton, "Smart Power Approach to Counterterrorism," speech, John Jay School of Criminal Justice, New York, September 9, 2011 (www. state. gov/secretary/rm/2011/09/172034. htm).

③ Bruce Hoffman, "American Jihad," *National Interests*, no. 107 (May/June 2010), pp. 17 ‑ 27.

重大袭击事件。① 该研究构建的框架并不能回答所有问题，而变化中的恐怖主义威胁到底是什么性质也需要做出判断。然而，它仍然为我们提供了一些实用的点子。

例如，各大城市应效仿纽约市，发展警察机构中的反恐小组；有些城市已经取得了一些进展，但还远远不够。② 那些巨大的标志性建筑在建造或翻新时需要对供热通风与空气循环系统的进风口做出合理安排，部分建筑应该在较低的楼层安装安全玻璃，并对紧挨建筑基础部分的地下停车库采取更多安全措施。考虑到核燃料可能经过走私渠道进入美国，对集装箱的检查也需要涵盖更大的范围。应该升级驾照上的生物特征识别。考虑到基地组织对地铁和列车表现出的兴趣，尽管保证绝对安全存在困难，但还是应该继续对那里的安保系统进行升级。③ 这个清单并未包含迅速变化或激进的想法。没办法，国土安全事务的性质决定了要获得成功只能埋头苦干。

然而，纳波利塔诺的任期被认为是特别关心一些次要或再次的问题，诸如机场安检设备带来的隐私问题、恐怖威胁预警级别的颜色标注问题、争论国土安全体系在应对圣诞节未遂炸弹袭击事件中表现如何，等等。④ 她在工作中兢兢业业，但成效并不显著，也没能开创一个新局面。这里仍然有低成本改进的空间。总统并不会为没有专注该领域而付出重大政治代价，除非美国遭受了另一次人们认为本可以避免的袭击。然而发生这种事件的可能确实不小，需要引起全国上下更多的关注。

相比国土安全而言，关塔那摩对总统奥巴马和首席检察官埃里克·霍德尔来说是更大的挑战。在这里，也许竞选的阴影真的萦绕在总统身

---

① Michael E. O'Hanlon and others, *Protecting the American Homeland*: *One Year On* (Brookings, 2003), pp. 1 – 11.

② Secretary Napolitano, "Strength, Security, and Shared Responsibility: Preventing Terrorist Attacks a Decade after 9/11," speech, NYU School of Law and the Brennan Center for Justice, New York, June 7, 2011 (www.dhs.gov/ynews/speeches/sp_1307479636063.shtm).

③ Michael d'Arcy, "Conclusion," in *Protecting the Homeland* 2006/2007, edited by James B. Steinberg and others (Brookings, 2006), pp. 184 – 192.

④ ABC News, *This Week*, December 27, 2009; Julie Mianecki, "8 Years on, DHS Weighs Successes, Shortcomings," *Baltimore Sun*, March 2, 2011, p. 10.

上。他试图兑现诺言争取在一年内关闭关塔那摩监狱，导致了时而慌乱而不负责任，寻求通过其他方式处理恐怖主义嫌犯的努力最终也归于失败。这个结果部分是奥巴马的错，他对关塔那摩监狱作为一个标志进行攻击，并说是党派政治环境影响到了该议题，这影响了他人主白宫后问题的走势。他或许可以争辩这个政策——说任意拘捕的行为并不符合美国的价值观和理念，需要更加负责任，并对权力有所监督和限制。他曾设想将嫌疑人提交地方刑事法院审判（比如纽约市），或者在美国境内设立一个拘留所代替关塔那摩监狱，然而这遭到了地方政府和国会的反对，最终证明难以推行。尽管如此，奥巴马上任后，该议题悄悄取得了一些进展，目前关押在关塔那摩监狱的囚犯已不足 175 人。但是监狱毕竟还在运行当中，关押和审判恐怖主义嫌犯的司法体系也仍未建立。①这也许是奥巴马迄今在反恐事务中遭遇的最明显的失败，至少在象征和政治层面上。

结　论

在推进战争和保护国家免受恐怖主义威胁等硬实力问题上，奥巴马是一位务实的总统，到目前为止也算得上是一位成功的总统。他非常有耐心，而且最后下定决心撤出了伊拉克；他十分顽强，坚决打击基地组织；他很有毅力，坚持增兵阿富汗、支援巴基斯坦，尽管结果有成有败，向公众传递出的有关后面这些问题上的承诺含糊不清。他也取得了一系列令人惊叹的成就，比如击毙本·拉登、安瓦尔·奥拉基以及其他恐怖组织头目。美国本土和美国核心利益没有再次遭受大规模袭击，其中有运气的成分，但也与总统本人和整个行政团队付出的艰苦努力和投入的时间、精力、资源有关。

任何一处海外驻军或国土安全形势仍有可能发生骤变，改善和恶化的可能性同时存在。目前为止，奥巴马的记录是百折不挠地在阿富汗和巴基斯坦推进反恐战争，结束了伊拉克战争，极大地削弱了基地组织的

---

① Benjamin Wittes, *Detention and Denial*: *The Case for Candor after Guantanamo* (Brookings, 2011).

力量。在这一进程当中，奥巴马很强硬。他没有展现出任何对自己个人魅力或解决战争与和平问题时的不切实际的想法，在行动时也毫不软弱。他显然也没有为在这场战斗中的美国或美国的利益表现出歉意。

奥巴马尚未在伊拉克、阿富汗或巴基斯坦为后人留下独特的遗产，那些地区的局势仍然扑朔迷离，他并未把历史的轨迹扭向公平正义。我们也不清楚总统是否能成功实现两个相互矛盾的目标，两者都得到了他的强力支持——一方面是迅速结束战争，另一方面是谨慎行事、尽可能成功地结束战争。这样一来，无论接下来谁人主白宫都将面临一系列重大抉择，包括多快撤回驻阿美军以及如何在政治上帮助阿富汗人在至关重要的 2014 年大选中选出一位新领导人。在这期间，有一个结论是不可避免的：美国在奥巴马总统任期内大体上还是安全的，而这一结果本身就是一个巨大的成就。

第四章

中东和平进程

在奥巴马的外交政策中，承诺与现实差距最大的莫过于对中东地区的政策。这颇具讽刺意味，也让人感到吃惊。在竞选期间，奥巴马曾批评小布什到第二届总统任期的最后一年才开始着手推进中东和平进程；他承诺将在入主白宫的第一天就把推进和平进程列为需要优先考虑的事项。的确，在上任后的第二天，奥巴马就来到国务院参加由新任国务卿主持的就职典礼，曾促成北爱尔兰冲突各方签署和平协议的前参议员乔治·米切尔正式成为他的中东和平特使。这是奥巴马试图兑现诺言的明确信号，就像国务卿希拉里·克林顿说的那样："我们将通过坚持不懈的外交努力创造持久、稳定的和平。"① 将近三年过去了，奥巴马甚至还无法维持巴以两国在小布什政府最后一年经常性的和平谈判，更别提他在就任总统后的第一年时坚持要求实现的全面和平协议。实际上，乔治·米切尔带着沮丧在 2011 年 5 月悄然辞职，奥巴马向自己的外交官下达指令，不要再做任何努力重启谈判。美国的中东和平进程外交再次陷入低谷。

奥巴马推进中东和平进程的失败与其中东政策的另一个失败相关，那就是在阿拉伯穆斯林世界重塑美国的形象。在竞选期间，他对乔治·W. 布什对美国国际形象造成的损害多有批评，尤其是在大中东地区，美国军队正在那里参与两场战争。他很早就宣布，一旦当选他将认真对待穆斯林世界，并将致力于提升美国与那些迥然不同的国家的关系。

奥巴马相信，在中东地区推进和平进程与公共外交是相辅相成的。

---

① U. S. Department of State, "Secretary Clinton with Vice President Joe Biden Announce Appointment of Special Envoy for Middle East Peace George Mitchell," January 22, 2009 (www. state. gov/secretary/rm/2009a/01/ 115297. htm).

如果他成功地提升了美国与穆斯林世界的关系，那么说服阿拉伯领导人为解决巴以冲突贡献力量也会变得容易一些；如果他成功地平息了两国的冲突，那么提升美国与穆斯林世界的关系就更容易了，因为巴勒斯坦问题长期以来一直是个"烫手山芋"。然而，尽管奥巴马的愿望十分美好，他也理解中东地区各类问题的相互联系，但到就任总统第三年年底，他在阿拉伯世界的支持率与小布什一样低。①

更具讽刺意味的是，奥巴马本人唯一似乎不感兴趣的东西——推进中东地区的民主进程，却在他的任期内发生了。奥巴马政府既没有引发，也没有预料到随着 2011 年初突尼斯和埃及爆发革命，"阿拉伯之春"运动横扫整个阿拉伯世界。但他们肯定清楚革命的动因。② 虽然总统支持了一些世俗的民主革命运动并与另一些革命运动保持距离，但最终阿拉伯民众并未因此对奥巴马或美国表现出更大的热情（尽管现在为时尚早）。

长期以来，埃及一直是美国在该地区维持其影响力的一大支柱，现在它陷入了动荡。美国依靠阿拉伯世界的君主和酋长们出产全世界20％以上的石油资源。他们虽暂时躲过一劫，但若再不下大力气推进政治改革，他们还能支撑多久非常值得怀疑。反美的穆斯林兄弟会最终会在一些阿拉伯国家夺取政权，取代那些坚决与美国结盟的前任领导人，这个隐忧现在很可能成为现实的威胁，尽管这也许是杞人忧天。

与此同时，美国在大中东地区卷入了第三场战争，这次是在利比亚。奥巴马致力于推翻卡扎菲政权，但留给北约盟友去提供实现目标的必要资源。因为没有自身的国家利益需要美国上前线，采用"从后方领导"的方式无疑是正确的，但奥巴马公开宣称的目标和他愿意为之付出

① 2009 年春天，民意测验显示很多阿拉伯人对奥巴马抱有好感，多数人对其任内的美国中东政策持乐观态度。一年后，61％的阿拉伯人认为阿以冲突是美国外交政策中最令人失望的议题，奥巴马的支持率从40％下降到20％。到了 2011 年，这一数据进一步下降到了不足10％。见：Shibley Telhami，"Can Obama Please Both Arabs and Israelis?" *Foreign Policy*，August 25，2010（www. foreignpolicy. com/atricles/2010/08/25/can_ obama_ please_ both_ arabs_ and_ israelis? page＝0，0）；Jim Lobe，"U. S. Standing Plunges Across the Arab World，"*Al Jazeera*，July 14，2011（http：//english. aljazeera. net/indepth/features/2011/07/20117141044137887827. html）.

② Ryan Lizza，"The Consequentialist，"*New Yorker*，May 2，2011.

的行动之间差异很大，这也使他的外交政策贴了这个不幸和不公的标签。①

目前，叙利亚人民仍有希望最终推翻阿萨德政权，这将对伊朗试图利用伊叙联盟在中东心脏地带推行反美主义的努力给予沉痛打击。然而，奥巴马能用来影响叙利亚局势的手段十分有限。与此同时，解决巴以冲突失败使美国很难应对这个对其至关重要的地区局势动荡所带来的潜在恶果。

美国主导的巴以和平进程陷入僵局，埃及不再是这个动荡地区坚决维护美国利益的铁杆盟友，以色列与埃及、约旦两国在美国斡旋下达成的和平协议也有可能受到意想不到的冲击——将这些事件总结起来，我们也许可以说"美国治下的和平"在中东已经完结了。果真如此的话，奥巴马就是成功地将历史导向了错误的方向。

到底是哪儿错了？责任不能全由奥巴马一个人承担。当然，他要实现任何一个目标都是极其艰难的。在他入主白宫时，穆斯林世界对美国的愤怒到达了顶点，大家普遍相信小布什的反恐战争实际上是针对伊斯兰教的战争，发生在阿布格莱布和关塔那摩监狱的"虐囚事件"才显示了美国对待穆斯林信众的真实态度。奥巴马作为首位非洲裔美国总统拥有一位穆斯林父亲和一个穆斯林名字，这使他在非洲和印度尼西亚赢得了当地人的好感，然而在阿拉伯世界，这并没有为他带来多少信誉。

在巴以冲突中，奥巴马面临十分严峻的挑战。在阿克萨群众起义（也称"第二次巴勒斯坦大起义"）的 5 年中，总共有数千人丧生，伤者更是难以统计，这使得冲突双方加深了彼此间的不信任。尽管多数以色列人和巴勒斯坦人仍然支持克林顿总统在卸任前提出的建立两国方案，这也得到了小布什总统的支持，但双方都不相信对方会接受该方案或准备为实现和平做出必要的妥协和牺牲。

在奥巴马上任两个月后，本雅明·内塔尼亚胡就任以色列总理，他领导下的右翼联合政府最初甚至都无法接受在约旦河西岸和加沙地区建立一个独立的巴勒斯坦国。与此同时巴勒斯坦人也在政治上和地缘上分

---

① "从后方领导"一词出自一位不愿透露姓名的白宫高级官员，引自：Ryan Lizza，"The Consequentialist."

成了两派：由总统马哈茂德·阿巴斯和总理萨拉姆·法耶兹领导的法塔赫在约旦河西岸地区奉行温和路线，致力于同以色列实现和平；而激进的哈马斯则在加沙地区立志消灭以色列。

哈马斯与黎巴嫩真主党同样由伊朗支持。伊朗很早就决定利用这两个组织阻挠阿以冲突的解决，因为这将削弱其在中东核心地区扩大自身影响力的能力。到奥巴马上台时，伊朗已经由于小布什的失误取得了重大进展：小布什没能阻止伊朗核武器项目，对于伊朗在伊拉克扩大影响力不管不顾，同时他坚持在巴勒斯坦地区推行民主选举，最终导致哈马斯控制了加沙地区。

在这种情况下，没有什么美好的意愿、娴熟的外交技巧和好运气能帮助奥巴马克服面临的巨大困难。没有任何一位近期的总统比他做得更好。尽管如此，奥巴马处理问题的方式没能化解这些困难，反而使它们结合到了一起。研究奥巴马处理中东和平进程的方式发现了他在实施外交政策过程中存在的一些内在的问题，而这些问题也阻碍了他在全球其他地区获得成功。

奥巴马的"假设"

像奥巴马总统任期内的很多事情一样，上任之初他在中东地区所做的一切似乎给这个饱受战争摧残的地区带来了和平的曙光。奥巴马允诺同阿拉伯世界发展新型关系，他保证不再对囚犯进行严刑拷打，关闭关塔那摩监狱，并从伊拉克撤出美国军队。如果伊朗当局愿意放弃好斗的姿态，那么他也会向他们伸出橄榄枝。他承诺在总统任期内解决巴勒斯坦问题。然而，奥巴马在描绘美国领导下的中东和平新蓝图时似乎很少留意一批重要的支持者——以色列人，以及给予他们坚定支持的美国犹太人。

在竞选期间，奥巴马走了民主党候选人所必经的步骤：会见美国犹太领导人，访问以色列，以及在一年一度的美国以色列公共事务委员会（也被称为"以色列游说集团"）年度会议上发言。当时多数美国犹太人都没有听说过他，但他赢得了芝加哥犹太社团领导人的担保，克服了这个困难。奥巴马在以色列南部城镇斯德洛特对那里的民众说自己对他们的生存威胁感同身受，他想象将自己的两个女儿送上那里的校车，揪心自己是否还能见到她们——这次演讲说服了那些质疑他是否亲以色列的人。① 他发誓要继续为以色列的安全提供坚定保障。他赢得了几乎前所未有的78％的犹太裔选票，超过三分之一的竞选资金来自美国犹太人。②

　　然而一直以来，对那些关注者来说，种种迹象表明他不是一位普通的民主党候选人。在竞选期间与克利夫兰犹太社团领导人的一次会谈中，奥巴马对亲以团体中坚持"亲利库德集团路线"的人进行了猛烈的抨击，并呼吁就取得和平的道路开展"真诚的对话"。③ 奥巴马曾在美国－以色列公共事务委员会发表讲话，其中提到了全部的亲以观点，但同时他仍然坚持以色列"要克制新建犹太人定居点的计划"。美国－以色列公共事务委员会的多数成员都十分欣赏小布什的顽固亲以立场，而奥巴马斥责小布什说这使美国在该地区陷入孤立，从而威胁到了以色列的安全 。奥巴马还告诉他们，推进中东和平进程事关美国的国家利益，不能再拖下去了。④ 尽管他也宣称支持以色列将整个耶路撒冷作为其首都的诉求，但他随即解释自己说错了，耶路撒冷的最终地位需要通过协商解决。

　　入主白宫后，奥巴马很少关注为他赢得大选立下汗马功劳的犹太人了。他每年只与犹太社团的领导人举行一次会谈，第一次见面时就告诉他们小布什的亲以姿态（他们对此高度赞赏）无助于美国和以色列。

---

　　① 他在斯德洛特发表演讲称："任何一个民族国家的首要责任就是保护自己的公民。因此我可以向你们保证，如果有人要向我两个女儿的卧室发射火箭弹，我会尽最大努力使用一切手段阻止这件事情的发生，无论我是否是一位政治家。我希望以色列领导人也会这么做。"见："Obama's Speech in Sderot, Israel," July 23, 2008.

　　② Ron Kampeas, "Democrats Launch Major Pro - Obama Pushback among Jews," June 7, 2011 (www. jta. org/news/article/2011/06/07/3088053/democrats - launch - major - pro - obama - pushback - among - jews) .

　　③ "In Cleveland, Obama Speaks on Jewish Issues," *New York Sun*, February 25, 2008.

　　④ "Transcript: Obama's Speech at AIPAC," NPR, June 4, 2008.

他断言这么做"不会有光明，也无法取得任何进展"。①

在奥巴马看来，与以色列交往不应像比尔·克林顿和乔治·W. 布什那样热情拥抱，而是应该确保满足其全部安全需求。他反复强调美国对以色列的安全承诺"不会改变"，并付诸行动。在他授意下，五角大楼、中央情报局和国务院同以色列相关机构的安全合作达到了一个新高度。奥巴马在这个更加困难的时期履行了小布什做出的慷慨承诺，在未来 10 年向以色列提供 300 亿美元的军事援助。他还请求国会为"铁穹"近程火箭拦截系统追加 3 亿美元的拨款，以帮助以色列人民在该国南部和北部边境抵御哈马斯和真主党的火箭袭击。② 他和他经验丰富的国家安全团队与以色列相关机构通力合作，帮助他们应对伊朗核计划。无论两国政治关系多么紧张，奥巴马政府从未暗示将减少对以色列的安全援助。

此外，奥巴马执意要在美以两国之间引入一个"第三者"。他把上任后第一次接受外国媒体专访的机会给予了阿拉伯卫星电视台，而直到 18 个月后他才同意接受一家以色列电视台的专访。这样的事情他做了不少。2010 年 2 月，奥巴马为指派一名白宫特使出任美国驻伊斯兰会议组织代表煞费苦心，但直到 2011 年 8 月他才撤换小布什任命的美国驻以色列大使。他访问过伊斯兰世界的许多地方，去过安卡拉、利雅得、开罗和雅加达，但却没有去耶路撒冷。

2009 年 6 月，奥巴马经过精心准备在开罗向整个穆斯林世界发表了一次演讲，他引述了阿拉伯人的观点，说以色列的成立是大屠杀的产

---

① Ron Kampeas， "At White House, U. S. Jews Offer Little Resistance to Obama Policy on Settlements，" July 13，2009 （www. jta. org/news/article/2009/07/13/1006510/obama - gets - jewish - support - on - peace - push - questions - about - style）.

② 见：Andrew J. Shapiro， "The Obama Administration's Approach to US - Israel Cooperation；Preserving Israel's Qualitative Military Edge，" keynote speech at the Brookings Institution， July 16，2010 （www. brookings. edu. / ~ /media/Files/events/2010/0716_ us_ israel/20100716_ us_ israel. pdf）；Hillary Clinton， "Remarks at the Brookings Institution's Saban Center for Middle East Policy Seventh Annual Forum，" December 10，2010 （www. state. gov/secretary/rm/2010/12/152664. htm）；"Remarks by National Security Advisor Thomas E. Donilon，" Washington Institute for Near East Policy 2011 Soref Symposium， May 12，2011 （www. washingtoninstitute. org/html/pdf/DonilonRemarks20110512. pdf）.

物，并未提及几个世纪以来犹太人一直渴望回到《圣经》中记载的他们祖先生活的土地。①此外，他把犹太人在过去几个世纪中遭受的苦难和巴勒斯坦人在以色列统治下遭受的苦难同日而语，认同巴勒斯坦人不得不忍受"失去家园之痛"和"伴随定居而来的每天的羞辱"。②

奥巴马坚持的"假设"是很有逻辑的：由于美国军队在中东地区卷入了两场战争，因此美国需要修补同阿拉伯和穆斯林世界的关系。在以色列电视台进行的唯一一次专访中，他解释说："我之所以向穆斯林世界伸出橄榄枝，就是为了减少他们对以色列和西方世界造成的威胁。"③他认为一旦获得成功，让阿拉伯领导人与以色列进行协商就会变得更容易，而以色列人也更愿意为实现和平冒一定的风险。

以色列人和支持他们的美国犹太人已经对过去 16 年两位美国总统一边倒地亲向以色列习以为常，认为奥巴马的意图截然不同。在他们看来，新总统有意疏远以色列，以此讨好阿拉伯人。尽管有对以色列的军事援助和两国的战略合作，他们并未对此心存感激。

这就为奥巴马向新任以色列总理、利库德集团党魁本雅明（毕比）·内塔尼亚胡关于犹太人定居点摊派设置了重重障碍。多数以色列人和美国犹太人并不支持在约旦河西岸修建更多的定居点，正如他们曾

---

① 直到 2011 年 5 月第二次出席美国—以色列公共事务委员会年度大会时，奥巴马才表明自己认可犹太人的说法："当我将手放到哭墙上的时候……我就想到几个世纪以来以色列的儿女们一直渴望回到他们祖先的土地上。"White House, Office of the Press Secretary, "Remarks by the President at the AIPAC Policy Conference 2011," May 22, 2011（www. whitehouse. gov/the‐press‐office/2011/05/22 remarks‐president‐aipac‐conference‐2011）.

② White House, Office of the Press Secretary, "Remarks by the President on a New Beginning," Cairo University, June 4, 2009（www. whitehouse. gov/the‐press‐office/remarks‐president‐cairo‐university‐6‐04‐09）. 国务院将其中的重要部分分别用乌尔都语、波斯语、阿拉伯语和英语发布，让人们在第一时间了解讲话内容，并对此加以评论。这篇讲话公开出现在白宫网站上，并提供 13 种不同语言的版本。白宫也将讲话的链接发到了 MySpace、Twitter 和 Facebook 上，Facebook 在穆斯林国家拥有 2000 万用户。

③ "Obama Says Middle East Peace Deal Doable, but Will Be 'Wrenching'," *CNN Politics*, July 08, 2010（http: //articles. cnn. com/2010‐07‐08/politics/obama. israel. interview_1_obama‐and‐netanyahu‐peace‐agreement‐peace‐progress）.

支持在 2005 年夏天全部从加沙地带撤出。然而在开罗演讲中，奥巴马宣布美国不承认"继续修建犹太人定居点具有合法性"。2009 年 5 月，他在白宫与内塔尼亚胡举行首次会谈，要求对方完全冻结定居点扩建。美国国务卿在开罗记者招待会上做出了解释："总统希望看到完全停止修建犹太人定居点——不是一些定居点，没有前哨，没有'人口自然增长'特例。我们认为冻结定居点扩建计划是最符合各方和谈利益的。"①

奥巴马试图完全冻结修建定居点的计划，甚至包括不在现有的定居点内新建任何设施，包括公寓、学校和犹太教会堂。这在 1977 年或许是可行的，梅纳赫姆·贝京在吉米·卡特的坚持下同意在三个月内暂停扩建定居点，因为当时居住在约旦河西岸定居点内的犹太人只有 5 万左右。甚至在 1993 年伊扎克·拉宾宣布停止在约旦河西岸修建定居点时也是可能的，居住在那里的犹太人也不过 15 万。然而今天这一数字已经超过了 30 万，完全冻结扩建计划无疑是不现实的，尤其是内塔尼亚胡领导的右翼联合政府需要从定居者和支持修建定居点的群体中获得支持。

此外，自从 1967 年获得东耶路撒冷以来，每一任以色列总理都大力鼓励在那里的郊区建设，之前的美国总统考虑到政治敏感性都不愿意把此作为一个问题。在完全冻结定居点扩建一事上，奥巴马没有把各地加以任何区别，因此暗示对东耶路撒冷的建设也必须停止，这在不经意间鼓舞了巴勒斯坦人坚持的立场。另外，宣称定居行为本身"非法"表明美国的态度发生了重大转变，预示着冻结扩建计划仅仅是最终拆除全部定居点的第一步。② 这当然超出了以色列、美国犹太人的共识，70% 的定居者都聚居在 1967 年停火线附近，所以他们普遍认为在最终的和平协议中这片土地一定属于以色列。

内塔尼亚胡对这样的要求感到愤怒，在他最没有安全感的时候，他相信奥巴马的真正目的是分裂自己的右翼–犹太定居者联盟，或是让他

① U. S. State Department, "Press Availability with Egyptian Foreign Minister Ahmed Ali Aboul Gheit," May 27, 2009 (www. state. gov/secretary/rm/2009a/05/124009. htm).

② 吉米·卡特曾宣称定居点是"不合法的"，但罗纳德·里根却说它们"不是不合法"，只是"不太妥当"。老布什称其为"和平的绊脚石"，比尔·克林顿和小布什也持相同的看法。之前没有任何一位美国总统宣称扩建定居点是"非法的"。

下台，或是迫使他同自己的对手齐皮·利夫尼（Tzipi Livni）领导的中间派政党前进党（Kadima）组成一个新的、更温和的联合政府，这更令他感到担忧。尽管如此，内塔尼亚胡还是在第一次会谈中向奥巴马表示，如果能让沙特国王阿卜杜拉坐到谈判桌前，以色列愿意做出相应姿态，比如像奥巴马提议的那样冻结定居点扩建计划。

追寻沙特海市蜃楼

内塔尼亚胡在与阿拉伯人和美国人打交道时最喜欢采用的策略就是互惠——在自己妥协的同时要求对方也做出相应让步，而这正是乔治·米切尔在努力做的：在他第一次以奥巴马特使身份到访阿拉伯各国首都时，一些领导人告诉他如果以色列冻结定居点扩建计划，那么他们就准备采取相应步骤实现关系正常化（例如，重开以色列利益代表处或商务办公室，向以色列民航客机开放领空，向以色列民众发放旅游签证）。

此外，沙特国王阿卜杜拉在 2002 年开始了《阿拉伯和平倡议》，承诺如果以色列撤回到 1967 年的停战线并与巴勒斯坦和叙利亚和平共处，所有阿拉伯国家都将给予其和平并与其实现关系正常化。然而，《阿拉伯和平倡议》尚未从一项意图宣示演变成阿拉伯国家参与巴以和平进程的机制。希拉里·克林顿和乔治·米切尔先前征询海湾地区阿拉伯国家意见时，他们的领导人都对伊朗的霸权野心感到担忧。也许奥巴马可以利用以色列和以沙特为首的海湾地区阿拉伯国家对伊朗的恐惧激发阿拉伯国家的合作，他认为这种合作将有助于推进中东和平进程。

另外，吸纳沙特国王加入对奥巴马来说也很有诱惑力，因为这符合他的理念。这样一来能提高他在穆斯林世界的威望，并帮助他实现和平。因此，在听到沙特驻美大使说国王正热切期盼总统访问利雅得并保证不会让他空手而归时，奥巴马料想一切准备已经就绪。2009 年 6 月，他在前往开罗向穆斯林世界发表讲话的途中匆匆安排了一次访问。

但是对沙特国王来说，作为麦加和麦地那"两座圣城的保管人"，直接会见以色列总理不仅是史无前例的，也是不可能的。沙特人一直与以色列人私下联系，他们在促进巴以和解的整个进程中也一直甘居幕后。奥巴马要开局成功，就必须认真准备。然而，奥巴马实在是太自信了，他决定独自完成这项使命，让国务卿和中东问题特使到开罗与他会合。他为此次会谈所做的唯一准备就是派遣自己的反恐事务顾问约翰·布伦南先期抵达沙特，与沙特有关人员商讨沙特接管部分关押在关塔那摩监狱的也门籍囚犯的问题。当布伦南告知协议已达成时，奥巴马深受鼓舞，他认为对方同样会答应自己提出的与以色列进行会谈的要求。

然而，当奥巴马来到利雅得郊外的皇家马场会见阿卜杜拉国王时，他惊讶地发现沙特的情报主管并未向国王汇报有关也门籍囚犯的事宜。惊讶很快变成了沮丧，国王告诉奥巴马，他既不信任内塔尼亚胡，也不信任阿巴斯，而且肯定不会与以色列总理举行会谈。更糟糕的是，国王还告诉他除非奥巴马确保签署最终的和平协议，否则沙特甚至都不会考虑让步同以色列改善关系。即使奥巴马做到了这些，沙特方面也仅仅会考虑以上提议，并不会就此做出承诺。①

奥巴马猛然醒悟，他立刻将经验丰富的丹尼斯·罗斯从国务院调到国家安全委员会，后者曾被比尔·克林顿任命为中东和平特使，他富有经验的建议能够弥补总统经验不足的缺陷。乍看起来，这似乎是个明智的选择：奥巴马将一批外交政策专家网罗到麾下，让他们在国家安全委员会中帮助自己制订政策，他已经取得了可观的成效。俄罗斯问题专家迈克尔·麦克福尔、中国问题专家杰弗里·贝德以及伊朗问题专家丹尼斯·罗斯都能在各自领域内帮助奥巴马制订外交政策。

然而对于推进中东和平进程，罗斯的参与只会让问题变得更加复杂，因为他的理念与奥巴马截然不同。他确信要取得进展就必须同以色列总理合作，充分考虑联合政府所面临的困难，并在以色列公众和美国总统之间建立互信。在罗斯看来，美国与以色列之间出现裂痕只会鼓励阿拉伯人继续采取观望态度并等待奥巴马总统带来以色列的让步，并不能说服他们采取切实步骤与以色列和谈。

这种方式上的不同在克林顿执政时期被事实所强化了，那时内塔尼

① 无论沙特驻美大使如何说服白宫相信这些，就在两国领导人举行会谈的当晚，沙特政府发言人清楚地告诉媒体，现在需要摆出姿态的是以色列而不是沙特，沙特已经在《阿拉伯和平倡议》中做出了妥协，而以色列新一届政府甚至都不接受成立两个独立国家的解决方案。见：Michael Slackman, "As Obama Begins Trip, Arab Seeks Israeli Gesture," *New York Times. com*, June 3, 2009.

亚胡第一次当选以色列总理，在此期间罗斯与伊扎克·摩尔科（Yitzhak Molcho）关系密切，而后者正是内塔尼亚胡最为器重的谋士，负责与巴勒斯坦的谈判。随着罗斯进入白宫，内塔尼亚胡采取以色列一向偏好直接与总统通话的方式，通过这一幕后渠道直接与奥巴马联络，绕开了国务卿和总统中东和平特使。① 奥巴马重新启用罗斯推进中东和平进程最终带来意料之外的结果，是在他行动的核心造成了基本的运行困难。

冻结定居点扩建计划的彻底失败

没有对沙特的特别好处，内塔尼亚胡就更不愿意冒着执政联盟分裂的危险迎合奥巴马的提议。相反，他开始与乔治·米切尔就暂停扩建定居点的条件展开了持久的拉锯。这一招中东国家们屡试不爽：那就是把一位活动家似的美国总统拖入到某个谈判议题的细枝末节中去，而总统的谈判代表要比总统本人有更多的当地知识。这次协议的达成历时 7 个月，内塔尼亚胡将在约旦河西岸冻结所有新建住宅项目，为期 10 个月。但是，3000 栋已经进入设计阶段的住宅将不受该协议的约束。并且，协议并未明文规定以色列不得在 1967 年战争后吞并的东耶路撒冷的犹太郊区修建新的设施。

从表面上看，这个暂停修建定居点的协议是前闻所未闻的——美国说服了利库德集团领导的以色列政府同意在约旦河西岸地区冻结一切住宅性建筑计划 10 个月。然而，当国务卿克林顿在科威特举行的记者招待会上这么说，并对协议的达成表示欢迎时，她被整个阿拉伯世界嘲笑，尤其是居住在约旦河西岸的巴勒斯坦人。② 他们更关注其中的"例外条款"而不是该条款本身。该协议的签署没有像美国人想象得那样促

---

① 这一传统始于克林顿执政时期，伊扎克·拉宾通过自己的办公室主任埃坦·哈伯与美国国家安全委员会的马丁·英迪克暗中联系。埃胡德·巴拉克会直接给克林顿打电话。在小布什执政时期，阿里尔·沙龙通过自己的办公室主任达比·魏斯格拉斯与总统国家安全事务助理康多莉扎·赖斯取得联系，而埃胡德·奥尔默特则让办公室主任约拉姆·图尔博维奇联系美国国家安全委员会的埃利奥特·艾布拉姆斯。

② "Palestinians Reject Israeli Offer," Aljazeera and Agencies, November 26, 2009 (http：//english. aljazeera. net/news/middleeast/2009/11/20091126659267226423. html_).

使阿拉伯国家采取一系列相应的步骤为双方举行谈判创造一个更加适宜的环境，相反没有任何一个国家愿意迈出一步。①

更糟糕的是，阿巴斯现在坚持如果以色列不完全停止修建定居点的活动（包括在东耶路撒冷地区），他就不会与内塔尼亚胡进行直接会谈。美国外交人员7个月的艰苦努力付诸东流，奥巴马的信誉受到了损害并且没有取得任何进展。②

不幸的是，事情远不止如此。既然内塔尼亚胡已经说服政府支持暂停修建定居点，那么他就需要重启和谈向人民显示他以此换来了什么，否则以色列人恐怕会将他视为傻瓜。然而与此同时，阿巴斯自身的信誉和地位也受到了损害，他应希拉里·克林顿的请求延期讨论联合国人权委员会《戈德斯通报告》提出的2006年以色列在加沙地区犯下的战争罪行。这让巴勒斯坦人和整个阿拉伯世界对阿巴斯感到愤怒，通常站在他这边的埃及政府和约旦政府也对他进行了谴责。火上浇油的是，以色列官方披露了一批录音带，表明以阿巴斯为首的一批巴勒斯坦官员在2009年曾要求以色列政府加大对盘踞在加沙地带的哈马斯武装的打击力度。由于大受冒犯，阿巴斯更不愿响应奥巴马的放弃完全冻结修建定居点的而重启和谈的要求。

到了2009年底，奥巴马公开承认自己低估了重启和谈的难度，并

---

①　2009年7月中旬，米切尔访问阿拉伯多国首都时，阿拉伯各国领导人说他们不会因以色列部分冻结修建定居点活动而主动采取行动推进双方关系正常化。例如，阿拉伯联盟秘书长阿姆鲁·穆萨在开罗会见了米切尔，并宣称："阿拉伯国家在以色列取消定居点政策之前不会做出让步。"而沙特外交部部长萨乌德·奥·费萨尔7月30日在国务院同国务卿克林顿举行了会谈，他在会后表示循序渐进和建立互信并不会带来和平。他注意到"以色列甚至没有对美国提出的停止修建定居点的要求做出回应，而奥巴马总统称这种行为是非法的"。

②　根据已经公布的巴勒斯坦官方文件，2009年10月乔治·米切尔与巴勒斯坦首席谈判代表萨布·埃雷卡特进行了一次重要的对话，已经预示了这一结果。米切尔说："我告诉你，从来没有一位总统对这一问题如此关注。你们使他丧失了建立一个你们所希望的巴勒斯坦国的机会。"埃雷卡特说："他甚至都无法让以色列人暂时冻结定居点修建计划，我怎么能相信他呢？美国在中东地区的信誉并不取决于我们。他已经在整个地区失去了自己的信誉。"见：Al Jazeera Transparency Unit, "Meeting Minutes: Saeb Erekat and George Mitchell," October 21, 2009 (http://transparency.aljazeera.net/document/4899).

"高估了我们说服他们在政治环境相左的情况下采取相应行动的能
力……如果我们能提早了解双方的某些政治议题，那么我们可能不会报
以那么高的期望。"①

　　为了在定居点问题上打破僵局，2010 年 3 月，米切尔提出要进行 4 个
月"间接和谈"，在此期间他对两国进行了穿梭访问，商讨最关键的边界和
安全问题，以敦促双方回到直接对话的轨道上。米切尔在此借用了他成功
签署北爱尔兰和平协议的经验。然而，对于阿拉伯世界和以色列来说，这
似乎是回到了 1949 年在联合国监督下的间接和谈时期。以色列人和巴勒斯
坦人的直接对话已经开展了 15 年（1993 年至 2008 年）。阿巴斯的总统官邸
位于拉马拉（Ramallah）的木卡塔（Mukata）地区，那里距离以色列总理
府只有 30 分钟的车程，他曾在那里与内塔尼亚胡的前任埃胡德·奥尔默特
举行过长达 8 个月的和谈。因此，退回到间接和谈不仅是降低预期，它标
志着谈判即将破裂。接下来的情况更为不妙。

　　2010 年 3 月 9 日，就在米切尔发表声明的第二天，副总统拜登对耶
路撒冷进行了正式访问，试图修补巴以关系。就在这天，以色列内政部
下属的某个不知名的计划委员会宣布批准在东耶路撒冷犹太人郊区拉马
特什摩洛（Ramat Shlomo）新建 1600 间房屋。尽管事情的发展看上去
似乎出乎内塔尼亚胡的预料，它还是让巴勒斯坦方面立刻中止了间接和
谈，并对美以两国关系造成了很大冲击。

　　该委员会的决定激怒了奥巴马，因为他正在争取内塔尼亚胡私下里
承诺，2010 年以色列政府将不会批准在耶路撒冷新建住宅，以此换取
阿巴斯回到谈判桌前。拜登副总统也陷入了尴尬的境地。奥巴马指示拜
登在耶路撒冷公开谴责这一决定，并让希拉里在私底下对内塔尼亚胡进
行批评。总统还指派希拉里向内塔尼亚胡传达，要他立刻采取行动展现
重启谈判的诚意，并警告如果不这么做后果将十分严重，包括由联合国
安理会谴责以色列修建定居点。这次会谈气氛十分紧张，谈判内容后来

---

　　① 见：President Obama's interview with Joe Klein， "Q&A：Obama on His First
Year in the Office," *TIME Politics*，January 21，2010（www. time. com/time/politics/ar-
ticle/0，8599，1955072，00. html）.

告知了《华盛顿邮报》。① 当内塔尼亚胡两周后来到白宫拜访奥巴马总统时，他受到冷遇——没有在椭圆形办公室中留下官方照片，也没有设宴款待。尽管采取严厉措施取得了成效，内塔尼亚胡承诺冻结拉马特什摩洛扩建计划两年，使得间接和谈得以重新进行，但这一事件加深了奥巴马与以色列及其在美国的支持者之间的裂痕。②

不出意料，在这种情况间接和谈是不会取得什么进展的。内塔尼亚胡坚持他只会在两国直接谈判时提出实质性的边界主张，因此他只注重外交交流，而不是工业区、水资源和经济问题。另一方面，阿巴斯只注重领土问题，旨在获悉内塔尼亚胡对于划定巴勒斯坦国国界的态度。

几周过后，到了 2010 年 5 月 31 日，双方的间接谈判再次中断，这次是因为发生在加沙地区的"截船事件"。以色列突击队员在国际水域登上了一艘土耳其乘客渡船，因为该船试图突破以军的加沙封锁。在随后发生的恶斗中，以色列军队打死了 9 个土耳其人。奥巴马和内塔尼亚胡之间的紧张关系瞬间演变成了以色列和土耳其之间的全面危机，两国都是美国在中东地区的长期盟友。

这次危机要求奥巴马去试验另一个理论：与内塔尼亚胡合作，而不是与他对峙，以便缓和危机（谴责以色列只会加剧紧张局势，并让人更加怀疑奥巴马"坚定承诺"保障以色列安全的可信度）。仅仅几天内，奥巴马就说服了内塔尼亚胡取消绝大部分对于进入加沙地区物资的禁运，并引导联合国特别调查小组解决以土两国这次的危机。这算不上是谈和，但它显示了总统娴熟的外交技巧。这带来了美以两国新的友谊，7 月，奥巴马与内塔尼亚胡在白宫举行了一次"极好的"会晤。会谈期间，两位领导人共进午餐并合影留念，两人之间建立起足够的理解以重启巴以和谈。

---

① 据报道，克林顿要求内塔尼亚胡收回扩建定居点计划，以免在会谈期间因耶路撒冷问题激怒巴方，并承诺在近期会谈中将推动双方明确各自的责任，而不是签署一个正式的协议。见：Mark Landler, "Netanyahu Takes Hard Line on Jerusalem Housing," *New York Times*, March 22, 2010; Glenn Kessler, "Clinton Rebukes Israel over East Jerusalem Plans, Cites Damage to Bilateral Ties," *Washington Post*, March 13, 2010.

② 据报道，当内塔尼亚胡与他的助手举行会谈时，奥巴马总统正在外面与家人共进晚餐。事实上，根据白宫后来的说法，奥巴马是独自一人用晚餐的。然而，对以色列人来说这一事实更难接受，他们在美国的支持者们都不明白为什么总统会以这样的方式对待一个实行民主选举制的盟友。

在巴勒斯坦方面，"截船事件"也产生了新的、更积极的动力。也许是担心减轻对加沙地区的封锁有利于哈马斯，阿巴斯决定应该看看自己能在谈判中得到什么。他也开始认识到，尽管姗姗来迟，但暂停修建定居点的政策事实上已经在约旦河西岸冻结了绝大部分扩建定居点的行动。此外，阿巴斯发现自己在阿拉伯世界的主要支持者、埃及总统霍斯尼·穆巴拉克和约旦国王阿卜杜拉都鼓励他与内塔尼亚胡打交道，因为以色列总理已经向他们保证自己会持合作态度同阿巴斯举行会谈，甚至可以谈耶路撒冷问题。

最终，在经历 18 个月的艰难准备之后，奥巴马于 2010 年 9 月 2 日在白宫主持仪式，宣告本雅明·内塔尼亚胡和阿巴斯的直接谈判正式开始，到场的还有埃及总统穆巴拉克和约旦国王阿卜杜拉。谈判所涉及的范围特意定得十分模糊。根据奥巴马的说法，"这次谈判是以色列人和巴勒斯坦人的直接对话。他们将通过谈判解决所有的最终地位问题。谈判的目标是双方达成一份协议，结束以色列 1967 年以来对巴勒斯坦领土的占领，最终建立一个独立、民主、有望实现的巴勒斯坦国，与以色列犹太国家及其邻国肩并肩，和平、安全共处。"①

和谈设置了为期一年的时间表，然而内塔尼亚胡承诺的停建定居点计划还有一个月就到期了，奥巴马对此保持沉默。在庆典之后举行的新闻发布会上有记者问到这个问题，奥巴马解释他已经告诉以色列总理"只要双方的对话沿着建设性的道路走下去，那么延续冻结修建定居点计划就是顺理成章的"。② 这对于奥巴马来说也许是顺理成章的，但内塔尼亚胡右翼联合政府的官员们却不这么看。本雅明向他们保证暂停修建定居点是仅此一次的承诺，他们显然会要求他信守诺言。

不管怎样，对话并没有沿着建设性的道路向前推进。两周后的 9 月

---

① White House, Office of the Press Secretary, "Remarks by the President in the Rose Garden after Bilateral Meetings with Prime Minister Netanyahu of Israel, President Mahmoud Abbas of the Palestinian Authority, His Majesty King Abdullah of Jordan and President Hosni Mubarak of Egypt," September 1, 2010 (www. whitehouse. gov/the – press – office/2010/09/01/remarks – president – rose – garden – after – bilateral – meetings).

② White House, Office of the Press Secretary, "Press Conference by President Obama," September 10, 2010 (www. whitehouse. gov/the – press – office/2010/09/10/press – conference – president – obama).

16 日，双方的第三次会议在位于耶路撒冷的以色列总理府举行，阿巴斯向内塔尼亚胡提交了巴方在领土和其他问题上的立场，与他先前向埃胡德·奥尔默特提交的文件一模一样。本雅明将这份文件放在了一边，反过来向阿巴斯详细地说明了必须包含在最终地位协议里的以色列安全需求。内塔尼亚胡拒绝让一支国际部队进驻约旦河谷的提议，而奥尔默特曾接受这一计划。他十分详尽地解释了为何以色列军队必须在那里驻扎"几十年、甚至好几十年"。① 阿巴斯这才明白内塔尼亚胡打算在最终协议签署之后很久仍然由以色列军队长期占领约旦河西岸地区。这是他无法答应的。他告诉内塔尼亚胡，以色列就继续占领下去吧。会议在几乎开始时就结束了。

问题很快移交到了在纽约举行的联合国大会，它通常在每年 9 月的最后一周召开。美国总统在大会上的发言总是受到出席会议的各国首脑和其他国际组织高级代表的关注。奥巴马知道自己正面临巴以和谈进展缓慢、而停建定居点的政策即将到期的困难。尽管如此，两天后他在联合国大会上发表演讲时强调了修建定居点问题，并要求延长冻结期限。然后，他再次强调："当我们明年回到这里的时候，我们可以有一份带给联合国一个新成员的协议——巴勒斯坦作为一个独立的主权国家将与以色列和平共处。"②

---

① 与阿巴斯举行会谈后的第二天，内塔尼亚胡为美国主要犹太人组织主席联席会议代表团做了一次内容相似的公开演讲，他说："我们必须确保自己拥有基本的保障自身安全的能力。我们必须确保自己有能力阻止武器流向和平协议中规定的让与巴勒斯坦的土地。我们也必须确保自己有能力应对必然出现的对和平的潜在威胁……面临的威胁有很多……伊朗试图通过其在本地区的代理人将包括火箭、导弹和其他武器在内的大规模杀伤性武器偷运入这些地区。除此之外还存在其他一些威胁：东部战线有可能再度出现，巴勒斯坦政坛内部也有可能发生变化……我们需要明白的是在中东地区能够实现的和平只能是可以守卫的和平。我清楚地告诉诸位，为了守卫和平，以色列军队必须长期驻守在巴勒斯坦国东部地区，也就是约旦河谷地带。""Remarks by Prime Minister Netanyahu to the Conference of Presidents of Major American Jewish Organizations," September 20, 2010 (www. conferenceofpresidents. org/media/user/images/netanyahu%20address_ 9 – 20 – 10. pdf).

② White House, Office of the Press Secretary, "Remarks by President Obama to the United Nations General Assembly," September 23, 2010 (www. whitehouse. gov/the – press – office/2010/09/23/remarks – president – united – nations – general – assembly).

　　这并不是一个真正的承诺，然而出席联合国大会的世界各国代表和国际组织官员立刻就这么理解了。尤其是巴勒斯坦人及其在阿拉伯地区的支持者，他们对这次讲话的解读是美国总统为巴勒斯坦作为一个独立国家加入联合国打开了大门。巴勒斯坦人一直在联合国享有压倒性的支持，尤其是在联合国大会上；只有美国在安理会投否决票维护了以色列，奥巴马曾对此提出质疑（他很快就经受了考验，巴勒斯坦人提交了谴责以色列修建定居点的议案）。自此之后，巴勒斯坦人似乎开始为将于 2011 年 9 月举行的联合国大会通过投票成为正式成员做认真准备。这并不像奥巴马预想的那样是巴以和谈带来的结果，巴勒斯坦人以此取代同内塔尼亚胡进行谈判，因为他们已经失去了对他的全部信任。

　　在联合国大会召开期间，奥巴马私下里一直在努力说服内塔尼亚胡延长停建定居点的期限。丹尼斯·罗斯拥有与内塔尼亚胡合作处理截船危机的经验使奥巴马这次愿意听从他的意见。罗斯重新启用了克林顿总统与内塔尼亚胡会谈的方式——写一封单方面保证信。其基本思路是，美国在安全问题上给予内塔尼亚胡一些可贵的保证，他可以借此说服政府中持强硬立场的人士支持延长停建定居点政策。由于奥巴马之前曾多次许诺会采取一切必要措施维护以色列的安全，因此他对这么做没有异议。之后，美以两国在两个月内举行了多次会谈，包括 11 月 1 日国务卿希拉里与内塔尼亚胡在纽约举行的一次长达 7 个小时的会议。然而保证信后来被泄露给媒体后，其中的条款读起来好像是敲诈。

　　作为对内塔尼亚胡延长停建定居点政策 90 天的回报，美国将额外给予以色列 30 亿美元的军事援助，用于再购买 20 架 F-35 联合打击战斗机。① 奥巴马总统的信还表明他将不会在三个月后停建定居点政策再

----

　　① 美国已经承诺向以色列提供一个中队共 20 架 F-35 战斗机，再增加一个中队将确保未来 20 年内以色列空军在本地区都拥有压倒性优势。关于原先军购案的报道，见：Anshel Pfeffer, "Israel to Purchase 20 Lockheed Martin F-35 Fighter Jets," August 15, 2010（www. haaretz. com/news/diplomacy-defense/isreal-to-purchase-20-lockheed-martin-f-35-fighter-jets-1. 308177）. 关于后续 20 架作为美国鼓励以色列延长停建定居点政策的回报的情况，见：Barack Ravid and Natasha Mozgovaya, "U. S. Offer Israel Warplanes in Return for New Settlement Freeze," November 13, 2010（www. haaretz. com/news/diplomacy-defense/u-s-offer-israel-warplanes-in-return-for-new-settlement-freeze-1. 324496）.

次到期时请求以色列方面继续延长，这就引起必然的疑问：非常有可能到那时谈判还是没有取得进展，那该怎么办？

后来发生的事情使这看上去已经比较糟糕的解决方案愈发失去了吸引力。犹太正统派（Sephardi）沙斯党（Shas）是内塔尼亚胡联合政府的主要支持者，该党宣布尽管美国提供了保证信，它仍然不会支持延长停建定居点政策，除非内塔尼亚胡同时承诺批准在东耶路撒冷犹太人聚居区开始修建新设施。不做出这样的承诺，本雅明就无法获得内阁的支持；然而他一旦做出这样的承诺，他将无法与巴勒斯坦方面继续进行和谈。奥巴马悄然停止了一切努力。

与此同时，停建定居点政策在9月底到期，如众人所料，巴勒斯坦方宣布如果该政策不延期，他们就不会继续参加和谈。阿巴斯的态度发生了转变，直到一个月前，他还批评停建定居点政策远远不够，现在他也开始要求延长该政策，作为和谈的必要条件。在就任总统后的第一年年底，奥巴马曾向《时代》杂志表达过自己的沮丧。① 又一年过去了，尽管付出了辛勤的努力，他还是原地踏步。

这次奥巴马选择让他的国务卿来宣布政策转向。2010年12月上旬，希拉里·克林顿在"萨本论坛"上发表讲话，她将参与取代巴以直接谈判的"实质性的双边会谈"，商讨至关重要的最终地位问题，"但愿双方能形成足够的共识，最终重启直接会谈"。她承诺美国将扮演一个积极的角色，推动双方"毫不迟疑地"表达自己的立场，提出一系列疑难问题"并期待双方给出坦诚的答案"，为双方提供"我们自己的思路并在适当的时候为他们的提议牵线搭桥"，"以他们对这些核心议题的交流程度"衡量他们是否认真对待谈判。② 换句话说，奥巴马最终放弃了努力，不再要求以色列冻结定居点修建，也不再试图让双方进行直接谈判。

尽管希拉里公开宣称将有实质性的接触，但事实上什么也没有。12月，乔治·米切尔再次访问了中东地区，此后直到2011年4月6日他

---

① 　Klein, "Q&A: Obama on His First Year in Office."

② 　见：Clinton, "Remarks at the Brookings Institution's Saban Center."

悄悄辞职，再也没有任何消息传出。①

奥巴马渐行渐远

　　与此同时，巴勒斯坦人继续试探美国是否愿意在联合国安理会与以色列保持距离。2011 年 2 月，他们（通过阿拉伯世界在安理会的代表黎巴嫩）递交了一份提案，谴责以色列修建定居点的行为是非法的，包括东耶路撒冷在内，并要求以色列立刻停止此类行动。② 由于该议案由120 个国家联名提出并得到了安理会其他所有成员国的一致支持，奥巴马发现自己处于尴尬的境地。

　　如果任由决议案通过，那么奥巴马将超越自己对修建定居点政策"不合理"的表述而将其定为"非法"，促使联合国安理会谴责美国的亲密盟友，并使安理会直接介入到解决巴以冲突的进程中。但是要阻止决议案通过，他就必须在安理会投出就任总统以来的第一个否决票，这将使美国在最重要的国际论坛中陷入孤立，而且为的是奥巴马自己从根本上来说反对的以色列修建定居点的活动。美国驻联合国大使曾为此付出了艰苦的努力，提出发表一个不具约束力的主席声明作为替代方案，但没有被采纳。最终，奥巴马决定行使否决权。这对于一位出于善意、希望为双方通过谈判解决问题创造良好条件的总统来说无疑是一个苦涩的结果，现在反而导致连重开和谈都困难重重。这也预示着美国将在联合国遭遇更多的难题，因为巴勒斯坦人已经决定在次年 9 月举行的下届联合国大会上寻求国际社会承认自己的国家，正如奥巴马所预言的那样。

　　由于中东和平进程带来的沮丧，白宫不再对此倾注过多的精力，它的注意力被其他地方戏剧性的进展所牵制。在美国国内，共和党在

────────────

　　①　白官方面并未急于宣布他的去职，而是在五周后的周五中午才向外界公布，以便最大限度地降低媒体的关注度。见：Steven Lee Myers, "Amid Impasse in Peace Negoti-ations, America's Chief Middle East Envoy Resigns," *New York Times*, May 13, 2011.

　　②　UN Security Council Draft Resolution S/2011/24, February 18 2011（http://daccess–dds–ny. un. org/doc/UNDOC/GEN/N11/239/87/PDF/N1123987. pdf? OpenEle-ment）.

2010 年的中期选举中控制了众议院,这不仅给奥巴马在国内施政制造了很多麻烦,也给内塔尼亚胡提供了机会绕过总统,利用与共和党领导人亲密的关系。与此同时,中东地区的民主革命扫除了美国在埃及和突尼斯的盟友,增加了该地区的不稳定因素,甚至波及世界上最大的产油国沙特阿拉伯。奥巴马不再愿意、也不再有时间为恢复巴以和谈做无用功。

相反,2011 年 1 月,奥巴马的助手们开始考虑采取另一种完全不同的方式。奥巴马政府上台伊始,总统国家安全事务顾问吉姆·琼斯就着力推动制订"奥巴马准则"——一个详细的美国对巴以冲突解决的计划——并与整个国际社会一起向双方施压要求他们接受。每当和平谈判遭遇挫折,包括前总统国家安全事务助理布伦特·斯考克罗夫特和兹比格纽·布热津斯基在内的一些颇具影响力的权威人士都会在公开讨论中对这一计划表示支持。[1] 尽管琼斯在 2010 年 10 月离开了白宫,这种处理方式得到了其他人的支持。2011 年 1 月,希拉里向奥巴马提交了这一计划,奥巴马表示他愿意"在适当的时候"加以考虑。白宫开始认真准备一篇阐述美国准则的奥巴马演讲,但这一计划很快因政府内部的激烈争论而搁浅:是否要做演讲、什么时候、讲什么。

内部争论持续了好几个月。直到 2011 年 4 月中旬,总统才最终决定在阿拉伯世界发生大变革的背景下就巴勒斯坦问题发表一次讲话。[2] 在那个时候,内塔尼亚胡已经了解到了奥巴马政府内部的考虑,他宣布自己将发表一次演讲,而他的朋友、众议院共和党领导人邀请他前往国会参众两院联席会议做这次演讲。时间就定在 5 月中旬,那时内塔尼亚胡正好要到美国出席美国–以色列公共事务委员会年会。因此问题就变

---

[1]　例如,David Ignatius,"Obama Weighs New Peace Plan for the Middle East," *Washington Post*,April 7,2010;Brent Scowcroft,"Obama Must Broker a New Mideast Peace,"*Financial Times*,April 13,2010;Zbigniew Brzezinski,"To Achieve Mideast Peace,Obama Must Make a Bold Mideast Trip,"*Washington Post*,April 1,2010.

[2]　希拉里·克林顿没有按常理出牌,她宣布总统将在"美国–伊斯兰世界论坛"上发表这次讲话。由于她的介入,总统才最终决定自己将这么做。克林顿显然是希望在他人再次提出质疑前就把这件事定下来。见:U. S. State Department,"Gala Dinner Celebrating the U. S. – Islamic World Forum. Remarks:Hillary Rodham Clinton," April 12,2010(www. state. gov/secretary/rm/2011/04/160642. htm).

成了奥巴马应该在内塔尼亚胡访问华盛顿前发表演讲还是应该等他离开后再说。最后，白宫决定奥巴马总统的演讲应该安排在内塔尼亚胡访美之前，以防后者在国会的演讲（必然会得到长时间的起立鼓掌）束缚奥巴马总统。然而，考虑到总统还有更紧迫的事情要办，而他很晚才决定要演讲，演讲被安排在了5月19日，只比内塔尼亚胡抵达华盛顿早两天，给人造成的印象是美国总统和以色列总统唱对台戏，争相发表演讲。

政府内部对于奥巴马究竟应该在巴勒斯坦问题上说些什么争论不休，一直持续到了最后一刻。新上任的总统国家安全事务助理汤姆·多尼伦和丹尼斯·罗斯认为，在阿拉伯世界发生大变革的背景下，提出具体的条款冒很大的失败的风险，将有损他的信誉。而国务卿克林顿则认为，在这个节骨眼上不对巴勒斯坦问题说些什么，会让人以为奥巴马已经放弃了这项对于阿拉伯人来说仍然至关重要的事业，这将使美国在9月的联合国大会上毫无招架之力。最终，奥巴马总统决定削减其中的条款，保留下来的内容包括美国公开承认"巴以两国的边界应在1967年停战线的基础上由双方协商换地"，但没有提到其他一些敏感问题，比如耶路撒冷地位和难民问题。① 然而，奥巴马仅仅在最后时刻才确定了演讲的具体文字，没有时间预先告知内塔尼亚胡、阿巴斯和其他在巴勒斯坦问题上有自身利益的各国领导人。

内塔尼亚胡被激怒了，就在他抵达华盛顿前奥巴马在边界问题上表达了倾向巴勒斯坦方面的立场。② 由于前一天晚上在美国－以色列公共事务委员会备受鼓舞，并预计第二天在国会的演讲会受到共和党友人的热情欢迎，内塔尼亚胡决定在总统办公室与奥巴马提出反对。在会后举行的媒体招待会上，他斥责奥巴马要求以色列退回到无法防御的1967

---

① White House, Office of the Press Secretary, "Remarks by President Obama on Middle East and North Africa," May 19, 2011 (www. whitehouse. gov/the – press – office/2011/05/19/remarks – president – middle – east – and – north – africa).

② 巴勒斯坦方面长期以来一直坚持谈判的基础是1967年停战线，而以色列方面一直拒绝该提议，尽管先前以色列和阿拉伯国家签署的所有协议都基于这条停战线。然而在内塔尼亚胡看来，以此为谈判的目标和以此为谈判的出发点是不一样的。

年停战线上。① 奥巴马就坐在他身边，一直盯着天花板沉默不语，尽管这和自己说的不符。

现在轮到奥巴马对内塔尼亚胡生气了。尽管如此，他仍保持了自己固有的风度。两天后，总统出席了美国－以色列公共事务委员会年会，就引发轩然大波的条款做出了解释："就字面理解，这条准则的意思是双方自己——以色列和巴勒斯坦——将通过谈判确定一条边界有别于1967 年 6 月 4 日停火线的边界……它允许双方考虑过去 44 年中发生的变化，包括当地的人口分布现状。"②

这在一定程度上表明奥巴马已经接受了小布什总统在 2004 年给阿里埃勒·沙龙总理信中的语句，信中提出在划分边界时，已经修建了定居点的区域（也就是所谓的"人口分布现状"）应当并入以色列，而巴勒斯坦方面原则上已经接受了这一点。③ 然而，奥巴马在美国－以色列公共事务委员会做出这一解释给人感觉总统在"以色列游说集团"的压力下后退了。

美国之所以迷失在混乱之中是因为它第一次把两项原则摆上了桌面：一是两国的边界应以 1967 年停战线为基础，二是谈判的"最终目标"应当是"以色列作为犹太国家成为犹太人的家园，而巴勒斯坦国则成为巴勒斯坦人的家园"。这两项原则正是双方之前一直在奥巴马耗费大量精力投入预备谈判时所向他要求的：阿巴斯希望以 1967 年停战线作为谈判的基础；内塔尼亚胡将巴勒斯坦方面承认犹太人国家作为谈

---

① 内塔尼亚胡主要确立了自己的原则："以色列不能回到 1967 年边界线上，因为这条边境线是无法防御的，提出这种要求的人肯定没有经过深思熟虑……在过去 44 年中，这片区域的人口结构一直在发生变化。记住，在 1967 年以前，以色列只有 9 英里宽……这不是和平的边境线，这是反复爆发战争的边境线……因此我们不能回到那些无法防御的边境线上，我们将长期在约旦河谷保留驻军。" White House, Office of the Press Secretary, "Remarks by President Obama and Prime Minister Netanyahu after Bilateral Meeting," May 20, 2011 (www. whitehouse. gov/the – press – office/2011/05/20/remarks – president – obama – and – prime – minister – netanyahu – is-rael – after – bilate).

② White House, "Remarks by the President at the AIPAC Policy Conference."

③ "Letter from President Bush to Prime Minister Sharon," April 14, 2004 (ht-tp：//georgewbush – whitehouse. achieves. gov/news/releases/2004/04/20040414 – 3. html).

判的目标。然而，奥巴马在两次讲话中都未提及设立一个机制以便政府能落实他提出的准则。没有派遣特使同双方进行协商；没有邀请双方以这些条款为基础重开和谈。相反，奥巴马下令任何政府官员不得与任何一方接洽。

反而是中东问题四方特使托尼·布莱尔和欧盟外长凯瑟琳·阿什顿被授权代为试探巴以双方是否愿意以奥巴马的讲话为基础重开和谈。然而由于上述二人均无法代表美国，因此双方都没有认真回应他们。内塔尼亚胡和阿巴斯都明白，奥巴马已经放弃努力了。在总统看来，推进中东和平进程要等到自己连任成功后，也就是 2013 年。

没有什么比奥巴马 2011 年 9 月在联合国大会上得讲话更能体现这一点了，正是在前一年的联合国大会上他提出了巴勒斯坦作为联合国成员的想法。在此之前，他已经在美国－以色列公共事务委员会的讲话中表明，自己将反对任何试图通过联合国承认巴勒斯坦国家地位的提案。现在他更是明确地指出美国只支持双方通过直接对话解决争端，并谴责了所谓的联合国"捷径"。他强调会对以色列的安全负责，这听上去十分符合他作为争取连任的总统候选人的身份。他并未像两年前在开罗那样详细论述巴勒斯坦人的遭遇，而是细致地叙述了以色列人的苦难，赢得了以色列和美国犹太社团领导人的一片赞誉，但在普遍同情巴勒斯坦人的整个国际社会中反响一般。[①]

此时在纽约的幕后，奥巴马的外交家们做了大量努力，试图阻止阿巴斯向联合国秘书长提交申请让巴勒斯坦加入联合国，但并没有取得什

---

① 奥巴马假装自己是在传播真理，他告诉与会的各国领导人："让我们扪心自问：以色列被一群多次发动战争试图消灭自己的邻国包围着。以色列民众因住所受到火箭弹袭击或自杀式汽车炸弹爆炸而丧生。以色列较大一些的孩子们都知道，整个地区的其他孩子们都被教导着去恨他们。以色列是一个小国，人口还不到 800 万，它正关注着世界上那些比它大得多的国家是否打算把自己从地图上抹去。犹太民族遭遇了长达几个世纪的流放和迫害，他们对于 600 万同胞仅仅由于种族的原因而遭到杀害记忆犹新。这些都是事实，是无法否认的事实。"见：White House, Office of the Press Secretary, "Remarks by President Obama in Address to the United Nations General Assembly," September 21, 2011（www. whitehouse. gov/the－press－office/2011/09/21/ remarks－president－obama－address－united－nations－general－assembly）.

么效果。布莱尔与阿什顿也曾试图说服各方发表一份四方声明，至少为重开和谈打下一定的基础。然而最终内塔尼亚胡只接受了总统提出的划界原则（以 1967 年停战线为基础并考虑换地补偿），如果阿巴斯同意接受"犹太国家"作为谈判的目标。而阿巴斯只有在谈判期间完全冻结定居点的修建他才能接受这样的语句。看到支持巴勒斯坦能让美国付出代价这个机会，俄罗斯外长谢尔盖·拉夫罗夫也反对在四方声明中提及犹太国。

没有总统本人的积极参与，就无法破解这一混乱的局面。但奥巴马不愿意在该议题上花费更多的国内政治资本了，他拒绝重新考虑修建定居点问题，而且他反对阿巴斯在联合国采取的行动也给问题的解决设置了新的障碍。最终，四方声明并未提及总统在 5 月 19 日讲话中提出的那些原则；只是提出要为和谈设立一个时间表，而两国从各自的长期经验看都知道这不会达成。① 这就是奥巴马任内中东和平进程的结局：没有重大进展，只有一份不痛不痒的四方声明。

结　论

奥巴马为解决巴以争端付出的努力结果以惨败告终。批评家们一致认定总统所犯的错误就是过于关注全面冻结修建定居点计划，而这是根本不可能实现的。毕竟，先前巴勒斯坦方面在对方没有完全停止扩建定居点的情况下同内塔尼亚胡和其他以色列总理举行过会谈。批评家们认为，正是奥巴马的坚持使阿巴斯离开了谈判桌，因为后者不能让人看到自己接受比美国总统要求的还少的以色列的让步。正是由于过分关注这一点，让奥巴马浪费了大量的时间和精力，这是一个仅有四年任期的总统无法付出的。正是由于没能实现这个目标，奥巴马损害了美国作为冲突调解人的信誉，冲突它与其他一些国内国际问题混杂在一起损害了"美国的招牌"。

然而，奥巴马提出这样的要求是有一定道理的，对修建定居点加以

---

① United Nations，" Quartet Statement，" September 23，2011（www. un. org/News/dh/infocus/middle_ east/quartet－23 sep2011. htm）.

限制能够改善会谈气氛，减少巴勒斯坦方面对于以色列意图的怀疑。在重启对话解决冲突的大背景下，他要求冻结包括"自然增长"在内的修建定居点活动既不是没有先例的，也不是不切实际的。乔治·米切尔受比尔·克林顿总统指派领导国际调查团调查巴勒斯坦人起义时，这曾是他的核心建议之一。① 这一建议后来写入了小布什于 2002 年 10 月提出的"和平路线图"的第一部分，作为以色列应尽的义务，时任以色列总理的沙龙接受了这一点。② 巴勒斯坦行政当局则在打击恐怖分子、捣毁恐怖分子巢穴上负有相应的责任。在小布什的监督下，巴勒斯坦方面在约旦河西岸地区在反恐方面的工作卓有成效；因此奥巴马有理由期待以色列方面兑现诺言，停止修建定居点的行动。参与早期巴以和谈的美国外交人员在回顾往事时都会提到，阻碍中东和平进程推进的最大障碍之一就是定居点问题，因为它会从根本上动摇巴勒斯坦对以色列的信任，对于其最终是否愿意放弃那些正在修建定居点的区域表示怀疑。梅纳赫姆·贝京（Menachem Begin）曾同意冻结修建定居点计划三个月；伊扎克·拉宾（Yitzhak Rabin）曾在约旦河西岸地区停建定居点达一年以上；埃胡德·奥尔默特（Ehud Olmert）曾答应小布什不再修建任何新的定居点。

　　另外，在 20 世纪 90 年代内塔尼亚胡就任右翼联合政府总理期间，比尔·克林顿曾试图说服他对修建定居点的行为加以限制，而内塔尼亚胡则利用了"人口自然增长"这一漏洞大规模扩建了约旦河西岸地区的定居点。奥巴马的两位亲密顾问拉姆·伊曼纽尔和希拉里·克林顿都在比尔·克林顿政府中亲身经历了这一事件，他们决定这次要堵上这个漏洞。因此，奥巴马在第一次同新当选的内塔尼亚胡会谈时就坚持完全冻结修建定居点行动，"人口自然增长"也不例外，这是由多种原因造成的。公平地来说，奥巴马、希拉里和米切尔他们已经成功地促使内塔尼亚胡同意一段较长时间的暂停修建定居点。

　　然而他们的失败就在于当奥巴马本着务实的精神让米切尔与内塔尼

---

① Sharm el Sheikh Fact – Finding Committee, "Mitchell Report," April 30, 2001 (http：//eeas. europa. eu/mepp/docs/mitchell_ report_ 2011_ en. pdf) .

② George W. Bush, "Rose Garden Speech on Israel – Palestine Two – State Solution," June 24, 2002 (www. americanrhetoric. com/speeches/gwbushtwostatesolution. htm) .

亚胡举行会谈，不再要求以色列方面完全冻结包括"人口自然增长"在内的修建定居点活动，但却没有修改最初声明的目标。就像阿巴斯反复解释的那样，奥巴马提出的要求让他爬了一棵很高的大树，而米切尔提供的梯子（也就是暂停修建定居点）不够长，他下不来。

问题在最初就有所显现。2009 年 5 月，阿巴斯前往华盛顿，与奥巴马举行第一次会谈。他告诉《华盛顿邮报》，巴方将不会重返巴以和谈，除非奥巴马迫使内塔尼亚胡停止一切修建定居点的活动。[①] 8 月，阿巴斯在给总统的信中重复了这一立场。那个时候，米切尔已经得知内塔尼亚胡只会接受将东耶路撒冷地区排除在外，保留已经批复的修建新设施这些前提下的暂时停建定居点的提议。[②] 奥巴马批准了这一解决方案，尽管在访问沙特后他已经明白自己无法让阿拉伯人接受这些条款，就更别提阿巴斯了。[③] 在这个时候，奥巴马就需要调整方向，避免各方在定居点问题上陷入僵持，最终适得其反。这是他最喜欢采用的策略，与他在篮球场上获得的经验有关。事后看来，奥巴马本可以在发展谈判框架上做得更好，以便帮助内塔尼亚胡和阿巴斯在进入谈判时对结果有更多的自信。奥巴马不愿意依据现实对自己公开宣称的目标做出调整，

---

① Jackson Diehl, "Abbas's Waiting Game on Peace with Israel," *Washington Post*, May 29, 2009.

② Barak Ravid and Chaim Levinson, "US Says It's Closer to Israeli – Palestinian Talks," *Haaretz*, August 24, 2009 (www. haaretz. com/print – edition/news/u – s – says – it – s – closer – to – israel – palestinian – talks – 1. 282544).

③ 2009 年 7 月，沙特外长萨乌德·奥·费萨尔在华盛顿与国务卿克林顿举行了会谈，会后他公开驳斥了阿拉伯方面会主动做出姿态实现双方关系正常化的传言，并宣称："临时采取维护安全、建立互信的措施是无法带来和平的……我们认为让定居点合法化并不是建设性的举措。"U. S. State Department, "Remarks with Saudi Arabian Foreign Minister Prince Saud Al – Faisal," July 31, 2009 (www. state. gov/secretary/rm/2009a/july/ 126829. htm).9 月，萨乌德的兄弟、前沙特驻美大使沙特·奥·费萨尔王子在《华盛顿邮报》发表专栏文章："对于沙特人来说，在这片土地物归原主之前就采取步骤实现两国关系正常化不仅违背了国际法，也违背了道德准则。"他也明确拒绝了让沙特国王效仿萨达特访问耶路撒冷的想法，并认为："除非以色列应奥巴马总统的要求撤出全部定居点，否则国际社会就不应对沙特给予以色列所希望的地区认同心存幻想。我们愿意接受任何国家伸出的橄榄枝，但前提是他们必须放弃占领的阿拉伯领土。"Turki Al – Faisal, "Land First, Then Peace," *Washington Post*, September 12, 2009.

使得自己的理想与现实脱节。这正如他曾发表讲话畅想 2011 年联合国大会接纳巴勒斯坦加入的情形，但他最终不得不拒绝了这一想法。

这是奥巴马总统生涯的一个显著标志。在发表讲话时，他的言辞总是高瞻远瞩；但到了具体实施阶段，他的行动又很务实。这必然会引发矛盾，而他似乎无法解决。他愿意妥协的个性势必会使实际得到的东西比他原先许诺的要少，通常会少很多。然而他一般不会依据自己政府外交的实际收益调整先前宣称的政策目标，这必然会让人们失望。

这种矛盾在其他领域也有所体现。奥巴马奉行的原则导致他更偏向对阿拉伯世界的沟通，并拒绝取悦以色列公众。在开罗的演讲以及人们认为他不愿访问以色列使他很早就失去了以色列公众的支持。2009 年 7 月内塔尼亚胡第二次访问华盛顿，奥巴马接待他的方式给以色列人造成了总统不欢迎本国领导人的印象，加深了开罗讲话造成的隔阂。因此，他失去了对内塔尼亚胡的影响力，后者开始跟着民意走。以色列总理从痛苦的经验中得知，如果他与一位广受欢迎的美国总统搞僵，以色列公众会对他进行惩罚；但是如果他与一位不受欢迎的美国总统翻脸，那么以色列公众就会支持他，而这就是奥巴马很快在以色列人心中形成的形象。[①] 根据先前的经验，内塔尼亚胡在美国总统办公室斥责奥巴马应该会大大损害他在以色列公众中的形象；但实际情况恰恰相反，他的支持率反而上升了 10 个百分点。

---

① 2011 年 5 月，奥巴马在美国－以色列公共事务委员会发表了讲话，之后《耶路撒冷邮报》"史密斯调查"栏目组织了一次民意测验，参与者需回答在他们眼中奥巴马政府是更倾向以色列、更倾向巴勒斯坦还是保持中立，共有 600 名以色列犹太人参与了测验。最终结果，只有 12% 的人选择了"更倾向以色列"，而有 40% 的人认为"更倾向巴勒斯坦"；34% 的人说美国政府保持中立，还有 13% 的人没有表达自己的观点。作为比较，在 2009 年 6 月奥巴马发表开罗讲话后，只有 6% 的人认为他倾向以色列，50% 的人认为他倾向巴勒斯坦。见：Gil Hoffman, "Poll: 12% of Israeli Jews Consider Obama to be Pro - Israel," Jerusalem Post, May 27, 2011. 在《国土报》"对话"栏目组织的民意测验中，情况稍好，有四分之一的以色列犹太人认为奥巴马对以色列的态度较为友善，20% 的人认为他持敌对立场，43% 的人认为他"不带感情色彩"。然而 2011 年 9 月奥巴马在联合国大会发表讲话表明自己对以色列的遭遇感同身受之后，他在以色列的支持率上升到了 54%。Shibley Telhami, "2011 Poll of Jewish and Arab Citizens of Israel," Saban Center, Brookings (www. brookings. edu/reports/2011/1201_ israel_ poll_ telhami. aspx).

奥巴马总统有一大批了解内塔尼亚胡和以色利民众的幕僚：副总统拜登与他们打了几十年的交道；国务卿希拉里曾任纽约州参议员，那里有全美最大的犹太人团体，另外她还嫁给了一位在以色列颇受欢迎的总统；白宫办公厅主任拉姆·伊纽尔曼曾在以色列军队服役，他私人与以色列政坛保持着密切联系；乔治·米切尔在国会工作期间多年与以色列事务打交道；在国家安全委员会工作的丹尼斯·罗斯是奥巴马的中东事务顾问，他曾与内塔尼亚胡进行过亲密合作。以上所有人都建议奥巴马设法与以色列民众沟通，访问以色列或接受媒体专访都可以。可是总统在最终接受以色列电视台专访前的 18 个月里什么都没做；但更令人费解的是，他也没有访问以色列。

如果奥巴马成功地促使整个阿拉伯世界转而接受了以色列，那么这一切都可以被忽略或原谅。然而阿拉伯民众已经对美国领导人的空头支票深感失望。相比奥巴马与以色列之间拉开的距离，他们更关心的是他是否能利用美国和以色列的亲密关系（他们认为这是理所当然的）迫使对方做出让步，像他许诺的那样成立巴勒斯坦国。然而如果得不到以色列公众的信任，他就无法迫使以色列做出那些让步。当奥巴马未能履行承诺关闭关塔那摩监狱时，阿拉伯民众已经开始背弃他了。他曾发表讲话欢迎巴勒斯坦加入联合国，可是当他在联合国安理会否决谴责以色列修建定居点的提案并威胁将用同样的方式对待巴勒斯坦加入联合国的提案时，阿拉伯人对他已经不再抱有希望。这样一来，奥巴马就同时得罪了双方。

奥巴马是否能够履行自己的诺言，推动巴以和解既取决于美国总统大选，也取决于当地的情况。也许约旦方面为巴以两国开展预备对话所做的努力能为之打下基础。但是除非奥巴马愿意发展另一个理论，与愿意为和平甘冒风险的巴以两国领导人通力合作，保护必要的、痛苦的让步，否则第二次尝试的结果不会与第一次有什么不同。

第五章

阿拉伯之春

到了 2011 年 1 月，奥巴马总统在推动解决巴勒斯坦问题上表现的无能，他在阿拉伯和以色列两边受欢迎度的大大下降，再加上糟糕的经济形势和日益严峻的债务问题，使美国处于十分不利的境地，很难在充满变数的中东地区应对一系列难以预知的问题或者获得机遇。

最难以预知的莫过于席卷整个阿拉伯世界的革命，它始于 2011 年 1 月突尼斯齐纳·阿比丁·本·阿里政权被推翻。北非马格里布地区从来就不是美国中东战略关注的焦点。其中也有例外，比如当摩洛哥国王哈桑开始主导巴以冲突的解决时，以及当利比亚领导人卡扎非支持针对美国公民的恐怖袭击，还有发展核武器、之后又宣布放弃核计划时。马格里布地区对于美国的国家利益而言似乎是次要问题，相比之下中东其他地区则重要得多。

因此，当突尼斯的示威者在几天内就推翻了本地区最为专制的政权后，很少有人料想到会在中东其他地区造成大的涟波效应。国务卿希拉里·克林顿在突尼斯革命时讲话说，"我们的评估结果是埃及政权是稳固的，它试图通过各种方式满足埃及人民合法的利益诉求。"① 然而当数万埃及示威者受突尼斯同胞的鼓舞开始要求胡斯尼·穆巴拉克下台时，奥巴马总统开始密切关注当地局势的发展。

与次要的马格里布地区相比，埃及是美国中东战略利益的核心。在整个阿拉伯世界，埃及拥有最强大的军队和最广泛的文化影响力，此外还拥有古老的文明、单一的民族和长达 4000 年的集权统治史。每四位阿拉伯人中就有一位是埃及人。从地缘政治角度看，埃及横跨苏伊士运河两岸，坐落在三大洲的交界处，是美国极其重要的盟友。埃及和以色

---

① "Egypt's Unstable Regime," *Washington Post*, January 25, 2011.

列的和平协议已经成为维护地区稳定的基石，并为阿以和解打下了基础；只要和平协议仍然有效，其他阿拉伯国家就无法对以色列发动战争。因此，35 年来埃及一直是美国在该地区发挥影响力的支柱。而在其中的 30 年，胡斯尼·穆巴拉克就像一位法老那样统治着埃及。

作为一个超级大国，美国在全球各个地区发展了重要的利益和盟友；作为世界上民主国家的领袖，美国也将自己视为引导全世界受压迫人民走向自由的灯塔。每一位美国总统都必须在维护国家利益和推广国家价值观之间寻找平衡。然而在中东地区，自富兰克林·罗斯福起每一位美国总统都更倾向于维护国家利益。他们认识到该地区具有十分重要的战略地位，都低调处理美国的民主价值观。一位又一位的美国总统接受了与中东各国国王、酋长和军事领导人不言而喻的约定，他们希望这个动荡不安但又至关重要的地区能够保持稳定；作为回报，美国基本上随他们去，不对这些国家的内部事务进行干涉。

有一段时间，乔治·W. 布什并未遵照惯例行事。推翻伊拉克的萨达姆·侯赛因之后，他决定在中东地区推进"自由议程"。他的国务卿康多莉扎·赖斯 2005 年在开罗发表了著名演讲："60 年来，我的祖国美国试图以牺牲民主换取本地区的稳定，但最终我们什么都没得到。在整个中东地区，对自由选择的畏惧再也无法成为限制自由的借口了。"①小布什迫使穆巴拉克在政治上为埃及中间派和世俗力量留出一些空间，他一度成功地说服了穆巴拉克放松他的控制。然而当哈马斯在巴勒斯坦胜选后，小布什的态度发生了变化，美国的中东政策又回到了原先的轨道上。

贝拉克·奥巴马决心要与小布什拉开距离，在竞选期间他就清楚地表明自己不会在中东地区推进民主，至少不会像小布什那样做。他描述自己为传统的现实主义者，就像艾森豪威尔、肯尼迪、里根和老布什那样，而不是像小布什这样的理想主义者。在他阐述理想的演讲中很少提到"民主"这个词。在小布什总统放弃施压之后，穆巴拉克加大了对国内反对派的镇压力度，许多阿拉伯人都十分关注奥巴马在开罗的演

---

① Secretary of State Condoleezza Rice, remarks, American University in Cairo, June 20, 2005 (www. offnews. info/downloads/Document - 458. pdf).

讲，看他将如何处理此事。① 演讲中，奥巴马与小布什拉开距离，宣称："没有任何一国能够或应该把一种政体强加于他国。"尽管他声明自己主张人权，但他又说："实践这一诺言没有捷径可走。"

在 2010 年 5 月发布的国家安全战略白皮书中，有关在国际上推行民主和人权的章节被插在第 38 页，而这份白皮书总共只有 52 页。② 在提到民主和人权时，奥巴马解释了自己"与非民主政权有原则性地打交道"的方式。他的战略就是与他们一道反对恐怖主义、防止核扩散、发展经贸关系，但也会"为公民社会的实现和人与人之间更广泛的交流创造合适的条件"。如果对方拒绝，"那么我们必须领导国际社会通过公共外交或私人外交的方式，利用各类刺激性或抑制性因素，去改变压迫性行为。"这不完全是一项自由议程，奥巴马处理问题的方式通常既有进步性但又不乏务实精神，与独裁政权共事，而不是支持推翻它们的力量。

在伊朗当局残酷镇压了国内各地抗议总统大选被劫持的示威活动 9 个月后，白宫发布了这份白皮书。奥巴马在谴责伊朗的血腥镇压一事上犹豫，部分是出于想为双方继续交往保留一线希望，部分是出于不想印证示威者为"美国代理人"的指责。他并未认真尝试领导国际社会向伊朗施压，阻止伊朗政权进行血腥镇压。

埃 及 革 命

考虑到这一倾向和突尼斯在战略上无足轻重，本·阿里政权的迅速垮台对于奥巴马政府的影响十分有限。然而，1 月 25 日埃及各大城市都出现了大规模的游行抗议，抗议人群与警察发生了暴力冲突，持续数天。到了周五，也就是 1 月 28 日，警察已经无法用催泪瓦斯、高压水枪和鸣枪示警镇压示威者了，于是军队奉命开进了埃及的街道，埃及内

---

① Joel Brinkley and David E. Sanger, "Lacking Details, U. S. Is Cautions on Egypt's Plan for Open Vote," *New York Times*, February 27, 2005.

② White House, *National Security Strategy*, May 2010 (www. whitehouse. gov/ sites/default/files/rss_ viewer/national_ security_ strategy. pdf) .

务部发出警告将"采取果断措施"镇压示威运动。①

　　奥巴马在这一天呼吁埃及政府承认人民享有的"普遍权利",对他们的要求做出回应。然而在讲话的结尾部分,他宣布他打算与穆巴拉克政府一起努力,追求"一个更加公正、更加自由、更有希望的未来"。②

　　然而就在当局已经部署军队的当天中午举行的新闻简报会上,奥巴马的发言人罗伯特·吉布斯做出了十分不同寻常的举动:他呼吁埃及安全部队和军人"克制使用武力",并多次警告"我们将依据未来几天形势的发展重新考虑对埃及的援助"。③ 当被问及是否已告知埃及军方时,他说:"此事不仅已通过这个讲台,也不仅通过国务卿的口头评论告知埃及方面,而且五角大楼也已经与埃及军方沟通。"当被问及是否与总统商议过时,他做出了肯定的回答。

　　自1978年埃以和平协议签署以来,埃及军方接受了大批美国军援,培养了一支经过美式训练、装备美式武器的军队。目前美国每年给埃及的军事援助高达13亿美元。然而现在美国的将军们向埃及军队领导人传达了这样的信息:我们正密切关注局势的发展,如果你们向手无寸铁的示威者开火,那么依据美国法律我们将立即终止对你们的军事援助。④ 尽管此时美国媒体并未对此着墨很多(因为发布会是在周五中午召开的),但白宫和五角大楼发出的口头警告显然还是产生了效果。

　　三天之后的1月31日,第二天就是抗议活动的组织者发起"百万民众"游行的日子,埃及军方在电视上发表声明,军队将不会向示威者开火。军方公报说抗议者提出的要求是"合法的",并强调"应该保障人民通过和平方式自由表达的权利"。⑤ 这份声明标志着穆巴拉克政权

　　① "Egypt Warns of 'Decisive Measures' Ahead of Protests," *RFI*, January 28, 2011 (www. english. rfi. fr/africa/20110128 – egypt – warns – decisive – measures – ahead – further – protests).

　　② President Obama, remarks on the situation in Egypt, January 28, 2011 (www. whitehouse. gov/the – press – office/2011/01/28/remarks – president – situation – egypt).

　　③ Robert Gibbs, press briefing, February 28, 2011. 吉布斯随即解释,国防部长盖茨和参谋长联席会议主席、海军上将马伦都已将此事告知埃及相关人员。

　　④ Robert Gibbs, press briefing, February 28, 2011.

　　⑤ David D. Kilpatrick, "Mubarak's Grip on Power is Shaken," *New York Times*, January 31, 2011.

的一个重要支柱做出了关键性的选择。仅仅六天的大规模抗议就把埃及军队拉到了人民一边。这份声明不仅保证了言论自由，而且促使更多的人涌向街道参与到革命中，因为他们知道自己无需担心军队的行动。奥巴马立即对埃及军队的爱国热情和允许和平示威的举措给予了高度评价。① 从那时起，穆巴拉克实际上已经寿终正寝了。

　　随着解放广场的事件进展，奥巴马的适时介入使得这场运动没有演变成血腥的内战。埃及军队保持了自己的独立性——至少从理论上说可以帮助埃及走向民主，而军队本身也能继续为维护本地区的稳定、保障埃以和平协议的实施做出重要贡献，仍然作为中东地区"美式和平"的基石。在介入埃及革命期间，奥巴马尚未客观地做出判断，即使穆巴拉克与美国有 30 年的尽责的友谊，他已经结束了。在这之后，很快地，穆巴拉克握在手中的权力就分崩离析了。奥巴马无非是加强了埃及军队自身自保的本能，向其施压阻止他们进入这场斗争。

　　眼下，奥巴马的目标是和平过渡到一个民选政府。为了实现这一目标，他同意提议让穆巴拉克将权力转交给一位副总统（穆巴拉克在其 30 年的统治期中从未任命过副总统），在这位副总统的监督下对宪法进行修改，给世俗政党有组织的时间，最终进行民主选举。然而依照这种解决方式，穆巴拉克在名义上将继续担任总统一职，直到 9 月选举出新总统为止。与此同时，需要对宪法做出修改以保障选举的自由和公正。如果穆巴拉克在这之前下台，那么依照目前宪法的规定必须在两个月内举行总统大选。随后发生的一系列事件证明，奥巴马政府的担心是有道理的，仓促举行大选会让穆斯林兄弟会受益。该党派纪律严明、高度组织化，并已经参与到了游行示威当中。

　　1 月 29 日，穆巴拉克照计划解散了内阁，任命他的军事情报总监奥马尔·苏莱曼出任副总统。苏莱曼遵照奥巴马政府的建议开始与反对派领导人进行对话。1 月 30 日，美国国务卿希拉里出现在了周日主要的电视新闻直播节目中，阐明目标是实现权力的"平稳过渡"。然而要实

---

① President Obama, remarks on the situation in Egypt, February 1, 2011 (www. whitehouse. gov/the – press – office/2011/02/01/remarks – president – situation – e-gypt）.

现这一目标就需要穆巴拉克和苏莱曼率先接受这一方案。于是，奥巴马派遣资深外交官弗兰克·威斯纳前往开罗，他的使命是说服穆巴拉克公开声明他和他的儿子们都不会参加 9 月举行的总统大选。

20 世纪 80 年代，威斯纳曾出任美国驻埃及大使，他与穆巴拉克的友谊一直维持到了现在。然而两人会面时穆巴拉克虽然拒绝了奥巴马的提议，但显然他对此做了更多的思考。第二天，也就是 2 月 1 日，他向埃及民众宣布自己将不再寻求连任。① 他表示在 9 月举行大选前他不会辞去总统职务，在此期间他将监督宪法的修改，以允许独立候选人竞选总统。然而，穆巴拉克仍然使用了家长式的语调，数以十万计的示威者通过解放广场上的超大屏幕观看了他的演讲，没人相信他会像承诺的那样对宪法进行修改。显然，除了穆巴拉克立即下台之外，他们不会接受任何的解决方案。就在这天晚上，奥巴马与穆巴拉克举行了一次艰难的会谈，他未能说服后者加快修宪的进度。奥巴马选择自己在白宫发表电视讲话作为回应：

"我们所有人有幸取得一官半职，皆出自人民的意愿。众所周知，在过去几千年中，埃及发生过许多次变革。埃及人民告诉我们，他们需要另一次变革，就是现在。现在其他任何国家都不处在决定埃及的领导人的位置，只有埃及人民自己能做这件事。显然，就像我今晚对穆巴拉克总统说的那样，我相信实现权力的和平交接必须是有意义的、和平的，并且必须从现在就开始。"②

这似乎表明奥巴马已经下定决心，穆巴拉克继续掌权的时间越长，权力的平稳交接就越困难，即使宪法中有相关规定。他希望借此表明自己听到了并赞同示威者提出的要求，支持他们享有"普世的权利"，即民主和自由。③ 他的讲话有先发制人的意味，不仅触怒了穆巴拉克，也冒犯了他的朋友，即其他阿拉伯国家领导人。以色列领导人也对奥巴马

---

① Mark Landler, Helene Cooper, and David D. Kirkpatrick, "Mubarak of Egypt A-grees on Not to Run Again," *New York Times*, February 1, 2011.

② President Obama, remarks on the situation of Egypt, February 1, 2011.

③ 奥巴马说："埃及人民表现出的热情和尊严感染了包括美国人民在内的全世界的人，感染了所有相信人类自由不可剥夺的人。对于埃及人民、特别是年轻的埃及人，我希望告诉他们：我们听到了他们的呼声。"

总统看上去在要求穆巴拉克立即下台感到十分为难。

　　奥巴马总统本人直接介入了开罗街头的权力纷争。如果有人质疑他的动机，第二天奥巴马让其新闻发言人再次强调了发言内容。吉布斯坚持说总统希望权力交接"现在就开始"。① 随后他又补充道："我们所说的'现在'指的是昨天。"对于该地区的多数领导人来说，这听上去像是一位年轻的美国总统在对一位久负盛名的埃及老总统下命令，要求他立刻让位。

　　奥巴马似乎并未觉得他是在当众羞辱穆巴拉克，然而他很快就会感觉到了。沙特国王阿卜杜拉对此感到震怒，年轻得多的阿联酋王储也同样很不高兴。他们担心，如果奥巴马以为一些示威就能这样对待美国坚定盟友的话，那么当他们遭遇类似情况时奥巴马会怎么做呢？难道奥巴马总统不明白埃及爆发革命将帮助穆斯林兄弟会掌握政权、并最终把他们都赶下台吗？他们早已将自己的外部安全托付给了美国；然而现在看来，奥巴马总统似乎对普世权利产生了浓厚的兴趣，使美国对他们各自的国内安全产生了威胁。他们两人在一系列异常艰难的对话中向奥巴马总统清楚地表明了自己的感受。②

　　阿拉伯盟友的沮丧并未立即改变美国的政策，奥巴马决定站在历史正义的一边。他强烈地感受到，如果在后穆巴拉克时代美国还想塑造这个具有重要战略地位的国家，那么就要站在广场这一边，而不是王室。然而现在声明走在了政策之前：一周后克林顿国务卿还在强调实现权力交接"需要时间"，而白宫新闻发言人则继续坚持"权力交接必须从现在开始，不得拖延，不能逆转"。③

---

　　① Press Secretary Robert Gibbs, press briefing, February 2, 2011 (www. whitehouse. gov/the – press – office/2011/02/02/press – briefing – press – secretary – robert – gibbs – 222011).

　　② Mark Landler and Helene Cooper, "Allies Press U. S. to Go Slow on Egypt," *New York Times*, February 8, 2011.

　　③ 周末，威斯纳在慕尼黑安全峰会电视会议上发表讲话，其内容与实际政策产生了矛盾，他说："因此我相信穆巴拉克总统继续掌权是十分重要的，他有机会为后人留下宝贵的财富。"见：Helene Cooper and Mark Landler, "In U. S. Signals to E-gypt, Obama Straddled a Rift," *New York Times*, February 12, 2011; Robert Gibbs, press briefing, February 9, 2011; Ryan Lizza, "The Consequentialist: How the Arab Spring Remade Obama," *New Yorker*, May 20, 2011.

随后的几天里，每当穆巴拉克或他的副总统做了不符合声明的事，白宫很快就会公开做出回应。[①] 例如，2 月 10 日中央情报局局长莱昂·帕内塔出现在国会电视听证会，赶在穆巴拉克当晚安排的电视出镜前。当被问及穆巴拉克该做什么时，帕内塔说他希望埃及总统宣布辞职。但穆巴拉克并未按原定计划行事，宣布自己将继续担任总统一职，到 9 月大选后再交权。聚集在解放广场的示威者们被激怒了。

奥巴马立刻在白宫发表声明，表明自己理解埃及民众的迫切心情："我们相信埃及政权更替必须很快证明是不可逆转的政治改变，并且铺就一条通向民主的道路。"[②] 他重申了对埃及政府的要求，并特地问候了示威者："在这一艰难的时刻，我知道埃及人民会继续坚持下去，他们也一定知道还有美国这位朋友支持着自己。"

在 24 小时内，出于感觉到人民的愤怒情绪带来的恐惧，埃及军队迫使穆巴拉克辞职并前往沙姆沙伊赫。奥巴马于第一时间在白宫大厅宣布了这一消息。[③] 这不仅对埃及人民而言是一个历史性的时刻，对奥巴马来说同样如此，因为这场群众运动与他心中的英雄莫罕达斯·甘地和马丁·路德·金领导的非暴力革命运动之间存在着某种联系。奥巴马说："在埃及，是非暴力的精神力量……再一次把历史的轨迹扳向正义。"在这种场合下，他选用改编自己最钟爱的格言并非出于偶然。就像他说的那样，埃及人民成功地改变了自己的国家，"并因此而改变了世界"。这是他对自己总统任期的期许，在一个愉悦的瞬间确实如此。

奥巴马的公开表态让这一地区对当局不满的阿拉伯年轻人燃起了希望，他们认为奥巴马总统会同样公开支持他们对自由的追求。与此同时，由于抛弃了这位长期盟友，奥巴马触怒了中东地区其他一些坚持独

---

① 例如，2 月 8 日美国有线新闻网报道埃及民众已经为民主的到来做了充分准备，然而此时有暴徒冲进解放广场袭击了和平示威的民众，苏莱曼对报道提出了质疑。副总统拜登给苏莱曼打去了电话，之后白宫发表声明，复述了谈话内容，并列出了美国方面坚持要求埃及当局立即采取的措施。

② President Obama, statement on Egypt, February 10, 2011（www.whitehouse.gov/the－press－office/2011/02/10/statement－president－barack－obama－egypt）.

③ President Obama, remarks on Egypt, February 11, 2011（www.whitehouse.gov/the－press－office/2011/02/11/remarks－president－egypt）.

裁的盟国，他们对美国的可靠性产生了怀疑。在承认埃及革命时，奥巴马接受了"来自我们灵魂深处的对自由的渴望"这一说法。这很快使他在应对中东出现的乱局、平衡美国的利益和价值观时处于进退两难的境地。

巴林的例外

第一场考验几天后就来了。由于埃及在阿拉伯世界的地位和影响力，穆巴拉克的倒台激发了人们的热情，从西边的阿尔及利亚、摩洛哥到东边的也门、阿曼，抗议运动席卷整个中东地区。在巴林，示威者举行了名为"愤怒之日"的和平抗议活动，但立刻遭到了警察用催泪瓦斯和橡皮子弹镇压。奥巴马立刻做出了反应，敦促马德·本·伊萨·阿勒哈利法国王"在局势变化前走开"，在接下来的一段时间里，后者似乎听从了奥巴马的建议。① 然而两天后，在一次黎明行动中，警察袭击了露宿在该国主要交通枢纽——珍珠广场上的示威者。

当示威者试图夺回广场时，安全部队向他们开火。这导致反对派"伊斯兰民族和谐协会"的 18 名议员集体辞职并加入到抗议的队伍中。聚集在珍珠广场上的人群很快超过了 10 万人，占到该岛国总人口的五分之一。一些人要求国王解散政府并解除其叔叔担任的首相一职，因为后者占据这一职位已达 40 年之久；另一些人还要求推翻君主制政体。

在埃及革命遭遇类似情形时，奥巴马公开要求立刻进行权力交接。这次他却置身事外，他的发言人在公开场合表示"密切关注"，私下里与国王通电话希望对方保持克制。② 如何解释大国埃及和小国巴林的待遇如此悬殊呢？

答案就是巴林的邻国沙特阿拉伯，它是美国在阿拉伯世界维持影响力的另一根支柱。作为阿拉伯半岛上最大的国家，沙特也是世界上最重

---

① President Obama, press conference, February 15, 2011（www. whitehouse. gov/the – press – office/2011/02/15/press – conference – president）.

② "Obama Urges Bahrain's King to Show Restraint," Associated Press, February 19, 2011.

要的产油国之一，它也是唯一有能力通过调节产量稳定国际原油价格的国家。① 自 1945 年萨乌德·奥·费萨尔国王与富兰克林·罗斯福达成共识以来，沙特提供石油，美国军队负责保护王国的安全，护卫油轮在危险重重的波斯湾水域自由通航。这一相互理解到达顶点是在 1991 年，当时老布什总统派出了 50 万官兵把萨达姆·侯赛因的军队赶出了邻国科威特。然而 12 年后两国关系却来到了谷底，小布什总统推翻了萨达姆·侯赛因政权，为了推广民主还在伊拉克支持成立了什叶派政府。沙特是逊尼派世界的领袖，在他们看来阿拉伯世界的什叶派不过是他们的波斯主人的附庸而已。

在美国人看来似乎太简单了，但沙特人有足够的理由怀疑伊朗的意图，尤其是统治该国的宗教领袖们试图将自己的革命推广到整个阿拉伯世界，并在海湾地区建立起霸权。小布什强调在中东地区拓展民主只加深了沙特方面的焦虑。现在他们面对的是一位未能在巴勒斯坦问题上履行承诺的新总统，后者似乎把小布什的自由议程从巴格达带到了开罗。在沙特看来，小布什的自由议程已经在伊拉克造成了无可挽回的损失，而奥巴马的所作所为更使整个地区陷入动荡。

对于白宫对待穆巴拉克的方式，阿卜杜拉国王已经直接向奥巴马表达了自己的不满。在他看来，美国应为随后发生的动荡负责。尽管他明白自己治下的这个极度保守的正统宗教国家需要政治改革，但他坚持一切都必须从缓。受过西方教育的沙特中产阶级提出了一系列世俗化的要求，如果国王推行的速度过快（尤其是在实现男女平等上），就会激起瓦哈比教派原教旨主义者的强烈不满，最终受益的将是基地组织及其推行的反美事业。② 因此，他不愿意支持任何可能的持异议者。在埃及爆发动乱之初，他采用"走在人民前面"的战略，向国民提供了价值 370 亿美元的住房和就业的一揽子福利。当沙特周边的几乎所有国家都开始

---

① 沙特的石油开采量大约在每日 300 万至 350 万桶之间，占欧佩克组织每日石油开采量的 77%，如果欧佩克决定削减开采配额，那么沙特所占的比例会更高。（www. theoildrum. com/files/OPEC_ June2011_ Graph_ 3. png）.

② 沙特国王推行世俗化有多慢从他 2011 年 10 月的讲话中可见端倪，他宣布在下次地方选举中将给予妇女投票权，也就是 2015 年。

出现动荡时，国王又故技重施。①

　　沙特国王尤其无法忍受巴林的阿勒哈利法王朝被推翻。这一逊尼派家族已统治巴林长达两个世纪，而什叶派信众是该国的第一大群体，占到人口总数的60%以上。由于权利和机会的不平等，什叶派一直试图在一个有权利的议会拥有席位。为了满足他们的要求，2001年哈马德国王对宪法进行了修改，但在沙特的压力下无法实施。自那时起，沙特就一直十分关注当地局势，担心当地什叶派的叛乱将造成两大负面影响：一是叛乱会波及沙特石油储量丰富的东部省份，这个国家的什叶派信众主要聚居在那里，他们占全国人口的5%；二是伊朗会利用混乱局势通过其什叶派代理人控制巴林，在波斯湾阿拉伯半岛一侧获得立足点。

　　奥巴马有足够的理由考虑阿卜杜拉国王的担心，尽管美国政府没有发现伊朗干涉巴林的证据，而且即使伊朗想阻止埃及的革命也办不到。"阿拉伯之春"已经使油价飙升到90美元一桶的水平，而现在利比亚爆发冲突将很快使该国停止向国际市场供应低硫原油，这会把油价推向更高。一旦巴林的骚乱蔓延到沙特东部省份威胁到沙特的石油出口，市场就会陷入恐慌。据经济学家测算，石油价格每上涨10美元，美国经济增长率就会降低0.25个百分点，对于世界经济的影响也差不多是这个数字。由于美国经济复苏依然缓慢，奥巴马竞选连任的前景取决于经济增长带来的就业增加，仅仅是这一点就使他无法坐视沙特陷入动荡。这是一个利益高于价值观的经典案例，无论奥巴马内心深处是否渴望自由。这种现实主义的考量主导了奥巴马对待巴林反抗的态度。

　　因此，2月18日周五晚，在看上去军队和示威者将爆发大规模冲突前，奥巴马与巴林国王通了电话，敦促对方保持克制。第二天，王储萨勒曼·本·哈马德·阿勒哈利法下令军队离开广场，并提出与示威者举行对话。这使人们的革命热情冷却了数周，然而对话从未取得进展。包括总理在内的强硬派皇室成员迫使王储采取强硬立场。与此同时，伊斯

———————

　　① 在穆巴拉克倒台后的几天，约旦、也门、阿曼和巴林都发生了动乱，它们都与沙特接壤。在其邻国中，只有科威特未受影响，但该国40%的人信奉什叶派，他们在萨达姆入侵后就已经高度政治组织化。该国获得"解放"（引号为译者所加，译者注）后开始实行议会制，以感谢美国提供的帮助。

兰民族和谐协会的领导人开始担心他们会被示威者里的强硬派喧宾夺主，那些人坚持在对话开始前总理必须辞职。①

到了3月4日星期五，聚集在广场上的人已达20万，他们再次加码了诉求——这次他们要求国王下台。由于利比亚叛乱牵扯了很大一部分精力，在这段时间奥巴马没有为鼓励双方开展对话做过多的努力。然而到了3月11日，面对周五大规模的示威，国防部长罗伯特·盖茨赶赴巴林与国王进行协商。

巴林皇室与美国军队之间有着特殊的友谊，与他们的兄弟沙特一样，他们把美国军队视为自身安全的终极保障。自1971年起他们就为美国海军提供基地，1995年这个基地被改装成第五舰队司令部。因此，盖茨是与哈马德国王和萨勒曼王储进行坦诚对话的合适人选，因为作为国防部长，坐视巴林王国陷入动荡不会给他带来任何好处。会议持续了两个小时，据盖茨说，他告诉对方"一小步一小步"的改革无法平复人民的政治和经济积怨。②他同时告诫他们，拖延改革进程会为伊朗干涉提供机会，制造更大的混乱，引发派别冲突。他警告："时间对我们不利。"

站在美国的角度，敦促国王正视人民提出的合理要求对宪法进行修改是合情合理的。在阿拉伯世界爆发革命前，克林顿国务卿曾直接警告海湾各国领导人，他们将陷入局势动荡和极端主义的"泥沙流"，除非他们对本国的政治体制进行民主改革。③盖茨只是按照华盛顿设计的脚本帮助美国的海湾阿拉伯盟友能在邻国反抗升温的情况下生存下来。

然而沙特国王并不这么看。如果伊朗打算利用巴林的乱局，那么阻止它的唯一方法就是扑灭骚乱，而不是通过推行重大改革取悦什叶派示

---

① 长期遭流放的前什叶派反对党领导人哈桑·穆夏玛回到巴林后加码了示威者提出的要求，他拒绝与王室开展任何对话。

② 见：Elizabeth Bumiller, "Gates Tells Bahrain's King that 'Baby Steps' to Reform Aren't Enough," *New York Times*, March 12, 2011. 盖茨在会后告诉记者："我们表达的观点，目前没有证据表标明是伊朗策划了本地区的革命和示威运动。然而十分清楚的是，随着事态的发展，伊朗正设法利用目前的乱局制造新的矛盾，尤其是在巴林。"

③ Mark Landler, "Clinton Bluntly Presses Arab Leaders on Reform," *New York Times*, January 13, 2011.

威者。沙特国王已经为此制定了应急方案，动用本国和阿联酋的军队。现在他称病不见客，而此时盖茨和希拉里正赶往该地区。但是沙特国王通过其他渠道向奥巴马转达了明确的警告：如果美国试图削去巴林国王的权力，那么美国和沙特的关系将破裂。

3月13日周日，就在盖茨离开巴林的第二天，数以千计的抗议者进入麦纳麦的金融区，封锁了路口，阻挠警察的驱散行动。当天晚上，白宫再次公开敦促国王"与反对者举行和平而有意义的对话，不要诉诸武力"。① 但已经太晚了。切断金融区与外界的联系威胁到了巴林经济——银行业的产值占到该国国内生产总值的25%。阿卜杜拉国王决定采取行动。

3月14日周一，一支由1200名沙特士兵和800名阿联酋士兵组成的海湾合作委员会联军通过连接沙特与巴林的堤道进入巴林，部署在政府办公大楼、工厂和重要的基础设施的周围。在他们的支持下，巴林军队动用坦克和直升机驱散了聚集在金融区和珍珠广场上的示威者，另外还拆毁了高达300英尺的珍珠纪念碑，而珍珠广场正是因此得名的。据报道，大约有30名抗议者在武装镇压中丧生。之后展开的大规模拘捕行动逮捕了所有反对派领导人以及为伤者提供治疗和帮助的医生和医务人员。巴林进入了紧急状态，并在麦纳麦市区实施宵禁。

伊朗口头反应强烈，但它更愿意让什叶派阿拉伯人为自己的同宗兄弟冲锋陷阵，而黎巴嫩真主党和伊朗什叶派愿意这么做。在沙特东部省份，什叶派信众走上街头抗议，但保持了非暴力。沙特国王发表了电视讲话，感谢国民没有屈从于压力加入他们周围的抗议人群，并许诺将额外发放930亿美元！

而在遥远的华盛顿，奥巴马的发言人呼吁各方保持冷静和克制，强调要用政治手段，通过对话满足"全体巴林人民的要求"。希拉里在抵达开罗后，强调"任何一方"使用武力都是错误的，并呼吁开展对话。她说自己已经与沙特外长通了电话，并告诉对方使用武力"无法代替政

---

① Press Secretary Robert Gibbs, statement, March 13, 2011（www. whitehouse. gov/the – press – office/2011/03/13/statement – press – secretary – violence – yemen – and – bahrain）.

治解决方案"。① 值得注意的是，他们并未要求海湾合作委员会撤军，也没有要求巴林国王放弃武力镇压寻求和平的示威者的政策。

如果说软弱无力的公开批评于事无补的话，那么私下交换意见也不见得好多少。奥巴马给沙特和巴林国王打去了电话，向他们直接表明了自己的立场。就像新闻发言人描述的那样，会谈进行得十分艰难。奥巴马强调需要一个政治进程，把巴林引向"稳定，公正，更统一，对公民更负责"。而根据一位收到会谈简报的沙特官员说，阿卜杜拉国王的回答是："沙特阿拉伯绝不会接受什叶派在巴林掌权，绝对不会！"②

奥巴马把这项工作交给了国务卿，她公开"谴责"使用武力，并重申政治改革是解决巴林人民合法地位差异的唯一途径。③ "改革而非革命"，这成了奥巴马政府在公开场合的固定说辞。例如，2011 年 5 月 19 日，他就中东局势做了一次著名的讲话，宣称支持中东地区人民享有普遍的人权是美国的"首要考虑事项"。他批评巴林政府大量拘捕示威者和野蛮使用武力，重申与反对派开展对话是解决争端的唯一途径。奥巴马尖锐地指出："当一部分和平反对者仍被关押在监狱里的时候，是不可能有真正的对话的。"④ 三个月后，国王释放了反对派领导人，然而他并未应奥巴马的呼吁与反对派重启对话。

议会进行了补选，以填补 18 名在抗议活动中辞职的什叶派议员留下的空缺。但反对派抵制了这次选举，并斥责新当选的议员是当局的傀儡。与此同时，许多什叶派示威者遭到解雇，那些医生和护士由于照顾被警察打伤的群众而被判入狱服刑。国王建立了一个独立调查委员会，并许诺将落实委员为的建议，但至本书截稿时止，人民的诉求并未得到回应。就像奥巴马在 5 月 19 日的演讲中说的那样："总有些时候，我们

　　①　Secretary of State Hillary Clinton, remarks, with Egyptian foreign minister, March 15, 2011 (www. state. gov/secretary/rm/2011/03/158404. htm).

　　②　Helene Cooper and Mark Landler, "Interests of Saudi Arab and Iran Collide, with the U. S. in the Middle," *New York Times*, March 17, 2011.

　　③　Secretary of State Hillary Clinton, interview with Kim Ghattas, BBC, March 16, 2011 (www. state. gov/secretary/rm/2011/03/158444. htm).

　　④　2011 年 6 月，政府取消了紧急状态法案，8 月释放了反对派领导人和其他抗议者。然而全国性的对话并未开展。Jenifer Fenton, "Bahrain Emergency Laws Lifted after Warning against Unrest," CNN, June 1, 2011.

在该地区的短期利益与长期目标并不是完全吻合。"① 巴林国王抑制人民的"普遍权利"就是其中之一。

值得注意的是,奥巴马在 5 月 19 日的演讲中并未提到沙特阿拉伯,尽管他知道海湾合作委员会的军队仍然驻扎在巴林,事实上沙特国王在掌控巴林国王如何对付反对派。这里还有更重要的事情要谈。4 月 6 日,盖茨终于与阿卜杜拉国王进行了一次"十分和睦和亲切的会晤",国防部长承认他并未提及沙特帮助巴林镇压革命一事。②

一周后,奥巴马派国家安全事务助理汤姆·多尼伦访问利雅得,与国王进行了两个小时的会谈,并转交了总统的私人信函。这当然也是一次"极富成效"的会谈,双方达成共识,将携手平抑油价,处理正在恶化的也门局势,向叙利亚阿萨德政权施压,并应对他们共同的敌人——伊朗。③ 就像多尼伦的发言人说的:"此次对话强调了美国 – 沙特伙伴关系的重要性,因为双方有着历史性的密切联系,有许多共同利益。"双方只在一个问题上利益相左,那就是在中东众多的王国和酋长国中推行政治改革。而为了奥巴马在讲话中提到的"短期利益",美国政府似乎已经把这个问题置于一旁。

奥巴马的实用主义显露无遗。就在不久前他曾宣布在中东地区推进政治改革是他优先考虑的事项,但他把沙特排除在外。奥巴马不仅继承了几十年来美国总统的传统,在面对沙特时把利益置于价值观之上,而且还掩盖了美国与其最重要的现存阿拉伯盟友间的根本性分歧。

---

① President Obama, remarks on the Middle East and North Africa, May 19, 2011 (www. google. com/search? client = safari&rls = en&q = there + will + be + times + when + our + short – term + interests + don't + align + perfectly + with + our + long – term + vision + for + the + region&ie = UTF – 8&oe = UTF – 8).

② Secretary of Defense Robert Gates, media availability, Riyadh, Saudi Arab, A-pril 6, 2011 (www. defense. gov/transcripts/transcript. aspx? transcriptid = 4806).

③ NSC Spokesman Tony Vietor, statement on the national security adviser's visit to Saudi Arabia and the UAE, April 13, 2011 (www. whitehouse. gov/the – press – office/ 2011/04/13/statement – nsc – spokesman – tommy – vietor – national – security – advisor – s – visit – s).

利比亚的"幕后推手"

所幸，阿卜杜拉国王和奥巴马总统在如何对付那些麻烦的伙伴、甚至是共同敌人的阿拉伯国家领导人方面达成了高度共识。在沙特王室眼中，利比亚的穆阿迈尔·卡扎菲和叙利亚的巴沙尔·阿萨德一直以来都是阿拉伯世界的叛逆分子，华盛顿也有类似的看法。因此，当利比亚和叙利亚继埃及之后爆发革命时，美国和沙特在相关问题上很容易达成共识。这一点对奥巴马特别有利，因为他正努力寻找支持利比亚反对派和叙利亚革命者的方法。

考虑到西面是突尼斯、东面又与埃及接壤，利比亚势必深受两国革命的影响，尤其是穆阿迈尔·卡扎菲已经用专制且古怪的方式在那里维持了40年的统治。2011年2月17日，穆巴拉克倒台三天后，大批示威者走上班加西街头，抗议当局糟糕的人权纪录。警察当即开枪射杀了24名示威者，激起了武装叛乱。

几天之内，卡扎菲主要来自非洲雇佣军的安全部队与班加西、的黎波里、米苏拉塔叛乱者爆发了大规模冲突。随着死亡人数上升到200人，班加西落入了叛乱者之手。到2月底，卡扎菲失去了对东部多数地区的控制，其中包括艾季达比耶、重要炼油基地拉斯拉努夫和石油港口布雷加。他对此感到十分恼火，宣称要"逐屋逐户"处死抗议者。他的继承人、次子赛义夫·伊斯兰·卡扎菲用相似的口吻发出明确警告，政府将"战至最后一人，用尽一枪一弹"。随着冲突加剧，死亡人数迅速增加，意大利外长宣称已有上千名平民丧生。[①]

此前，利比亚根本没有出现在奥巴马的外交议事日程上。随着卡扎菲放弃核计划，并为1988年12月乘坐遭利比亚恐怖分子袭击的泛美航空103航班上的190名美国公民的家属提供全额赔偿，两国关系在小布什总统任内实现了正常化。与此同时，卡扎菲成为打击基地组织的有限的合作伙伴，因为伊斯兰圣战者的目标也包括他的政权。2006年，美

---

① Rachel Donadio, "Italy Says Death Toll in Libya Is Likely over 1,000," *New York Times*, February 23, 2011.

国重新开放了驻利比亚使馆，两年后国务卿康多莉扎·赖斯甚至访问了的黎波里。那个时候，卡扎菲告诉赖斯，自己"只是想自己待着，互不干涉"，只要他也继续这样与美国互动，就符合美国的利益。

奥巴马入主白宫时，对于这一讨厌的政权并没有什么可做的。美国石油公司认为在当地充满变数的不友好环境下很难做生意。欧洲人的境况似乎好一些，也许是因为两者在地缘上更为接近，欧洲人也更愿意融入当地。基本的事实是：只要卡扎菲依然我行我素，美国在这个石油蕴藏量丰富的北非沙漠国家就不会得到多少利益。然而随着卡扎菲与乔治·W. 布什总统关系的改善，他与沙特国王阿卜杜拉的关系反而显著恶化了。① 在 2009 年的阿盟会议上使两国和解的努力，以一场争吵和卡扎菲走出会场而告终。在几十年的统治中，诸如此类的古怪行为让卡扎菲疏远了多数阿拉伯国家领导人，这也让他在"阿拉伯之春"开始时显得尤为孤立。

因此，当 2 月 23 日奥巴马同自己的国家安全团队举行会议时，这是第一次利比亚被列入了议事日程。在会议前，奥巴马的发言人谴责了卡扎菲对抗议者施加的暴行，但与对待巴林一样，总统依然在这个问题上避而不谈，与他在埃及革命中采取的公开说教的态度截然不同。现在奥巴马指责卡扎菲采取的袭击是"骇人听闻、无法接受的"，然而此时奥巴马关注的焦点是撤出 600 多名美国公民，并"做好应对这场危机的各种准备"。② 在所有美国公民撤离利比亚前，他一直在谨慎地争取时间，以免对他们造成任何伤害。然而，他派遣外交人员前往联合国和欧洲，以影响国际社会的反应。就在最后一名美国公民乘飞机离开后，白宫立刻宣布对卡扎菲政权实施单方面制裁，冻结其在美国的 300 亿美元资产。奥巴马的发言人杰伊·卡内还宣布卡扎菲政权的合法性"已经荡

---

① 这一点十分奇怪，因为正是阿卜杜拉说服比尔·克林顿为实现两国关系正常化迈出第一步。然而在 2003 年的阿拉伯联盟会议上，卡扎菲曾因小布什入侵伊拉克一事对阿卜杜拉进行了指责，并骂对方是侏儒。随即他就卷入了暗杀沙特国王的阴谋。

② President Obama, on the turmoil in Libya, February 23, 2011（www. whitehouse. gov/blog/2011/02/23/president – obama – speaks – turmoil – libya – violence – must – stop）.

然无存"。①

　　然而不同于埃及和巴林，从利比亚爆发危机起，奥巴马就寻求一个应对卡扎菲暴行的多边反应。2 月 26 日，在美国的催促下，联合国安理会对利比亚实施武器禁运，并将卡扎菲提交国际战犯法庭以调查其战争罪行。2 月 27 日，联合国人权理事会开始对卡扎菲进行调查，并暂停利比亚参与协商。同样地，阿拉伯联盟各成员国一致同意暂停利比亚的会员资格。随着卡扎菲野蛮镇压的加速，他在地区内和国际上的孤立也加剧，奥巴马则利用了这个机会。

　　尽管如此，3 月 3 日，奥巴马的讲话更近一步，走在了国际社会的前面。他在白宫会见了墨西哥总统费利佩·卡尔德龙后，在新闻发布会上表示："穆阿迈尔·卡扎菲已经失去了统治的合法性，他必须下台。"② 这表明奥巴马再次对穆巴拉克采取了先发制人的方式，而这正是阿卜杜拉国王阻止他对巴林国王使用的。尽管这么做并不会再次触怒美国的海湾盟友，因为他们这次都对奥巴马的做法表示赞同，但这却公开了奥巴马总统寻求推翻利比亚独裁者的立场。

　　卡扎菲并没有屈服。三天之后，他的军队开始了反攻，动用了坦克、火炮、战机和军舰。在之后的几天里，政府军轻松夺回了拉斯拉努夫（Ras Lanuf）和布雷加（Brega），争夺米苏拉塔（Misrata）的主导权，并开始向班加西进军。这一系列事件导致一些国家呼吁国际社会在利比亚设立禁飞区，以保护那些卡扎菲声明要屠杀的平民。

　　随着伤亡人数的增加，反对派领导人恳求国际社会提供物资支援，在奥巴马总统和他的高级顾问之间爆发了一场令人吃惊的公开争论。一方面，国务卿克林顿宣布设立禁飞区一事"正在积极考虑中"，参议院外交关系委员会主席约翰·克里也认为采取这一措施是正确的，因为这一问题上，美国无法袖手旁观。另一方面，国防部长盖茨强调现在不是

① Press Secretary Jay Carney, press briefing, February 25, 2011（www. whitehouse. gov/the－press－office/2011/02/25/press－briefing－press－secretary－jay－carney－2252011）.

② President Obama and President Calderon of Mexico, remarks, joint press conference, March 3, 2011（www. whitehouse. gov/the－press－office/2011/03/03/remarks－president－obama－and－president－calder－n－mexico－joint－press－conference）.

美国在亚洲或中东地区卷入另一场战争的时候。当奥巴马面临更大的压力要求他采取行动阻止卡扎菲的部队向班加西进军时，盖茨的公开发言听上去就更刺耳了。盖茨在西点军校发表讲话，说任何一位决定在中东地区发动另一场地面战争的美国总统都应该"检查一下大脑是否正常"。他在国会听证会上指出，设立禁飞区就需要首先打击利比亚的防空，这是战争行为。①

奥巴马十分谨慎，他告诉自己的助手，美国的军事介入可能会给抗议带来不利影响，让人误以为这是美国指使的政变，而不是阿拉伯民众自发组织的反抗残暴独裁者的革命。政府从未在公开声明中提及本国在利比亚有任何利益值得采用军事手段进行干涉。然而，奥巴马让卡扎菲下台的公开主张，不禁令人质疑他将通过何种方式达到该目标。3 月 10日，口头声明和实现它的实际政策之间的差异显露无遗，白宫宣布将采取一系列步骤为反对派提供帮助并承认其合法性，然而这一切都不会改变国家情报总监在同一天公开承认的估计，即随着时间的推移卡扎菲政权"很可能获胜"。②

随着当地局势日趋紧迫，以软弱无效闻名的阿拉伯联盟做出了一个特别的举动。3 月 12 日，在沙特的领导下，该组织呼吁联合国安理会在利比亚设立禁飞区，以保护当地平民免受政府军伤害。考虑到阿拉伯世界对美国入侵伊拉克推翻萨达姆·侯赛因政权的厌恶，二十二个阿拉伯国家共同呼吁外部军事干预另一个阿拉伯国家实属罕见。

尽管阿拉伯世界已请求外部军事干预，但奥巴马仍然觉得勉强。在3 月 15 日的八国集团会议上，虽然法国和英国好言相劝，还是没有就军事干预达成一致。③ 俄罗斯和德国表示强烈反对，美国态度暧昧。但

---

① Defense Secretary Robert Gates, speech, West Point, February 25, 2011 (www. defense. gov/speeches/speech. aspx? speechid = 1539) .

② Director of National Intelligence James R. Clapper Jr. , remarks before the Senate Armed Services Committee, *Hearing to Receive Testimony on the Current and Future Worldwide Threats to the National Security of the United States*, March 10, 2011 (http: // armed – services. senate. gov/Transcripts/2011/03%20March/11 – 11%20 – %203 – 10 – 11. pdf) .

③ Steven Erlanger, "G – 8 Ministers Fail to Agree on Libya No – Fly Zone," *New York Times*, March 15, 2011.

是在数天内，卡扎菲的军队包围了西部城市米苏拉塔，重新夺回了艾季达比耶（Ajdabiyeh），除了一支衣衫褴褛、装备简陋的叛军之外，已没有任何东西能阻挡政府军进入班加西。在一次广播讲话中，卡扎菲清楚地表明了他将如何对待班加西的百姓："我们会逐屋逐院，一间房一间房地杀戮你们。一切都会结束。大局已定……我们会在壁橱里找到你们。我们不会有任何的怜悯和同情。"①

预感到一场人道主义危机即将在班加西上演，干涉主义者在华盛顿的争论中占据了上风。② 3 月 17 日，奥巴马指示驻联合国大使苏珊·赖斯设法通过决议，为军事干涉保护利比亚平民提供依据。然而由于此次干涉是出于道德准则而非国家利益，并且法国总统尼古拉斯·萨科奇和英国首相大卫·卡梅伦已经决定主导军事行动，奥巴马决定将此次干涉行动作为多边主义的试金石。他曾试图将多边主义推广到其他地方，以适应世界权力均势的变化。他声明美国军队只会在禁飞区设立之初承担主要任务，"不会有任何一名美军士兵踏上这片土地"。③ 在美军摧毁卡扎菲的防空体系之后，用了如总统限制的"几天而不是几周"，在该国有更大利益的北约其他成员国和阿拉伯联盟国家必须承担起责任。

令人吃惊的是，协商这样的多边行动通常需要耗费大量的时间，但联合国安理会第 1973 号决议的通过只用了数小时，俄罗斯和中国投了弃权票。该决议明确授权使用"一切必要手段保护利比亚贾马希里亚阿拉伯人地区的平民和大量居民居住区免受攻击，包括班加西地区"。毫无疑问，阻止可能造成数千利比亚平民丧生的大屠杀，阿拉伯联盟明确提出要求外部干涉，以及全世界对卡扎菲的蔑视，以上因素叠加在一起

---

① Mark Landler and Dan Bilefsky, "As U. N. Backs Military Action in Libya, U. S. Role Is Unclear," *New York Times*, March 17, 2011.

② 据媒体报道，干涉行动的主要支持者是苏珊·赖斯和萨曼塔·鲍尔斯，后者目前供职于国家安全委员会，她撰写的关于种族灭绝和干涉必要性的专著曾获普利策奖。希拉里·克林顿的态度一直十分矛盾，直到发生人道主义灾难之后，她才加入了赖斯和鲍尔斯的阵营。见：Helene Cooper and Stephen Lee Meyers, "Obama Takes Hard Line with Libya after Shift by Clinton," *New York Times*, March 18, 2011.

③ President Obama and President Funes of El Salvador, remarks, Joint press conference, March 22, 2011 (www. whitehouse. gov/the – press – office/2011/03/22/remarks – president – obama – and – president – funes – el – salvador – joint – press – conf).

促使各国愿意迅速采取行动。现在联合国安理会决定承担起"保护"利比亚平民免受其政府迫害的"责任",这是人道主义干涉的一个里程碑。而俄罗斯、中国、巴西和印度的默许则标志着现在国际社会对于奥巴马试图塑造的国际新秩序的其中一条根本原则达成了某种共识,尽管后来证明这只是昙花一现。

实际上,在向美国民众解释为何在利比亚动用本国军事力量时,奥巴马着重强调了在"面对威胁世界和平和安全的行为时"不能无动于衷,而没强调支持叙利亚人民争取普遍权利。他指着阿拉伯联盟和联合国安理会决议说:"这正是国际社会应该合作的样子,有更多的国家承担国际责任,分摊执行国际法的成本。"①

然而,联合国安理会 1973 号决议并未要求卡扎菲下台,因此奥巴马强调自己是在履行国际法与他常说的卡扎菲必须下台是矛盾的。同样的,他强调严格限制美国的介入程度则显示了理想目标与现实操作的距离。

不出所料,华盛顿那些更倾向于强硬的单边主义路线的人很快就指出这点。② 而当奥巴马的一位高级顾问将该战略命名为"幕后推手"时,这个距离就更加明显了。③ 奥巴马不愿寻求国会授权采取军事行动更加深了一些人的感觉,即奥巴马是在竭力避免给公众造成印象说他在中东地区发动另一场战争。但是他从未解释在不为反对派提供军事支持的情况下,他将如何迫使卡扎菲下台。

有好几次,看上去所有的努力似乎都要付诸东流,因为反对派缺乏组织性、没有经验,而卡扎菲的部队装备精良,同时反对派的领导层存在严重分歧,奥巴马还对北约使用军事力量施加了限制。④ 在那些时候,把卡扎菲赶下台看上去似乎是不可能完成的任务,参谋长联席会议

① President Obama, remarks on the situation in Libya, March 18, 2011 (www. whitehouse. gov/the – press – office/2011/03/18/remarks – president – situation – libya).

② Gabriella Schwartz, "McCain: Obama Waited Too Long in Libya," CNN, March 20, 2011.

③ Lizza, "Consequentialist," p. 10.

④ 例如,由于美国不愿向北约提供武装直升机,致使反对派大约有两个月没有得到近距离空中支援,直到法国和英国的装备运抵战区。

主席甚至公开警告战事有可能陷入"僵局"。① 这使人们对美国和北约信誉产生怀疑。要是奥巴马将目标定为保护利比亚平民，而让反对派武装赶走卡扎菲的话，就不会有这样质疑。

此外，反复轰炸卡扎菲的指挥控制中心，包括他在的黎波里的住所表明奥巴马试图用北约空中力量实现自己宣布的目的。这绷紧了联合国安理会决议形成的多边共识，加深了俄罗斯和中国的疑虑，他们认为西方有意放大联合国安理会决议中的模棱两可的语句，实际行动远远超出决议最初授予的范围。这一问题后来将严重影响奥巴马，使他难以获得中、俄两国的支持以对付另外两个中东"流氓"国家——伊朗和叙利亚。

还有其他意料之外的结果。沙特阿拉伯和海湾合作委员会其他成员国做了一个清醒的算盘，如果他们能帮助奥巴马在遥远的马格里布（Maghreb）推翻卡扎菲，那么后者就会减轻要求他们在各自国内推行政治改革的压力。阿联酋和卡塔尔派遣空军并动用其他资源支持北约和利比亚反对派开展军事行动，与此同时沙特领导的海湾合作委员会联军进入巴林，这绝非巧合。根据《纽约时报》报道，3 月 14 日国务卿希拉里和阿联酋外长阿卜杜拉·本·扎耶德（Abdullah bin Zayed）在巴黎举行了一次会谈，"希拉里向扎耶德施压要求阿联酋方面派出战机支援对利比亚的军事干预，同时也对阿联酋派遣军队镇压巴林示威者提出了批评"。②

尽管如此，奥巴马这次处理问题的道理无疑是正确的。卡扎菲的军队被迫从班加西撤退，暴行被制止了。随着时间的流逝，反对派的军事实力不断上升，卡扎菲的财源日趋枯竭，北约空袭显著削弱了卡扎菲军队的实力，高层人士的叛逃则标志着局势已经发生了逆转。叛军从东部的班加西一直延伸到西部山区，最终包围了的黎波里，切断了卡扎菲的石油供给。就在那个时候，经过长期筹划首都也爆发了起义，卡扎菲政权彻底崩溃。

---

① Rod Nordland and Steven Lee Meyers, "Libya Could Become Stalemate, Top U. S. Military Officer Says," *New York Times*, April 22, 2011.

② Cooper and Meyers, "Obama Takes Hard Line with Libya after Shift by Clinton."

最终，只用六个月的时间就证实了奥巴马的判断，即当美国在当地没有重要的利益时，推动利比亚人民的普遍权利需要多个国家的共同努力。[1] 就在 10 月 20 日宣布卡扎菲死讯的当天，他表示"暴政的阴影已经消散"，在这一过程中，"我们与利比亚友人和盟国并肩作战，证明集体行动在 21 世纪能实现什么"。[2] 在整个进程中没有一名美国公民丧生，据五角大楼估计美国总共只花费了 11 亿美元，为消灭阿拉伯世界最残暴的独裁者之一这个代价是轻微的。[3]

然而在此期间，奥巴马反复强调卡扎菲必须下台，但却要他人来完成这一目标，这再次彰显了他高调原则的言辞和他愿意付出的行动之间的鸿沟。这影响到了此后他应对另一场阿拉伯革命——叙利亚。

通向大马士革之路

利比亚和巴林都位于阿拉伯世界的外围，而叙利亚则占据着中心位置。巴沙尔·阿萨德总统的父亲哈菲兹·阿萨德依靠铁腕政策统治叙利亚长达 30 年，直到 2000 年 6 月去世，他生前喜欢吹嘘叙利亚为泛阿拉伯主义的心脏。这个资源匮乏、面积中等的国家拥有 2100 万人口，地理位置（与三大地区强国土耳其、以色列和伊拉克接壤）和意识形态的影响力决定了该国在地区事务中能起比它自身更大的影响。古老的首都大马士革在长达上千年的时间里一直是整个黎凡特地区的统治中心，其控制范围包括今天的黎巴嫩、叙利亚、约旦和巴勒斯坦。以色列成立后与其南部接壤，这一地理位置加强了叙利亚作为阿拉伯国家 – 以色列冲突前线国家的地位。

叙利亚的现代史始于 1946 年独立，1971 年前该国长期处于政治动

---

① President Obama, speech on Libya, March 28, 2011（www. whitehouse. gov/photos – and – video/video/2011/03/28/president – obama – s – speech – libya#ranscript）.

② President Obama, remarks on the death of Muammar Qaddafi, October 20, 2011（www. whitehouse. gov/the – press – office/2011/10/20/remarks – president – death – muammar – qaddafi）.

③ Jason Ukman, "Libya War Costs for U. S.：\$ 896 Million so Far," *Washington Post*, August 23, 2011.

乱和政变中。但是自 1971 年以来，阿萨德家族统治了叙利亚，在这个
逊尼派占绝大多数的国家建立起了阿拉维派政权。① 作为少数派的代
表，他们依靠紧急状态法、专制国家机器和复兴社会党（Ba'ath Party）
的统一意识形态维持统治。叙利亚复兴社会党是一个世俗的社会主义政
党。1981 年，穆斯林兄弟会在其大本营哈马市领导逊尼派穆斯林发动
起义反对现政权，遭到阿萨德镇压，几个月后彻底失败。在这一过程
中，大约有 2.5 万名平民丧生，之后叙利亚逊尼派蛰伏了几十年。

　　在哈菲兹·阿萨德去世、其子巴沙尔·阿萨德继位时，丝毫没有反
对的迹象，尽管后者除了家族名分之外没有任何资格获得政权。巴沙尔
推行了有限的经济改革以巩固自己的统治，这次改革的受益者是大马士
革和阿勒颇（Aleppo）的逊尼派商界精英（他自己的家族也因此受
益）。这位在英国接受过教育的年轻眼科医生也因承诺推行政治改革得
到了一些信任，但是在发动"大马士革之春"一年后，他亲手扼杀了
它，使其成为了一次短命的自由化改革。此后，阿萨德只是把改革挂在
嘴上，尤其是面对来自西方的客人，然而事实上他没有采取任何措施改
变自己的专制统治。

　　相反，阿萨德强化了与邻近的什叶派政权伊朗和真主党的联盟，把
大马士革变成了伊朗向阿拉伯心脏地带施加影响力、支持伊拉克的反美
武装的源泉——这都是在伊朗的推动下。两国在黎巴嫩也有共同利益，
尤其是在 2005 年 3 月发生"雪松革命"后，那次人民反抗迫使阿萨德
从该国撤出了已经在黎巴嫩驻扎了 30 多年的叙利亚军队。撤军无疑削
弱了叙利亚左右黎巴嫩政坛的能力。2011 年 1 月，就在突尼斯和开罗
爆发示威游行之时，真主党控制了黎巴嫩政府。通过与伊朗和真主党合
作，阿萨德最终重新获得黎巴嫩的控制权。大马士革长期以来也一直是
哈马斯、巴勒斯坦伊斯兰杰哈德（Palestine Islamic Jihad）和巴勒斯坦其
他抵抗组织与恐怖组织的大本营，表现自己对巴勒斯坦问题的意识形
态。随着哈马斯从巴勒斯坦建国运动中分裂出来并控制了加沙地带，巴
沙尔与在基于大马士革的哈马斯外部领导人加强了联系，这样一来就更

---

①　74% 的叙利亚人是逊尼派穆斯林，12% 信奉什叶派和阿拉维派，10% 是基
督徒，还有 3% 信奉德鲁兹派。

有利于他干预中东和平进程，帮助巴勒斯坦获得独立。

　　由于叙利亚在地区实力平衡中的中心地位，因此诱导阿萨德政权走向温和、脱离伊朗一方加入美国领导的和平阵营一直吸引着华盛顿的战略思想家们。① 哈菲兹·阿萨德一直很愿意玩这个游戏，他明白保持改投其他阵营的可能性能够提升他在双方的地位。保持叙利亚现有地位的关键是绝不倒向任何一方：他与伊朗和真主党的联盟是战术性的；与此同时他小心翼翼地维持着与以色列实现和平的可能性。

　　巴沙尔·阿萨德的政治灵活性不如其父亲，并更加倾向于加入激进派阵营。尤其令他的境遇变得更糟糕的是来自小布什政府的压力，他们更感兴趣的是颠覆大马士革政府，而不是与其和平共处。然而，巴沙尔使出了高明的一招，他接受了邻国土耳其总理埃尔多安伸出的橄榄枝，把过去的敌人变成了现在的伙伴。埃尔多安和外交部部长艾哈迈德·达乌特奥卢都试图通过穆斯林兄弟会让土耳其重新融入阿拉伯世界。当巴沙尔·阿萨德令叙利亚孤立于逊尼派阿拉伯世界之外时，土叙友好关系为他提供了"逊尼派砝码"以平衡其与什叶派伊朗的联盟，这对于稳定他统治占人口绝大多数的逊尼派有十分重要的意义。②

　　尽管自上任伊始奥巴马就把改善同伊朗的关系放在优先位置，但他也寻求与阿萨德接触。与过去的美叙关系一样，由于总统渴望解决巴勒斯坦问题，因而他是从中东和平进程的角度来看大马士革。当前参议员乔治·米切尔在关注巴勒斯坦方面动向的时候，他的副手弗雷德·霍夫正悄悄与阿萨德和内塔尼亚胡的助手一起努力工作，为恢复以叙和谈制定一个方案。然而，阿萨德坚持以色列必须先全部撤出戈兰高地，而内塔尼亚胡不愿意接受这一先决条件，于是谈判变得不可能。土耳其人同

---

　　① 亨利·基辛格为推进中东和平进程曾多次在大马士革和耶路撒冷之间做穿梭访问，他认为尽管没有埃及就不会爆发中东战争，但如果没有叙利亚就不会有全面的和平。与此相似的是，沃伦·克里斯托弗在比尔·克林顿政府任国务卿期间，一直致力于推动叙利亚和以色列签署一项足以改变整个地区局势的和平协议，他曾16次到访大马士革。

　　② 土耳其也从伙伴关系中获取了巨大的经济利益，因为叙利亚向其开放了原本封闭的市场。在2008年，埃尔多安有机会取代华盛顿成为叙以和谈的调解人奔走于阿萨德和以色列总理埃胡德·奥尔默特之间。然而在奥巴马就任总统前，这一切都化为了泡影，因为哈马斯在加沙地区挑起了冲突。

样无法提供帮助，就像先前撮合以色列总理埃胡德·奥尔默特和阿萨德失败那样，由于自 2008 年 12 月埃尔多安严厉批评以色列在加沙采取军事行动以来两国关系不断恶化，2010 年 5 月还发生了土耳其船队与以色列冲突事件。

尽管如此，奥巴马和克林顿还是希望寻求提升美叙两国双边关系的可能性，他们得到了参议员克里的支持，后者与巴沙尔及他接受过英国教育的夫人发展了关系。尽管由于支持恐怖主义美国对叙利亚的制裁仍在继续，但 2009 年 7 月奥巴马还是决定加快放松向叙利亚出售飞机零部件、信息技术和通信设备。2010 年 6 月，国务院组织了一个高级商务代表团访问大马士革，商讨高科技私营企业的合作事项，戴尔、微软、思科等公司都派出了代表。2011 年 1 月，在六年的"冬眠"之后，奥巴马指派美国大使回到了大马士革；罗伯特·福特履新之时恰逢北非爆发革命。

阿萨德一如既往地无视美国的举动，继续贯彻其既定方针，向黎巴嫩真主党提供了更多先进的火箭发射装置，未能兑现诺言进行政治改革，几乎在福特抵达大马士革递交国书同时完成了对贝鲁特的控制。①

在"阿拉伯之春"爆发之初，阿萨德十分自信地认为抗议运动不可能波及叙利亚。2011 年 1 月底，他罕见地接受了《华尔街日报》的专访。在访谈中，他自我标榜思想开明，推进了改革，并对那种担心革命会在本地区蔓延的看法不屑一顾，他说："我们所处的环境要比多数阿拉伯国家都困难，尽管如此，叙利亚还是保持了稳定。"为辩护根本不存在的改革时，阿萨德提出要用一代人的时间建立起民主制度。他声称"人民信仰伊斯兰教，他们有耐心"，似乎全然没有注意到发生在埃及和北非的革命。他断言，人民关注的是情况是否在改变，而不是改变的速度有多快。他声称，无论如何，人民最关心的问题都不会是政治改革。②

① Jay Soloman, "U. S. Deploys Tech Firms to Win Syrian Allies," *Wall Street Journal*, June 15, 2010; George Baghdadi, "Syria Signals US School in Damascus May Reopen," *CBS News*, April 17, 2010.

② "Interview with Syrian President Bashar al – Assad," *Wall Street Journal*, January 31, 2011.

　　显然，生活在叙利亚南部城市达拉（Dara）的民众对此有不同的看法。3 月 18 日，数以千计的民众走上街头，抗议当局逮捕和虐待那些在墙上喷绘反阿萨德标语的青少年。作为对此类事件回应的范式，阿萨德的安全部队朝达拉的示威者开枪，截至第二周共有 61 人丧生，这激起了更大的愤怒。与此同时，阿萨德在大马士革许诺推行一系列的改革，包括放宽对新闻报道和其他政党的限制，重新考虑紧急状态法。

　　在埃及革命中，抗议的人群聚集在开罗的解放广场上，最终达到了数百万。而叙利亚的叛乱则与此不同，它是由外围逐渐向中心地区发展。达拉的反叛迅速播散到叙利亚的其他边境城市，从黎叙边境的拉塔基亚（Latakia）到伊叙边境的库尔德人村庄，再到许多其他邻近的城镇。到 4 月中旬，已有数千名示威者在周五的祷告完毕之后举行例行的抗议活动，抗议活动遍布叙利亚全境的至少 20 个城镇，其中包括大马士革的偏远郊区。在大多数情况下，安全部队都会开火。4 月 22 日周五，就在阿萨德宣布取消紧急状态法的第二天，至少有 81 人丧生。

　　5 月，抗议运动蔓延到了叙利亚主要城市霍姆斯（Homs）和哈马（Hama）。行政当局的反应是动用坦克进行严厉的军事镇压，并宣称这是一次由原教旨主义者、恐怖分子、罪犯和走私者组织的武装叛乱。大赦国际组织记录在起义开始后的七周内有 580 人丧生。还有上万名叙利亚人遭到逮捕。[①]

　　与此同时，阿萨德在大马士革宣布开始与反对派举行"全国对话"，为制订新的选举法终结复兴社会党的专制保留了希望。5 月 31 日，他宣布进行全面大赦。6 月，叛乱蔓延到了土叙和以叙边境。在北部地区，叙利亚政府军动用武装直升机和坦克消灭在两个边境城镇的抗议者，第一次出现了战斗中有士兵叛变的报道。随着伤亡的节节攀升，

----

　　① 从哈姆扎·阿里·卡提德的遭遇就可知镇压的残酷程度。他是一位 13 岁的小男孩，因参加了 4 月底在达拉附近举行的一次抗议活动而被捕。一个月后，他的父母得到了他残缺不全的尸体。尽管遭到了当局的警告，他们还是把自己儿子的视频传到了 YouTube 上。根据一位看过该视频的人描述，"网上的视频显示他脸色青紫，遭到过殴打。皮肤上满是伤口，有切割伤、深度烫伤和枪伤，这些都会损害他的身体，但不会致命。他的颚骨和膝盖骨都已粉碎，据一位不愿透露姓名的人说，他的外生殖器也被切掉了。"Liam Stack, "Video of Tortured Boy's Corpse Deepens Anger in Syria," *New York Times*, May 30, 2011.

数以千计的叙利亚难民越过边境进入土耳其，那里给他们提供了临时搭建的帐篷营地为避难所。

尽管如此，在东部，阿萨德还是兑现了自己的警告，即叙利亚面临麻烦会影响到整个地区的稳定。在他的鼓励下，数百名居住在叙利亚境内的巴勒斯坦难民在1967年"六日战争"纪念日这一天冲击了位于戈兰高地的叙以停火线。以色列军队向试图爬过边界的人群开枪，叙利亚政府声称有22人丧生，还有许多人受伤。此外，面对国际社会的不断施压，尤其是来自土耳其方面的压力，6月20日阿萨德同意与100名反对派领导人举行全国对话，以便就改革国家的管理方式达成一致。因为日趋残酷的镇压行动与阿萨德多次许诺的改革并不相符，此时已经有1000多人在镇压中丧生，在起义进入第四个月后抗议活动更是增加了。此时，阿萨德政权做出了一个莫名其妙的举动，从哈马撤出了军队和安全部队。哈马是叙利亚最大的几个城市之一，1982年哈菲兹·阿萨德在那里杀害了大约2万名逊尼派穆斯林，酿成了臭名昭著的"哈马惨案"。在随后几周内，哈马市民享受着难得的自由；然而好景不长，阿萨德此举旨在重新部署自己的部队。

到了7月底，随着穆斯林斋月的开始，阿萨德命令军队和安全部队进行他计划的决定性战役，彻底扑灭叛乱。他派出了数百辆坦克和数千名士兵。他们同时开进霍姆斯、拉塔基亚、哈马和戴尔泽尔（Deir al-Zour）等主要城市，坦克和狙击手任意开火，在逐屋逐户的搜捕中拘捕了数千人。至少有300名抗议者在行动中丧生，激起了国际社会的强烈抗议。哈马遭受严重破坏的场景——一天之内就有76人丧生——不禁让人担心在那里会发生另一场暴行。在拉塔基亚，坦克炮轰了一所巴勒斯坦难民营，据活动家们透露，部署在海岸线附近的叙利亚海军舰艇也开了火。

作为对国际社会强烈抗议的回应，阿萨德告诉联合国秘书长潘基文，所有针对反对派的军事行动都已停止，并邀请他派遣联合国代表团前往叙利亚展开调查。调查团来到哈马，受到了数千名示威者的欢迎。但他们刚离开，安全部队旋即开火。到了8月中旬，叙利亚安全部队在镇压各地周五祷告后举行的例行示威活动时开始任意开枪已成了习惯，伤亡人数超过了2000。联合国人权高级专员递交了一份罪行报告，控诉叙利亚政府犯下了反人类罪，包括即刻处决了 350 位已知的受害者。

　　连阿萨德的盟友都认为这么做太过分了。伊朗外长阿里·阿克巴尔·萨利希（Ali Akbar Salehi）和黎巴嫩真主党领导人哈桑·纳斯鲁拉（Hassan Nasrallah）都敦促阿萨德"尽快"回应叙利亚人民的合理要求。[①] 阿萨德通过电视节目表达了对于叙利亚危机即将结束的自信，并再次许诺要推动模糊的政治改革进程。

　　一边承诺实施改革，一边实行血腥镇压，这一政策贯穿了整个夏季和秋季，叙利亚示威者的死亡人数不可避免地突破了 3000 人，比卡扎菲在利比亚杀害的人要多得多。然而在叙利亚爆发革命后的前六个月里，奥巴马故意低调行事，这与他对待埃及和利比亚革命的态度形成了鲜明对比。奥巴马总统竭力避免就时局的变化公开发表意见，而他的新闻发言人也拒绝要求阿萨德下台。过了将近五个月之后，白宫才宣布阿萨德"失去了合法性"；又过了一个月，奥巴马才最终决定要求阿萨德下台。为何会拖延这么长时间？政府发言人很快解释说：利比亚是一个特殊的案例，必须立即实施军事干预避免一场人道主义危机。然而随着时间的流逝和伤亡人数的增加，这一解释显得愈发不合情理。

　　在考虑到战略利益时，两者的对比变得更加鲜明。卡扎菲控制下的利比亚对美国来说几乎不具有任何战略意义。相反，阿萨德控制下的叙利亚是伊朗的盟友，是黎巴嫩真主党和哈马斯的幕后支持者。大马士革为真主党得到越来越多的先进武器提供了渠道，并且是哈马斯境外总部的所在地。阿萨德统治下的叙利亚简直就是伊朗在阿拉伯－以色列中心地区挑战美国利益的前方基地。因此，叙利亚是美国利益和价值观相互吻合的罕见案例。帮助叙利亚人民摆脱残暴的独裁统治获得自由，也是对伊朗称霸中东野心的一次重大打击。为何奥巴马对于推翻阿萨德政权显得如此犹豫不决？

----

　　① 在 2011 年 10 月 23 日的专访中，艾哈迈迪·内贾德告诉法里德·扎卡瑞亚："我们说政府必须满足人民的需求和愿望，保障他们的安全和权利。这适用于伊朗、利比亚、叙利亚、欧洲、美国、非洲以及其他任何地区……我们将付出更大的努力促使叙利亚政府和其他各方达成谅解。"也可见：Nada Bakri, "Iran Calls on Syria to Recognize Citizens' Demands," *New York Times*, August 27, 2011.

　　原因就在于叙利亚和利比亚还存在其他的不同。首先，美国可用于影响叙利亚变革的手段十分有限。由于阿萨德支持恐怖主义以及在黎巴嫩压制民主，美国已经对叙利亚实施了广泛的单方面制裁。军事介入也不是可行的方案，因为叙利亚军队的战斗力较强，它是黎巴嫩真主党和伊朗的盟友，另外美国军队实际上已经介入了中东地区的三场战争。此外，不同于利比亚，美国驻叙利亚大使报告说反对派领导人明确提出不希望美国进行军事干预。① 由于事实上已经排除了实施"利比亚式"干预的可能，奥巴马决定不再像对利比亚那样，宣布政策目标——让阿萨德下台，却无法实现。这只会让以约翰·麦凯恩和乔·利伯曼为首的国会鹰派议员大肆攻击他的软弱以及不愿使用武力达到目的。他决定将制订政策的权力下放给外交官。

　　国务卿克林顿承担起这一挑战，但她也担忧政府言论与可实现的结果之间会有落差。她听叙利亚基督教少数派社团代表说，他们非常担心阿萨德政权垮台后自己的境遇。与叙利亚反对派举行会谈后，她更加担心了，因为他们虽然非常勇敢，但却极其缺乏组织性。"种种迹象表明，反对派正在发芽壮大"，她说，"但是反对派没有自己的大本营。我们愿意助一臂之力，但不知道该给谁。因此，促使反对派团结起来是我们提供鼓励和帮助的组成部分。"②

　　不同于利比亚，希拉里很早就发现很难形成国际社会的共识以采取强硬手段应对阿萨德政权。尽管主要的阿拉伯国家几乎都不认同阿萨德长期与他们的主要对手伊朗结盟的战略，但他们并不会支持在阿拉伯核心地带爆发的另一场革命。阿萨德的阿拉维派政权不会悄悄退出历史舞台，对此他们再清楚不过。在进退维谷之际，它很有可能实施一场大屠杀，并引发在各宗教派别之间的一场内战。

　　相似的是，土耳其为建立新型的土叙关系投入了大量精力，埃尔多安更愿意尽自己所能说服阿萨德停止暴力行动，推动真正的政治改革。比起阿拉伯国家领导人，他更不愿看到内战的发生，因为这会在土耳其

---

　　① Ambassador Robert Ford, interview with Christiane Amanpour of ABC's *This Week*, August 4, 2011.

　　② Secretary of State Hillary Clinton, interview with Scott Pelley, *CBS Evening News*, August 22, 2011.

南部边境与叙利亚接壤地区引发难民问题。奥巴马明白土耳其是向阿萨德施压的关键，因为该国拥有庞大而高效的军队，并与叙利亚有着漫长的边境线。于是，奥巴马与埃尔多安频繁通话，同意暂停向叙利亚施压，以便土耳其方面寻找机会说服阿萨德推行真正的改革。这成为奥巴马走在放弃叙利亚政权之路上的又一道门槛。

俄罗斯和中国带来最大的问题。两国对于美国及其北约盟友利用自己的默许扩展了对利比亚军事干预感到十分气愤，它们决定不让这一幕在叙利亚重演。莫斯科与大马士革关系密切，这是冷战时期社会主义同盟的遗产；俄国向叙利亚出售武器，而叙利亚允许俄国海军使用塔尔图斯军港。叙利亚是阿拉伯世界仅有的几个在苏联解体后仍与俄罗斯保持了关系的国家之一，俄罗斯不会抛弃该国转而支持西方干预。相反，俄罗斯人在联合国安理会反对了任何严肃行动，甚至还对阿萨德政权要求补充武器镇压示威者给予了积极回应。

有俄罗斯人做掩护，中国人得以回到了原先的立场上，反对国际社会中的干涉主义倾向。既然安理会常任理事国之间的分歧如此明显，此时恰好担任安理会非常任理事国的新兴地区大国南非、巴西和印度也都不愿意强烈谴责叙利亚。直到 8 月初叙利亚军队开始全面进攻哈马，唤醒了人们对于 30 年前发生在这座城市的大屠杀的记忆，安理会才最终就采取行动达成了一致。然而即使到了这个时候，安理会所能做的也不过是发表一份打了折扣的主席声明，谴责阿萨德使用武力镇压人民，呼吁他满足"人民的合理要求"。① 这一声明不具备任何联合国安理会决议的效应。

两个月后，面对持续不断的暴力镇压和出于对内战即将爆发的担忧，美国、法国和英国试图在联合国安理会通过决议，敦促国际社会施加更大的道德压力。欧洲人给决议案打了折扣，避免任何制裁叙利亚政府的印象，以确保中、俄两国至少会投弃权票。这一举措没能改变结果。中国和俄罗斯投了否决票，印度、巴西和南非弃权。国际社会非但没有用一个声音说话，反而向阿萨德政权传递了这样的信号：无论它使

---

① 主席声明的全文在 S/PRST/2011/16 号文件中（http：//daccess－dds－ny. un. org/doc/UNDOC/GEN/N11/442/75/PDF/N1144275. pdf？OpenElement）。

用什么样的暴力对待自己的人民，它都不会受到国际社会的干预。如果利比亚是世界各国采取一致行动支持建立国际新秩序的高潮，那么叙利亚就是低谷。奥巴马似乎并不愿意就此做些什么。

　　相反，奥巴马总统仍然保持低调，白宫方面小心翼翼地斟酌着总统声明的措辞，以免奥巴马的言辞超越任何一些他们认为实际上可以做到的。这些声明一边批评和谴责阿萨德的暴行，一边呼吁他停止施暴、推行改革，尽管显而易见他并不打算这么做。奥巴马5月19日的演讲颇为鼓舞人心，他宣称美国支持阿拉伯人民寻求自由的努力，尤其关注叙利亚人民的权利。然而他仍然保持了往常的程式性说法，尽管这次表达得似乎更为强硬："阿萨德总统正面临选择：要么领导这场变革，要么就让开。"①

　　可以预见，这几乎不会对正为生存而战的叙利亚政府产生什么影响。因此，奥巴马和克林顿开始采取有针对性的制裁。然而，由于错误地认为阿萨德可能愿意着手进行真正的政治改革，第一轮制裁只是施加在了他的追随者们身上，阿萨德的名字并未出现在黑名单中。更多的抗议者遭到杀害使得这种制裁方式难以为继，因此在5月18日，奥巴马在"阿拉伯之春"讲话之前，最终也将阿萨德本人列入了制裁的范围。

　　随着阿萨德继续进行残酷的镇压，奥巴马宣布这一切无法让人接受并要求阿萨德下台只是时间问题。然而，出于对口头表述和实际结果之间出现差异的担忧，美国政府需要为实现这一目标找到切实可行的方法。石油禁运就是一种不错的手段。美国没有从叙利亚进口石油，但叙利亚出口石油的90%都供应欧洲。欧洲的石油禁运可以令原本就因全国性骚乱而遭受重创的叙利亚经济雪上加霜。克林顿与英、法、德政府通力合作，在奥巴马表态之后共同敦促阿萨德下台，并且实施石油禁运。随着2011年7月下旬阿萨德命令坦克开进哈马并向示威者开火，计划开始实施了。就在那个时候，奥巴马宣布阿萨德执政的合法性已荡然无存，他说："阿萨德总统并非不可或缺，他绝对没有任何理由继续

----

① 　President Obama, remarks on the Middle East and North Africa, May 19, 2011 (www. whitehouse. gov/the – press – office/2011/05/19/remarks – president – middle – east – and – north – africa).

掌握权力。"

事态的最终转折发生在8月初,此前发生在霍姆斯、哈马和戴尔泽尔的一系列耸人听闻的暴行促使沙特国王阿卜杜拉召回了驻叙利亚大使,并要求阿萨德"停止杀戮机器,终止流血事件"。巴林和科威特也召回了各自的大使,埃及外长还警告阿萨德他正走向"不归路"。

奥巴马接受了土耳其总理埃尔多安的请求,在后者派外长前往大马士革为说服阿萨德停止残酷镇压做最后一次努力时按兵不动。但是,达乌特奥卢(Davutoglu)的提议遭到断然拒绝,于是奥巴马随即向阿萨德下达了"最后通牒",如果不能"立刻无条件地"终止暴力袭击,那么"接下来采取什么步骤就不用谈了"。

最终,到了2011年8月18日,联合国高级专员发布了一份报告,控诉阿萨德犯下的反人类罪行。当日,白宫也发表了一份总统声明,奥巴马在声明中宣称叙利亚的未来必须由它的人民决定,阿萨德总统的领导是失败的,出于对人民利益的考虑,"阿萨德总统下台的时刻已经到来"。[1] 该声明同时宣布冻结叙利亚在美国的一切资产,禁止从叙利亚进口石油,禁止美国公民与叙利亚政府有任何来往。

正如他一直在叙利亚问题上保持的低调,奥巴马并未在公开场合亲自宣读这份声明。他让国务卿向公众宣布这项新政策。在镜头前,克林顿宣布:"民主变革已经开始,到了让阿萨德下台的时候了。"[2] 为了避免外界施压要求以"利比亚式"的军事干涉为这一政策做后盾,她说:"叙利亚人民强烈希望其他国家不要干预他们的斗争,我们尊重他们的意见。"她指出,美国"一直保持言行一致",并详细说明了加大制裁力度以及其他各种多方手段孤立叙利亚政府的政策。

在此之后,英国、法国、德国、欧盟和加拿大领导人相继发表声明,要求阿萨德下台。一周后,他们也采取了相似的制裁措施,包括停止从叙利亚进口石油。几周后,土耳其也与阿萨德政权决裂,对其实施

---

[1] President Obama, statement on the situation in Syria, August 18, 2011 (www. whitehouse. gov/the－press－office/2011/08/18/statement－president－obama－situation－syria).

[2] Secretary Clinton, remarks on the situation in Syria, August 18, 2011 (www. state. gov/secretary/rm/2011/08/170673. htm).

制裁。伊斯坦布尔为叙利亚各支反对派貌似的联合提供了平台，还为土叙边境地区的武装分子提供庇护，以便组织起"叙利亚自由军"。①

　　制裁要取得明显效果显然还需要一段时间，使叙利亚逊尼派商界精英与政府决裂，而反对派组织起统一的政治联盟也需要时间。军队最终承受不了长期镇压本国人民而瓦解也需要时间。10月，已有一些迹象表明军队内部的叛变明显增加了；到年底，叛乱者已经开始袭击叙利亚政府军驻地。② 此外，让俄罗斯和中国认识到他们再也无法为阿萨德政权的暴政辩护也是需要时间的。③

　　与此同时，阿拉伯联盟在沙特的支持下首先威胁阿萨德政权，除非他停止对人民的杀戮，他们将实施制裁，并取消了叙利亚的成员国资格。与此相似，土耳其领导人也威胁如果不停止杀戮，将实施制裁，它还将动用军队建立一条人道主义走廊。但阿萨德故伎重演，一方面承诺采取克制态度，一方面继续推行血腥残酷的镇压。到了年底，死亡人数已经突破了五千。阿萨德一直与阿盟观察团玩着"猫捉老鼠"的游戏，后者试图说服叙利亚当局从爆发叛乱的各大城市撤出军队。

　　从某种程度上说，随着阿萨德"不是你杀我就是我杀你"的政策造成更多平民伤亡，他将完全陷入孤立，联合国安理会最终很有可能通过对其实施制裁的决议。但是，如果没有土耳其的军事干预，没有大批和平示威者向有组织的武装抵抗发展（同时带来伤亡人数急剧上升），很难说阿萨德政权会以什么样的方式倒台。尽管如此，美国的利益和价值观的汇合，将在推动叙利亚政权改变中继续。虽然根据目前的情形美国

---

　　① 埃尔多安总理告诉记者们："一周内，叙利亚反对派会在土耳其设立办事处。我告诉叙利亚总统巴沙尔·阿萨德，我们将允许土耳其境内的叙利亚反对派拥有自己的组织。我告诉他我们是一个民主国家，不会干预这些人的行动。"（www. hurriyetdailynews. com/n. php？n = syrian - opposition - to - open - office - in - tur-key - next - week - 2011 - 09 - 26）. 安卡拉方面加大对反政府势力支持的标志是，已叛逃的最高级别叙利亚军官承认他在土耳其南部。利亚德·阿萨德上校在土耳其《安纳托利亚报》上呼吁叙利亚境内各反对派武装团结起来，静候现政权的崩溃。（www. guardian. co. uk/world/2011/oct/04/bashar - al - asaad - syria）.

　　② "Cracks in the Army," *The Economist*, October 29, 2011.

　　③ Deborah Amos, "Russia Delivers Stern Warning to Ally Syria," *NPR News*, Oc-tober 7, 2011; Sui - Lee Wee, "China Warns May Be Losing Patience with Syria," Reu-ters, October 11, 2011.

不太可能进行军事干涉，但向阿萨德继续施压的方式还有很多，比如公开或秘密支持叙利亚反对派，比如与土耳其、沙特和欧洲共同采取行动。尽管叙利亚革命的轨迹将会漫长而又血腥，但阿萨德垮台似乎已是肯定的事，即使不会立即发生。

结　论

由于这一系列的革命是如此不可预知以及"阿拉伯之春"展现出的各种不同形态，其最终结果很难预料。因此，只有未来的历史学家才能评价奥巴马在应对这些震动中东地区的事件时表现是否得当。就目前来看，他妥善处理了骚乱和由此带来的紧张局势，并认识到这些革命并不针对美国，因而他影响其结果的能力十分有限。他显然帮助整个阿拉伯世界的民众提升了对自由和民主的渴望，保护了利比亚的平民，协助埃及、利比亚和也门人民推翻了不受欢迎的独裁者，并尽全力维护了美国在海湾地区稳定上的利益。在整个进程中奥巴马也犯下了一些战术性的错误，比如令穆巴拉克蒙受耻辱，未能在巴林推动有意义的改革，有关利比亚的言辞与现实之间存在落差，以及接下来对迫使阿萨德下台反应迟钝。然而从总体上看，奥巴马身上的现实主义很好地服务于他本性中的理想主义情怀。

但是，现在就评价这一切对美国在中东的战略影响还为时尚早。在埃及这个最具战略意义的国家，奥巴马维护军队的地位对于迅速开启民主化进程十分重要，但是把赌注都压在埃及军队上、期待其成为埃及民主的助产士也是有问题的。尽管武装部队最高委员会重申它将承担埃及的一切国际义务，包括与以色列的和平条约，但它在应对相互矛盾的街头政治要求以及保护少数派基督教信徒时显得力不从心。更糟糕的是，军方非但没有按照奥巴马在革命之初设想的那样实现权力的平稳交接，反而试图保留自己的特权，让其凌驾于宪法之上。

到了年底，武装部队最高委员会开始动用军队驱散聚集在解放广场上的示威者，而这正是奥巴马自革命爆发以来所竭力避免发生的事情。与对待穆巴拉克相似，白宫对此进行了指责。在一份紧急声明中，奥巴马呼吁埃及军方立即开始一个"完整的权力交接"，通过"合法的、包容性的方式"把权力交给一个民主的民选政府。① 使用"包容性"一词表明，美方希望武装部队最高委员会接受伊斯兰主义者进入有实权的民治政府。然而，穆斯林兄弟会在后穆巴拉克时代的第一次议会选举中获得了47%的选票，更为激进的伊斯兰原教旨主义党（Salafis）获得了另外25%的选票，这时"包容性"就有了另外的含义。

奥巴马在这个人口占阿拉伯世界四分之一的国家进行了一场豪赌。他认为，穆斯林兄弟会需要给自己的投票者们产生一些实质性的结果，因而他们不会在国内强制推行伊斯兰法和伊斯兰教习俗，而会更愿意巩固与美国的合作，保留与以色列的和平协议，从而保持稳定。奥巴马判断，尝试引导这一变化要比通过军事力量镇压对美国利益造成的伤害较小。他的政府现在为此做出了坚定的努力，比如指导武装部队最高委员会同穆斯林兄弟会打交道，以及向埃及提供经济援助帮助增加就业。然而，这是一次赌博。突然间，站在历史正义的一边就意味着认可在阿拉伯世界的美国战略基石位置可能要接受在民主选举中胜出的伊斯兰教政党的摆布，而这些政党从骨子里反对自由主义、世俗主义和犹太复国主义。

然而，大马士革作为伊朗的盟友摇摇欲坠这个战略上的意外收获已经抵消了美国与埃及战略关系的动摇。切断伊朗通过叙利亚干预阿拉伯—以色列心脏地带事务的渠道将使伊朗在战略层面上遭遇一次重大打击。国际社会的孤立以及国内的重重挑战已经显著削弱了阿萨德通过支持伊朗代理人黎巴嫩真主党继续控制黎巴嫩的能力。与此同时，随着穆斯林兄弟会影响力的扩大，哈马斯正急于脱离伊朗的势力范围加入埃及阵营，显著标志就是在国外的哈马斯领导人正撤出大马士革并不再接受伊朗的援助。

利比亚一直处于战略边缘地位。奥巴马以相对低廉的代价帮助利比亚人民推翻了残暴的独裁者，并避免了美国此后的责任。但是，间接的代价是高昂的。奥巴马多次要求卡扎菲下台，尽管联合国安理会决议对北约军事干预的授权并不包括这一内容，奥巴马借此使俄罗斯和中国都

---

① Helene Cooper, "For U. S. , Risks in Pressing Egypt to Speed Civilian Rule," *New York Times*, November 25, 2011.

确信了自己的担心：西方为了达到其目的总是歪曲联合国安理会决议。让他始料未及的是，俄罗斯、中国以及安理会中的新兴大国印度、巴西和南非都不再愿意支持默许对某个阿拉伯国家实施军事干预、推翻当地政府的新决议。现在要孤立位于阿拉伯心脏地带、战略地位重要得多的阿萨德政权就更加困难了。奥巴马试图在利比亚树立一个国际干预保护平民免受本国政府伤害的样板，被证明是短暂的。他将第一个承认，影响形成中的国际新秩序是一项艰难的工作。

与此同时在海湾地区，奥巴马对美国的利益与价值观的平衡可能很快就面临考验。沙特似乎已决定在本国缓慢推进政治改革，并将阻止邻国巴林的一切变革，为更大地区所有的国王和酋长们提供了一个可以参照的特例。① 这种构筑城墙以防止横扫整个阿拉伯世界的政治海啸的方法注定不是长久之计，尽管这些国王和酋长们在人民中享有的部落和宗教合法性要比统治阿拉伯其他地区的暴君和将军们高。

巴林的局势十分脆弱。只有落实"巴林独立调查委员会"的建议，国王和离心离德的什叶派民众才有可能实现真正的和解，该机构系统地记录了政府违背人权的行为。哈马德国王曾许诺落实这些建议，但遭到了担任总理的叔叔以及受沙特支持的其他皇室成员的强烈反对。如果巴林动摇了，那么沙特就很难阻止本国的什叶派民众追求平等的权利。

事实上，似乎没有一个阿拉伯威权政府能够长期抑制本国人民对于政治自由和责任政府的要求。民主的理念已通过有线电视和国际互联网越过边界传播到了阿拉伯世界，当它与高失业率或高不充分就业率结合到一起后，显然对阿拉伯君主国和阿拉伯共和国的年轻一代有着同样大的吸引力。最终，经济贿赂和警察国家政策都无法压制他们的渴望。

尽管沙特反对，约旦国王和摩洛哥国王还是认清了现实，试图推行重大政治改革，以使他们的国家走上君主立宪制的道路，建立拥有实权

① 在沙特提议下，2011年3月海湾合作委员会向巴林国王和阿曼苏丹提供了200亿美元用于收买持不同政见者。5月，海合会又对阿拉伯君主俱乐部的另外两名成员——约旦国王和摩洛哥国王做了类似的承诺。

的民选的立法机构。然而在海湾地区，各君主国都坚持效仿沙特模式，尽管这些年轻的统治者们都明白这种做法的局限性。他们也意识到沙特的政体是脆弱的，权力集中在国王和他年老体弱的兄弟们手中。而沙特王室的合法性在很大程度上取决于他们与原教旨主义瓦哈比派（Wahhabi）神职人员签订的契约，后者强烈反对推行即使是最基础的政治改革，比如给予妇女平等权利。①

奥巴马倾向于对"尚且可以"不加干涉是可以理解的，然而他做出服从"眼前利益"的决定很可能最终被证明是短视的表现，除非他能通过某种方式与阿卜杜拉国王签署一项新的条约。奥巴马要让国王相信，为邻国走向君主立宪制制定一个路线图是保全其国家和利益的最佳途径。这一过渡应首先在巴林完成，最终推向约旦和其他海湾阿拉伯国家合作委员会国家。阿卜杜拉过去曾愿意推动重要的改革。但是如果要说服国王采取这种战略，那么就必须让他知道奥巴马总统将提供安全保障。这样的协议在最理想的情况下都很难商榷，就更不用说在当前的环境下了，除非奥巴马总统和国王能重新建立起基本的互信。

"阿拉伯之春"从很多方面改变了中东地区的"游戏规则"。至少从目前来看，巴勒斯坦问题已经边缘化。美国和伊朗的战略对抗曾主导中东地区20年，如今已被什叶派和逊尼派的争斗所代替，伊朗支持一方，沙特和土耳其支持另一方。这种对抗在叙利亚、伊拉克和巴林都显现出来，有可能波及科威特，最终在沙特本身爆发。奥巴马撤走驻伊美军，在叙利亚问题和巴林问题上谨慎的表现，削弱了美国在这场争斗中的影响力。他将需借助土耳其和沙特的力量施加美国的影响。考虑到土耳其作为一个由温和的伊斯兰政党领导的世俗民主国家能起到的重要作用，奥巴马在与埃尔多安总理建立互信上用了很多心思。他也需要通过这样的努力与沙特领导人建立起关系。

在中东乱局之下，无论是推进和平进程还是推动政治改革都面临重重阻力，重塑历史是一件复杂而困难的事情。如果奥巴马不能令伊朗终

---

① 沙特王储苏尔坦王子于2011年10月去世，此时阿卜杜拉国王正在医院接受另一次手术。纳伊夫王子成为新的王储增加了改革的阻力，因为他十分保守，并且坚定支持与瓦哈比派神职人员的契约。

止其核计划，那么局面会变得更加难以控制，因为这将引发中东地区的核军备竞赛，或是挑起伊朗和以色列之间的战争。以上任何事件的发生都会波及整个地区，分散人们的注意力，拖延亟须进行的政治改革。接下来我们将讨论如何应对伊朗的核野心。

第六章

"流 氓 国 家"①

要塑造国际新秩序，奥巴马就必须制订一项战略，应对那些决定孤立于国际社会之外或挑战其规范和制度的国家。先前，帝国间的战争或各种意识形态的论战使国际社会这一概念充满了争议。然而，在早些年代，随着苏联解体、冷战结束以及全球化的开始，尽管难度并未降低，但围绕这些规范通过改革现有的制度或根据这些规范构建新制度以塑造一种国际共识的可能性已大大增加。如果引领国际新秩序的各国能共同努力说服所谓的"流氓国家"接受普遍的游戏规则，那么国际社会就能得到强化。这不仅是通过各国有了为同一个目标团结协作的经历，也是通过转变那些曾经与国际社会为敌的"流氓国家"。相反，如果改变或"演变""流氓国家"没有取得成功，那么国际秩序本身就将面临重大挑战，其根基也将受到动摇。

奥巴马同游离于国际体系之外的国家打交道的努力始于总统竞选时期。为了将自己与小布什和其他候选人区别开，他认为美国应该与那些持不同意见的国家打交道。然而，他在这个问题上的"假设"（theory of the case）更为本质的基础是他的宏伟目标——重塑历史的轨迹，让世界变得更加和平和安定。

奥巴马在上台之初就清楚地表达了自己的态度。在 2009 年 4 月的布拉格讲话中，他雄心勃勃地提出要建立一个"无核世界"，并公布了核裁军的四个步骤：降低核武器在美国国家安全战略中的地位；与俄罗斯谈判一项新的削减战略武器条约；在全球范围内禁止进行核试验，禁

止生产用于核武器的可裂变材料；强化《核不扩散条约》（NPT）。①

　　恰巧，正是伊朗和朝鲜这两个所谓的"流氓国家"由于其在核项目上表露出的野心对核不扩散体系构成了最严重的挑战。就在奥巴马宣誓就任总统之时，朝鲜已经退出了《核不扩散条约》，开始着手进行新的铀浓缩活动，为其发展核武器提供更为可靠的原料。伊朗仍然是《核不扩散条约》的成员，但是国际社会有充足的理由怀疑其真实意图，以至于国际原子能机构向联合国安理会提交了报告，并且后者已经对其实施了强制制裁。② 如果国际社会无法阻止伊朗和朝鲜的核计划，那么就将对核不扩散体系和核裁军进程造成无可挽回的伤害。事实上，上述两国将引发中东和东北亚地区的核军备竞赛，同时这也许是世界上最敏感的两个安全区域。

　　在布拉格讲话中，奥巴马表明了自己将如何应对这两个国家。就在他发表演讲的当天早上，朝鲜试射了远程导弹。就该国而言，奥巴马坚持认为："规则必须得到遵守，违反规则必定受到惩罚，言出必行，全世界必须团结起来阻止这些武器。"他预示了联合国安理会对平壤进行更为严厉的制裁。在谈到伊朗时，奥巴马指出该国尚未制造出核武器。他延续了竞选宣言和就职演讲的思路，"如果你松开紧握的拳头，我就会向你伸出友谊之手"，并强调自己希望与伊朗对话，并给它一个明确的选择：要么加入国际社会，拥有和平利用核能的权利；要么在国际社会中更加孤立，面临更大的压力。奥巴马认为这是一项公平的交易：只要伊朗认真履行对国际社会的"义务"，那么成为国际社会的正式一员就是其"权利"。

　　站在美国的角度看，这么做已经显得很有诚意了：只要伊朗和朝鲜接受国际新秩序的原则，那么美国与这两个国家的关系就能翻开新的一页。然而之后发生的事情证明这些并不足以消除它们的野心和疑虑，说服他们遵循美国倡导的规范。

---

　　① "Remarks by President Barack Obama, Prague, Czech Republic," April 5, 2009（www. whitehouse. gov/the－press－office）.

　　② "Factbox：U. S., EU, and U. N. Sanctions against Iran," Reuters, January 20, 2011.

伊　朗

在奥巴马入主白宫时，伊朗已经创下多次藐视国际社会的意愿的纪录。作为一个伊斯兰革命共和国，领导它的是一个神职人员占支配地位的政权，他们强烈反美，十分怀疑华盛顿的动机，宁愿与美国保持敌对关系。在美国的制裁下，这种敌意已经持续了 30 年。偶尔某一方也会做出和解的举动，但互相猜忌和各自的国内政治扼杀了每一次努力——这就像在夜间交错而过的两艘航船。①

2009 年 1 月，德黑兰的领导人显然对美国充满了敌意和猜忌。最高领袖阿亚图拉·阿里·哈梅内伊对美国根本不信任，认为两国和解毫无意义。20 世纪 90 年代，他曾扼杀了穆罕默德·哈塔米总统与比尔·克林顿总统实现两国关系正常化的努力。小布什在 2002 年把伊朗划入"邪恶轴心"，而哈梅内伊也乐意坚持原先的立场，对美国保持敌对关系。

马哈茂德·艾哈迈迪－内贾德继哈塔米之后成为伊朗总统，他的野心更大，试图挑战美国在中东地区的主导地位。2005 年 6 月，在他赢得大选之前，美国推翻阿富汗塔利班和伊拉克萨达姆政权已经为他创造了有利条件。美国这个"撒旦"免费帮助伊朗清除了两个邻国的敌对政权，改善了伊朗的战略环境。但取代这些政权出现在伊朗东西部边境的是 20 万驻伊和驻阿美军。出于对美国意图的疑虑，这给伊朗造成了新的威胁，应当被中和掉。同自己的盟国、位于伊拉克另一面的叙利亚合作，德黑兰得以同时鼓动什叶派和逊尼派在伊拉克发动叛乱，使美军疲于奔命，削弱了能力。华盛顿忙于战事，艾哈迈迪－内贾德随后利用伊朗同在伊拉克新一届政府中占主导地位的什叶派政党的关系，将其影响力扩展到巴格达。

与此同时，美国对伊拉克的干涉玷污了它在阿拉伯世界的声誉，为伊朗扩大影响力创造了适宜的环境。小布什坚持推行"自由议程"为

① 见 Kenneth Pollack, *The Persian Puzzle: The Conflict between Iran and America* (New York: Radom House, 2005).

伊朗利用美国设定的投票方式推进本国的事业提供了机会，哈马斯作为伊朗的代理人赢得了巴勒斯坦选举，随后控制了加沙地带。同时，艾哈迈迪－内贾德与叙利亚的巴沙尔·阿萨德的结盟，使他得以利用大马士革这一渠道支持黎巴嫩真主党控制黎巴嫩南部地区，其中包括向他们提供四万枚能打到以色列主要城市的火箭弹。德黑兰的代理人已经在以色列南部和北部边境露头，此外伊朗还获得了干预巴勒斯坦和黎巴嫩的能力，而这两个国家在中东地区是最为敏感的。毫无疑问，2006 年夏天黎巴嫩真主党对以色列挑起的战争以及 2008 年 12 月哈马斯紧随其后，这都提升了作为它们靠山的伊朗在阿拉伯世界的地位。

在同美国争夺中东地区主导权的同时，德黑兰还在继续推进核计划，囤积浓缩铀、发展弹道导弹、设计弹头以及建设秘密地下设施。在艾哈迈迪－内贾德看来，在小布什的"帮助"下伊朗正在成功地挑战美国对中东地区的主导权，并为保障阿拉伯的尊严和巴勒斯坦的权利提供了另一种选择——那就是通过暴力与恐怖主义，而不是谈判与妥协。这已经奏效了。一项在六个阿拉伯国家进行的民意测验表明，艾哈迈迪－内贾德比其他任何一位阿拉伯国家领导人都更受欢迎，其中包括伊朗的代理人、黎巴嫩真主党领导人哈桑·纳斯鲁拉，而且他肯定要比美国总统得到的支持率高。[①]

正当奥巴马提议与伊朗革命政权领导人接触时，艾哈迈迪·内贾德认为他们可以平等地这么做。在他看来，谈判并不意味着伊朗要屈从于美国主导的国际秩序；相反，谈判可以是讨论划分美国和伊朗在中东地区的势力范围，美国需承认伊朗在波斯湾的主导地位，并接受伊朗发展核武器的权利。每次到纽约出席联合国大会，艾哈迈迪－内贾德都会在"撒旦"的领土上展现自己的野心，在其盟国的首都加拉加斯、巴格达、大马士革或贝鲁特也是如此，这么做就是为了构建伊朗主导的国际秩序。虽然 30 年来伊朗方面一直断然拒绝美国总统提出的任何开展正式双边对话的提议，艾哈迈迪－内贾德说服了尚抱有疑虑的哈梅内伊，

---

① 见 Shibley Telhami, "Arab Opinion Polls, 2011" （www. brookings. edu/ ~/ media/Files/rc/reports/2010/ 08_ arab_ opinion_ poll_ telhami/08_ arab_ opinion_ poll_ telhami. pdf）.

目前伊朗实力处于强势，进行一场这样的对话是可以的。因此，2009年1月，伊朗总统给新当选的美国总统发去了贺信，为增加两国交流与合作打开了大门。他声明，"伊朗将欢迎尤其是中东地区的政策和行为做出重大、公正和实际的调整"。①

2月，副总统拜登公开扼要介绍了奥巴马的提议并表达了同伊朗进行对话的意愿，三天后艾哈迈迪－内贾德回应"伊朗准备参与对话"。然而，尽管表面上如此，奥巴马政府并不认为迎来了一个良好的开端。与伊朗展开对话是一回事，与艾哈迈迪－内贾德对话是另一回事。后者是极力否认大屠杀的全世界第一人，并多次威胁要将以色列从地图上抹掉。而在公开场合，奥巴马直接与伊朗人民对话；在私下里，他给哈梅内伊发去了私人信件；他的国务卿邀请伊朗政府参加一个有关阿富汗的安全峰会。他们对艾哈迈迪－内贾德的提议视而不见。

2009年3月，当伊朗人过着纳吾肉兹节庆祝新年到来时，奥巴马在一次特别讲话中向他们发出了公开呼吁。奥巴马特别提及讲话是对于"伊朗伊斯兰共和国"人民和领导人，这就意味着美国公开承认了伊朗革命政权。他赞扬了波斯文明，并认为美伊关系将揭开新的篇章，基于双方共同的价值观，而把相对不重要的分歧放在一边。为了达成他呼吁的"基于相互尊重的诚信的交往"，他表示只要伊朗准备承担应有的责任，美国就欢迎它重新回归国际社会。②

就在奥巴马发表公开讲话的同时，瑞士驻德黑兰大使向伊朗最高领袖阿亚图拉·哈梅内伊递交了奥巴马总统的信函，奥巴马总统在信中表达了美国对这个伊斯兰共和国的尊重以及他个人对两国重新建立外交关系的渴望。奥巴马显然展示了两国"在双边关系和地区事务中开展合作"的前景，为解决伊朗核计划的争议提供了方案，并提议两国开始谨慎地举行双边会谈。③

---

① 译自艾哈迈迪－内贾德的信件。*Washington Post*, November 6, 2008.

② Videotape, "Remarks by President Obama in Celebration of Nowruz," March 20, 2009（www. whitehouse. gov/the_ press _ office/Videotape－Remarks－by－The－President－in－Celebration－of－Nowruz）.

③ 见：Barbara Slavin, "Exclusive：U. S. Contacted Iran's Ayatollah before Elections," *Washington Times*, June 24, 2009.

等了一段时间，最高领袖终于在 5 月份做出了回应。尽管回信还是千回万转重复了伊朗遭受的难处，但它还是表示愿意直接与美国打交道。奥巴马从中得到了一些鼓励，他很快回信，就双边会谈的形式提出了建议，他期待两国将立即举行谈判。在等待回复期间，6 月 4 日奥巴马在开罗发表了针对穆斯林世界的演讲，再次传递了同样的信息。他重申希望双方超越过去、面向未来，"基于相互尊重的原则开展对话"，"不要给对话设置先决条件"。他强调自己最关心的事情是伊朗的核计划。奥巴马强调只要伊朗履行《核不扩散条约》规定的"义务"，它就有和平利用核能的"权利"。

伊朗以意想不到的方式回复了他。6 月 12 日，大批伊朗民众涌向投票站去选新总统。在一天之内，计票工作还在进行当中，政府就宣布艾哈迈迪 – 内贾德以绝对优势获胜，得票率为 63.8%。这一场看上去的被劫持的选举引发了持续数周的大规模抗议活动，成千上万的示威者堵塞了德黑兰市中心的街道，"绿色运动"对现政权构成了挑战。哈梅内伊和内贾德用野蛮殴打、大规模拘捕和狙击手开枪的手段对付示威者。大批有组织的巴斯基（basij）青年暴徒们骑着摩托车驱散人群，殴打抗议者。由于双方举行谈判的可能性依然存在，奥巴马对是否对此进行谴责犹豫不决。他公开解释说："尽管两国存在许多分歧，但仍然有合作的空间。"因此，最初他所能做的顶多是表达"深切忧虑"。这么做还有另外一个原因：奥巴马不希望有人谴责美国干涉伊朗内政；"绿色运动"的参与者私下告诉美国政府，如果总统对他们表现得过于热情，伊朗政府就可以诬蔑他们是美国的代理人而损害他们的信誉。

尽管如此，随着镇压的继续，"内心深处的奥巴马"似乎被激发了出来。6 月 20 日，他呼吁伊朗政府停止一切暴力行动，尊重人民的普遍权利。在埃及革命爆发的 18 个月前，他第一次在谈论中东问题时引用马丁·路德·金的话："道德世界的道路是漫长的，但它最终将通向正义。"① 然而，他还是将美国的角色限定为"见证者"。几天后，随着镇压的升级，他站到了伊朗示威者一边，并说"那些支持正义的人永远

---

① President Obama, statement on Iran, June 20, 2009（www. whitehouse. gov/the_ press_ office/Statement – from – the – President – on – Iran）.

站在历史正确的一边"。奥巴马最终还是表达了自己的愤怒，强烈谴责伊朗当局的"非正义行径"。① 作为回应，伊朗最高领袖对美国总统进行了公开指责。从那以后，奥巴马悄然放弃了开展双边对话的努力。

在阻止伊朗发展核武器上，奥巴马依然面临挑战。他一直认为与最高领袖进行对话不是很有可能，所以与此同时，他也在为更广泛的战略寻求国际支持，那就是为伊朗人的核计划提供一种选择。因为奥巴马明白，一旦伊朗拥有核武器将彻底改变现存的核不扩散体系，不是引来以色列的预防性打击，就是引发中东地区的核军备竞赛。这样一来对奥巴马建立国际新秩序的努力和美国至关重要的利益都将造成损坏，因此他必须制订一个双管齐下的战略。一方面，奥巴马将用以前使用过的欧盟"3＋3机制"（法国、英国和德国加上俄罗斯、中国和美国）试图与德黑兰就伊核问题进行谈判。另一方面，他要引导国际社会达成共识以防伊朗拒不履行其义务。

这种"双管齐下"战略的优势在于将联合国安理会五个常任理事国都包含在对话机制中，能够让俄罗斯和中国了解奥巴马真的愿意与德黑兰打交道。但不利之处就在于这么做把美国在海湾地区的阿拉伯盟友吓了一大跳，并让以色列更加焦虑。一方面，以色列人相信，伊朗人将在谈判中一直采取拖延战术，直到他们跨过核门槛。而在这一过程中，以色列将丧失发动武装袭击的机会。另一方面，海湾阿拉伯国家相信这位天真的美国总统将牺牲他们的利益以换取美伊协议，承认德黑兰在这一地区的主导权。海湾合作委员会曾多次提议派代表参加会谈，但遭到了断然拒绝，这更加深了他们的恐惧。

奥巴马优先考虑的是安抚以色列，这对他来说十分重要，因为以色列对伊朗核设施发动任何军事打击必然会把美国拖下水，这是他最不愿意看到的结果，因为在伊朗边境的驻伊拉克和阿富汗的美军已经面临诸多曝光和困难。2009年5月，在第一次与本雅明·内塔尼亚胡举行会谈时，奥巴马再次保证到年底他将对考量对话的进展设立一个最后期

---

① President Obama, opening remarks on Iran, June 23, 2009（www. whitehouse. gov/the_ press_ office/Remarks – by – President – Obama – and – Israeli – Prime – Minister – Netanyahu – in – press – availability）.

限。在公开场合，他驳斥了设定一个"人为的最后期限"的想法，但解释说："我们不会让对话成为无所作为的借口，让伊朗同时继续推进核计划……并部署核武器。"①

随后奥巴马总统命令他的国家安全事务团队加强与以色列各级官员的接触。由副国务卿吉姆·斯坦伯格和以色列副外长丹尼·阿亚隆共同主持的战略对话每年召开两次会议，此外双方还通过另外三种渠道进行更为频繁的交流：国家安全事务助理吉姆·琼斯每个月都和以色列国家安全顾问乌齐·阿拉德（Uzi Arad）举行会谈；参谋长联席会议主席麦克·马伦上将同样每个月都与以色列国防军总参谋长阿什克纳齐将军举行会晤；每隔一个月，国防部长罗伯特·盖茨就会与以色列国防部长埃胡德·巴拉克进行磋商。因此，尽管奥巴马和内塔尼亚胡的关系因双方在中东和平进程上的分歧而迅速恶化，但他们各自最密切的顾问还是就伊核问题保持着紧密联系。

通过这些交流以及两国之间越来越紧密的情报合作，以色列人逐渐了解了奥巴马政府的思路并试图施加自己的影响。这被证明对于整个进程来说十分重要。在情报层面，有报道说合作带来了名为"超级工厂"的电脑病毒。它严重削弱了伊朗离心机生产浓缩铀的能力，并把伊朗获得足够的武器级铀以制造几件核武器的时间延后了两到四年。这就为国际社会通过更为严厉、更具针对性的制裁动摇伊朗的决心提供了时间。② 以色列人也帮助发现了伊朗经济的弱点并进而采取有针对性的制裁措施。美国和以色列也共同制订了方案，试探伊朗推进核计划的目的。这一方案比预想的更快派上了用场。

同时，奥巴马把安抚海湾地区盟友的任务全部交给了美国军队。他在 2009 年 6 月与阿卜杜拉国王发生不愉快后，他似乎有意躲着这些君主。相反，盖茨和时任美国中央司令部司令的大卫·彼得雷乌斯将军倒是采取了一些安抚措施，比如部署高级爱国者防空系统保护海湾国家免

---

① President Obama and Israeli prime minister Netanyahu, remarks (www. whitehouse. gov/the_ press _ office/ Remarks - by - President - Obama - and - Israeli - Prime - Minister - Netanyahu - in - press - availability).

② 见：Kim Zetter, "How Digital Detectives Deciphered Stuxnet, the Most Menacing Malware in History," *Wired*, June 11, 2011 (www. wired. com).

受伊朗导弹的袭击，以及加强具备反导能力的美国战舰在海湾地区游弋。而说服哈梅内伊开展双边对话的努力几乎还没开始就已经失败了，这一事实也让海湾国家感到安心。

然而，奥巴马在这方面取得的最为重要的外交成果也许就是俄罗斯。为了修补前任造成的裂痕，他在出席伦敦20国集团峰会期间于2009年4月1日同俄罗斯总统德米特里·梅德韦杰夫举行了首次会谈，会后他宣布美俄双边关系将"重新开始"。这在之后被称为美俄两国关系"重置"，奥巴马这么做有着更深的战略目的。他和国务卿希拉里·克林顿之后不懈努力，邀俄罗斯总统梅德韦杰夫加入核裁军阵营。

首先，奥巴马同意不再将反导系统和雷达分别部署到波兰和捷克，为美俄战略关系的发展拔出了一根刺。这样一来，他不仅显示出自己十分关注小布什总统所忽视的俄罗斯关心的战略议题，而且还能说服俄国人认真对待伊朗的核计划，因为他强调这是美国关心的中心战略问题。

其次，奥巴马迅速投入到认真的谈判中，与俄罗斯签署一份新的削减战略武器条约（即《削减战略武器新约》）。2010年4月，双方签署协议；2010年12月，经过与共和党反对派的长期斗争，参议院批准了这一条约。尽管经历了一些曲折，奥巴马还是向俄国人证明了自己至少能在这件事上履行承诺。协议规定将两国战略核弹头削减30%，各自将现役的战略核弹头数量减少到1550枚，这也证明了奥巴马在核裁军事务中的信誉度。[1] 然而这一协议给奥巴马和俄国人的关系带来的真正益处在于，它向那个曾经的超级大国证明这位美国总统把两个国家放在平等的战略层面考虑。

接着，奥巴马一改平日对世界其他国家领导人的冷淡态度（尤其是对跨大西洋联盟国家领导人戈登·布朗、安吉拉·默克尔和尼古拉斯·萨科奇），与俄罗斯总统建立起了亲密的私人关系。也许这是因为他们都是律师出身，是年轻一代的领导人，并且都把自己打造成了务实的改

---

[1] 新条约规定双方现役的远程核弹头数量将从2200枚减少到1550枚，现役弹道导弹核潜艇、远程导弹和重型轰炸机相加的总数不得超过700件，还可封存100件。目前，美国现役的核弹头载具总数为800件，据估计俄罗斯有565件。最终，两个核大国将重建相互监督核武库的体系。见：Mary Beth Sheridan, "What Is New START," *Washington Post*, December 21, 2010.

革者。不管怎样，他为维系与梅德韦杰夫的关系投入了大量精力，两位总统见了八次面，每次他都强调伊朗核计划对美国至关重要。

最终，奥巴马将梅德韦杰夫视为制订对伊战略的伙伴，这使俄国参与到遏制伊朗核计划的进程中并得到了巨大的回报。

奥巴马与中国国家主席胡锦涛的关系并没有那么亲密，但他还是把修改了的同俄国人打交道的方式用在了中国。诚然，他强调中美关系是塑造形成中的国际新秩序的核心，但正如本书前几章所述，中国人对他的真实意图表示怀疑。尽管如此，他还是能说服胡锦涛主席，伊朗核计划是美国的"核心利益"，如果中国希望美国能考虑自己的核心利益，那么北京就应该在这件事情上给予同等对待。

奥巴马的助手汤姆·多尼伦、杰弗里·贝德、詹姆斯·斯坦伯格以及丹尼斯·罗斯在一系列对北京的访问中都与中方相关人员表明了伊朗核问题的本质问题，强化了奥巴马想传递的信息。使中方对局势的评估产生明显变化的观点是，如果无法阻止伊朗拥有核武器将引发以色列的军事打击或中东地区的核军备竞赛。不管怎样，海湾地区局势的稳定严重影响到石油开采和从海湾到中国的运输。中国进口石油的 60% 都来自海湾地区，美国的这个观论引起了中国领导人的高度重视。奥巴马的助手们还成功地把沙特和阿联酋纳入到这一行动中：它们承诺如果中国加入制裁，它们将代替伊朗为中国提供石油，因此北京无须担心伊朗的报复。①

与欧洲人打交道就容易多了，他们和奥巴马一样担心伊朗发展核武器的野心。萨科奇的姿态比奥巴马还强硬，他多次发出威胁，如果伊朗不答应国际社会的要求，就将诉诸武力。三个最为重要的欧洲国家英国、法国和德国在小布什执政时期也曾共同谈判阻止伊朗的铀浓缩项目，但没有取得效果。刚一上台，艾哈迈迪－内贾德就指控前伊朗谈判代表叛国。因此，欧洲人对于与持强硬派立场的伊朗领导人谈判持彻底怀疑态度。有俄罗斯和欧洲一同牵着缰绳，中国也上了车，奥巴马政府成功地让五个联合国安理会常任理事国接受了一种战略，这是一个艰难的成就。再加上海湾阿拉伯国家和以色列的全力配合，奥巴马有理由感到满意。

---

① 见：David E. Sanger, James Glanz, and Jo Becker, "Around the World, Distress over Iran," *New York Times*, November 28, 2010.

这一联盟很快就面临第一次考验。在成功镇压抗议 6 月大选舞弊的示威者之后,艾哈迈迪 – 内贾德感到有必要再次尝试与奥巴马和西方打交道,可能为了改变他受损的形象。这次行动始于伊朗在 2009 年 6 月请求国际原子能组织允许其购买用于德黑兰研究反应堆的国外(包括美国在内)装配的燃料组件。显然,该反应堆的燃料即将用完,需要新的燃料棒以生产医用放射性同位素。

美国政府与以色列和俄罗斯合作,提出了一个反建议:伊朗应该运出其储存的 1200 公斤低浓度铀(浓度为 5%),这些可以由俄罗斯进行进一步的浓缩加工(到 20% 的浓度),之后由法国装配,最后以燃料棒的形式运回伊朗用于德黑兰研究反应堆。这一提议的高明之处就在于它能窥探伊朗的真实意图。如果像伊朗领导人坚持说的那样推进核计划只是为了和平利用核能,那么他们就不会反对将囤积的核燃料运到与其有着和睦关系的俄罗斯,并在加工成燃料棒后运回伊朗用于民用反应堆(据说伊朗并不具备从燃料棒中提取核燃料或进行再加工的能力)。与此同时,由于伊朗囤积的核燃料大多运到了国外,制造核武器的可能性大为降低,世界上的其他国家也可以松一口气。如果伊朗能认识到让多国监督其反应堆用核燃料的价值,这么做也能为谈判进一步限制伊朗的铀浓缩活动提供时间,并且在这一进程中也许能建立互信。如果伊朗拒绝这一提议,那么奥巴马就更容易说服俄罗斯和中国对伊朗的真实意图提出质疑。这是一种两全其美的办法。

伊朗方面同意派遣核谈判代表出席 10 月 1 日在日内瓦召开的欧盟 3 + 3 会议,讨论德黑兰研究反应堆问题。然而,就在会议召开前一周,伊朗突然告知国际原子能机构该国拥有一家到目前为止秘密的铀浓缩工厂。该工厂位于圣城库姆附近的伊朗革命卫队福尔多基地内,建在山体之中。

这份声明对奥巴马来说不啻为上帝的福音,此时正值世界各国领导人齐聚纽约出席联合国大会,而八国集团匹兹堡峰会也即将召开。奥巴马与英国首相戈登·布朗、法国总统尼古拉斯·萨科奇匆忙召开了一次新闻发布会,谴责伊朗的欺瞒,因为建立了这样一座秘密浓缩铀工厂,要生产民用浓缩铀无疑是太小了,但要生产少量高浓度浓缩铀用于研制核武器是最理想不过的。① 奥巴马呼吁立即对该工厂进行检查，并宣布年底是伊朗与国际社会进行合作的最后期限，超过这一期限它将面临更为严厉的制裁。

后来很快人们就清楚了，美国及其盟友在两年前就得知伊朗正在建造这座工厂，但它们刻意隐瞒了这个消息，并将其作为手中的王牌用来在特定的时候揭露伊朗的真实意图。然而俄国人什么都不知道，普京更是觉得自己被蒙蔽了，因为他一直保证伊朗是出于和平的目的利用核能。

伊朗人多年以来第一次处于守势，在 10 月 1 日的日内瓦会议上他们很快就同意对库姆的秘密浓缩铀工厂立即进行检查。他们也无可辩驳地接受了关于德黑兰研究反应堆的解决方案，同意将本国囤积的低浓度铀运往国外。两周后，技术专家们定于在维也纳举行会议，就落实德黑兰研究反应堆解决方案的具体细节达成一致。美国和伊朗的谈判代表也同意在几周内举行会议，商讨更广泛的核议题以及如何提升双边关系。

这看上去显然是一个突破性的进展。一周前，艾哈迈迪－内贾德在接受《华盛顿邮报》记者拉莉·韦茅斯专访时指出，伊朗愿意接受德黑兰研究反应堆的解决方案，并特别强调作为向奥巴马表态，他希望得到来自美国的浓缩铀。② 然而，当协议签署的消息传到德黑兰，情况变得一团糟。艾哈迈迪－内贾德受到了政府内部保守派的强烈抨击，比如议长阿里·拉里贾尼（Ali Larijani），保守派无法接受这样的让步，把多大多储备的浓缩铀运出本国。还有一些人反对将核燃料交给法国和俄罗斯这样的国家，因为他们与伊朗的贸易关系并不可靠。③

---

① 随后，2009 年 10 月一些国际监督员在伊朗政府的许可下进入了这些地下设施，他们发现该工厂大约已经运行了一年，根据设计能安放 3000 台离心机，其生产能力相对于商业反应堆巨大的燃料消耗量来说是远远不够的，但足以秘密生产一些高浓度的武器级浓缩铀。相形之下，表面上用于生产反应堆燃料的纳坦兹工厂可容纳 5.4 万台离心机。David E. Sanger and William J. Broad, "U. S. Sees an Opportunity to Press Iran on Nuclear Fuel," *New York Times*, January 3, 2010.

② Lally Weymouth, interview with Iranian president Mahmoud Ahmadinejad, *Washington Post*, September 23, 2009.

③ 伊朗议会安全委员会成员侯赛因·纳贾维－霍赛尼告诉伊朗官方通讯社："那些根据提议将接受我国 5% 浓度浓缩铀的国家并不是伊斯兰共和国值得信任的贸易对象，因为它们过去曾拒绝履行与伊朗达成的贸易协定。"引自：David E. Sanger, "Iran Said to Ignore Effort to Salvage Nuclear Deal," *New York Times*, November 9, 2009.

最高领袖哈梅内伊原本同意内贾德接受协议，但现在他的疑心占了上风。他下令伊朗的技术专家不要去维也纳会议。10 月 29 日，伊朗通知国际原子能机构本国无法接受该协议。哈梅内伊拒绝了德黑兰研究反应堆解决方案，也没有回复奥巴马在第二封信中提出的双方举行会面的建议，这成为了一个转折点，促使奥巴马实施第二轮制裁和封锁——他曾警告过伊朗的"更为严重的后果"。奥巴马的言辞也日趋强硬。先前他曾表示伊朗获得核武器是"无法接受的"，现在他宣布自己已下定决心要阻止伊朗获得核武器。①

2010 年 4 月，使用军事武力后果的威胁有了理论依据。白宫发布了《核态势评估报告》，表明对核不扩散国家与流氓国家要区别对待：只要前者信守它们对《核不扩散条约》的承诺，不管做了什么事情，美国都不会对它们实施先发制人的核打击或进行核报复。特别明显的是，并没有对伊朗和朝鲜做此承诺。②

随着奥巴马把注意力转向在联合国安理会通过加强的制裁决议，俄罗斯的作用就变得更加重要了。由于英国和法国已经站到了美国一边，如果俄罗斯能投赞成票，或者仅仅是弃权，那么中国就不太可能投否决票，因为它总是避免在这个至高无上的国际组织中陷入孤立。此前，俄罗斯坚决反对实行新增制裁。然而，普京对于伊朗背着俄罗斯秘密修建福尔多浓缩铀工厂使其陷入尴尬感到愤怒。火上浇油的是，此事暗示了伊朗在处理核燃料一事上并不信任俄罗斯，这损伤了普京的自尊心。

2010 年 2 月，艾哈迈迪 - 内贾德宣布伊朗将自身进一步提炼低浓

---

① 2010 年 4 月，国家安全事务助理詹姆斯·琼斯将军告诉华盛顿研究所："奥巴马总统已经说得很明确了，我在这里重复一遍：美国决定阻止伊朗发展核武器。"这很快在政府内部引发了一场激烈争论，那就是伊朗在该领域取得"突破"是否就意味着"获得了"核武器。2009 年 12 月，马伦上将签署指导性文件要求为突发情况制订军事预案。盖茨部长向总统递交了一份备忘录，表达了对于政府未能制订一项战略以支持总统言论的担忧。David E. Sanger, "Gates Says U. S. Lacks a Policy to Thwart Iran," *New York Times*, April 17, 2010.

② 奥巴马在发布报告时指出："那些拒绝承担责任的国家会发现自己将更加孤立，它们将认识到发展核武器不会让本国变得更加安全。"见：statement by President Obama on the release of the Nuclear Posture Review, April 6, 2010 (www. whitehouse. gov/the - press - office/statement - president - barack - obama - release - nuclear - posture - review).

度浓缩铀，使其浓度达到20%，用于制造德黑兰研究堆用的燃料，这成了压垮普京和梅德韦杰夫的最后一根稻草。如果这一计划付诸实施，那么伊朗就向拥有武器级铀迈进了一大步。因为在把低浓度浓缩铀提炼到20%之后，再将其提炼为浓度达90%的高浓度浓缩铀并不需要耗费多少时间和精力。俄罗斯政府宣布伊朗的举措"完全不合法"，它第一次与美国和法国一道鼓励国际原子能机构把伊核问题提交联合国安理会。

这样一来，奥巴马说服俄罗斯支持对伊朗实施制裁相对容易，尽管新的决议中包含了加强武器禁运这一条款。这将迫使俄罗斯取消一系列同伊朗签订的军火合同，包括出售其最先进的 S－300 防空导弹系统的合同，价值约为八亿美元。① 奥巴马与梅德韦杰夫达成共识，为了回报俄罗斯支持新的制裁决议，美国将取消对先前向伊朗转移敏感技术的俄罗斯企业的制裁，并且在决议中不会提及 S－300 军购。俄罗斯希望避免给人造成新的制裁措施损害伊朗人民的印象，因为他们中的许多人已经表明了反对政府的立场。奥巴马对此表示赞同。因此，制裁的目标是伊朗革命卫队以及它主导核计划的企业。决议在另外方面语句模糊，通过一般性的表述赋予各成员国自行决定追加单方面制裁的权力。

用这样的方式比较容易让中国接受。中国会痛恨要取消他们与伊朗签订的任何合同，比如投资伊朗的石油部门或者购买伊朗的原油。奥巴马并未坚持要求中国做自己不愿意做的事情，而是试图与北京达成谅解，让他们不要试图填补其他国家和企业撤出伊朗留下的空隙。

在认识到奥巴马已成功促使五个安理会常任理事国都同意实施更为严厉的制裁之后，艾哈迈迪－内贾德使出了最后一刻的手法。2010 年 5 月，他利用土耳其总理埃尔多安和巴西总统卢拉作为新兴大国的代表渴望在联合国安理会发挥其影响力之机，告诉两位领导人伊朗愿意接受哈梅内伊于 2009 年 10 月拒绝的德黑兰研究反应堆解决方案。在与卢拉和埃尔多安协商的协议中，伊朗表示愿意由土耳其保管 1200 公斤低浓度

---

　　① 以色列尤为担心 S－300 军购案，如果伊朗方面部署该系统用于保护核设施，那么以色列打击的难度将大为增加。据说内塔尼亚胡曾告诉普京和梅德韦杰夫，以色列将在该系统部署前采取军事行动。

浓缩铀，而这正是奥巴马政府在伊朗拒绝最初的计划后提出的方案。①

一方面，这一招出在最后一刻，为了拖延新制裁决议的出台，让奥巴马陷入了进退两难的境地。土耳其和巴西是他试图塑造的国际新秩序中重要的成员。在两国领导人进行调解之前奥巴马已经与他们进行了商谈，包括写信给卢拉概述美国的要求以及"提议一条使解决问题进展的道路"，而他们也特地在与艾哈迈迪－内贾德的协议中加入了这些内容。卢拉和埃尔多安都是极度自负的领导人，他们相信自己的介入拯救了世界，此时如果美国拒绝，他们一定不会善罢甘休。

另一方面，如果奥巴马在这个重要联合中俄两国实施"带牙齿的制裁"的非常时刻允许他们改变其费尽心思、精心制订的战略，那么这个好不容易达成的一致将很快丧失。从本质上讲，奥巴马必须在同新兴大国合作还是坚持与老牌强国达成的一致之间做选择。

诚然，卢拉和埃尔多安谈判成的协议是有问题的。艾哈迈迪－内贾德悄悄地把承认伊朗有权进行铀浓缩活动的条款嵌入到协议中。一旦达成一份更加全面的协议，对伊朗所有违背《核不扩散条约》的行为进行处理后，奥巴马有可能会在这一点上做出让步，但他不愿意把这作为德黑兰研究反应堆解决方案的一部分。此外，巴西、土耳其和伊朗的协议只是规定将早先协议中提到的1200公斤低浓度浓缩铀运到土耳其。但从那时以来，伊朗一直在进行铀浓缩活动，如今他们储存的核燃料已经翻了一番。②

奥巴马本可以让卢拉和埃尔多安回到德黑兰尝试解决这些问题，但是谈判必然会拖延很久，是否能获得成功也不好说，而此时奥巴马已经

① 在2009年10月拒绝德黑兰研究反应堆解决方案时，伊朗人曾向国际原子能机构抱怨说该方案要求伊朗立即运出储存的低浓度浓缩铀，但要到一年后才能获得用于德黑兰研究反应堆的燃料棒。德黑兰认为这会给美国在伊朗履约之后毁约留下巨大的空间。因此，2009年11月奥巴马政府做出了回应，建议伊朗将储存的低浓度浓缩铀运到土耳其，由土耳其保管直到伊朗获得燃料棒。伊朗并未直接回应这一提议，奥巴马在给卢拉的信中详细列举了美国的要求，通过这种方式表达美国的良好意愿。Obama's letter to President Lula（www. politicaexterna. com/11023/brazil－i-ran－turkey－nuclear－negotiations－obamas－letter－to－lula）.

② 关于巴西、土耳其、伊朗"德黑兰声明"的内容，见：www. guardian. co. uk/world/julian－borger－global－security－blog/2010/may/17/iran－brazil－turkey－nuclear.

通过艰苦努力让五个常任理事国达成了难得的共识。因此，5 月 19 日国务卿克林顿宣布各大国已就新的制裁决议达成共识。[①] 不出所料，卢拉和埃尔多安都对奥巴马拒绝他们的协议恼羞成怒，对联合国安理会第 1929 号决议投了反对票。尽管如此，2010 年 6 月 9 日该决议仍以 12 票赞成获得通过，五个常任理事国都投了赞成票。

　　奥巴马再次做出了实用的、现实的决定，选择了已经拥有的、放弃了可能会拥有的，选择了大国、放弃了小国，选择了制裁伊朗，而不是与艾哈迈迪 – 内贾德进一步接触。在这种情况下，做出这样的决定也许是正确的，但它显示出奥巴马当下的态度与就职时相比改变了许多，当时他曾向伊朗当局伸出橄榄枝。

　　土耳其和巴西投反对票带来的不快很快就被随后的一系列措施冲淡了。首先，美国商务部宣布对十余家与伊朗核项目和导弹项目相关的企业和个人实施制裁，包括一家大银行和伊朗国家航运线的挂牌公司。随后欧盟公布了它的追加制裁，禁止与伊朗有贸易往来，同时严格限制伊朗的银行和航运。一周后，国会通过了《全面制裁伊朗、问责和撤资法案》，由奥巴马签署生效。该法案要求美国政府制裁投资伊朗能源部门或者向伊朗出口石油精炼产品的企业，制裁与伊朗政府、革命卫队及其挂牌公司有金融业务的银行。这导致大批欧洲甚至是俄罗斯企业宣布它们将终止与伊朗的商业往来，使伊朗能源业失去了约 600 亿美元的境外投资，并限制伊朗对精炼汽油、轿车、卡车和拖拉机的进口。[②] 接着，梅德韦杰夫于 9 月宣布他已下令禁止向伊朗出售 S – 300 防空导弹系统，这也许是所有制裁措施中最为严厉的。

　　不出所料，伊朗人表达了对制裁的蔑视：最高领袖对奥巴马进行了谴责，政府仍然拒绝回答国际原子能机构就其核项目提出的问题，并禁止该组织两名经验最为丰富的检查员入境，加速进行铀浓缩，有更多的

---

①　David E. Sanger and Mark Landler, "Major Powers Have Deal on Sanctions for I-ran," *New York Times*, May 19, 2010.

②　这些企业包括皇家荷兰壳牌、道达尔、埃尼、挪威石油、雷普索尔、卢克、起亚、丰田、戴姆勒、西门子以及通用电气、霍尼韦尔和卡特彼勒的海外分支机构。

迹象表明伊朗正不懈努力试图拥有核武器。①

奥巴马仍然希望新的制裁能迫使伊朗回到谈判桌前，商谈对该国核项目的抑制。因此，美国政府暗示伊朗谈判的大门依旧敞开，并继续与欧盟、俄罗斯和中国商议一旦伊朗表现出谈判的意愿他们该向其提出什么样的条件。② 然而，2011 年 1 月伊朗核问题谈判代表赛义德·贾利利出席在伊斯坦布尔举行的欧盟 3 + 3 会议时，坚持如果要谈判，就要首先承认伊朗有权进行铀浓缩活动，并取消制裁。至于核燃料交换计划，贾利利告诉与会者伊朗方面已经"失去了兴趣"。③

尽管如此，奥巴马仍然有时间等待制裁奏效。用各种手段拖延伊朗核计划已经获得了足够的成功，以至于国务卿克林顿可以宣布："制裁正在起作用。"④ 连以色列情报机构摩萨德的领导人都自信地表示伊朗最早要到 2015 年才能造出核弹。⑤ 然而这是在 2011 年 1 月，在突尼斯和埃及爆发革命之前。

起初，"阿拉伯之春"有利于伊朗，尽管示威者们期待来自西方的干预和支持，而不是德黑兰。他们的要求非常世俗化和民主：结束暴政，举行自由、平等的选举，负责任和透明的政府。尽管进行了尝试，但由于近期对本国人民的镇压，德黑兰当局无法自称为阿拉伯民主革命

---

① 在 2011 年 2 月的报告中，国际原子能机构列出了七个大问题怀疑伊朗可能在设计和制造核武器。在 2011 年 5 月的报告中，国际原子能机构提出了证明伊朗正在制造用于核弹的引爆装置的证据。报告还指出，纳坦兹工厂铀浓缩的进度已经超过了"超级工厂"病毒爆发前的水平。见：David E. Sanger and William J. Broader, "Watchdog Finds Evidence that Iran Worked on Nuclear Triggers," *New York Times*，May 24，2011.

② 例如，2010 年 10 月美国和欧盟达成共识，向伊朗提出新的建议，要求它运出 2000 公斤储存浓缩铀，并停止将浓缩铀浓度提高到 20% 的活动。见：David E. Sanger，"Obama Set to Offer Stricter Nuclear Deal to Iran," *New York Times*，October 27，2010.

③ Steven Erlanger, "Citing Options, Iran Rejects Uranium Deal, Diplomat Says," *New York Times*，January 24，2011.

④ Mark Landler, "U. S. Says Sanctions Hurt Iran Nuclear Program," *New York Times*，January 10，2011.

⑤ Isabel Kershner, "Israeli Ex - Spy Predicts Delay for Iran's Nuclear Ambitions," *New York Times*，January 7，2011.

的领导人。① 尽管如此，由于利比亚和巴林的动荡，油价攀升到了每桶120 美元，对伊朗的经济制裁失去了效用。此外，就像此前提到过的，穆巴拉克的倒台促使革命蔓延到沙特的所有邻国，这有助于伊朗在地缘政治上与美国展开竞争。尤其是巴林什叶派的动乱为伊朗在海湾阿拉伯半岛一侧最为敏感的位置获得立足点提供了可能。

伊朗突然间变得更加自信，对美国的挑衅也在升级。2011 年 6 月，伊朗新任原子能机构领导人费雷敦·阿巴西宣布，该国将使用之前发现的位于库姆附近的福尔多地下工厂的新一代离心机加快 20% 浓度浓缩铀的生产进程。9 月，阿巴西宣布新型的 IR - 2 型离心机已经在那里投入运行。后来证明他只是在虚张声势，不过 11 月国际原子能机构报告说两组 IR - 1 型离心机已经安装完毕，准备在福尔多工厂投入使用，而第三组离心机也接近完成。与此同时，根据国际原子能机构的说法，伊朗已经在纳坦兹的大型铀浓缩工厂中储存了 4900 公斤低浓缩铀和 70 公斤 20% 浓度的浓缩铀。

更为令人担心的仍然是国际原子能机构得出的结论：伊朗继续致力于"国内原创设计核武器，包括那些测试所需的零部件"。报告详细记录了伊朗致力于开发模拟核爆的计算机模型、实验核爆触发装置并完成了对可用于中程导弹的核弹头的高级研究。② 随着福尔多工厂即将投入

---

① 例如，阿亚图拉·哈梅内伊声称："如今发生在埃及、突尼斯和其他北非国家的事件……对于伊朗来说有着特殊的意义。这与'伊斯兰主义觉醒'是一样的，它带来的结果就是伊朗伟大革命的胜利……今天，全世界都承认了伊朗的影响力，并时常谈起伊朗在各个地区的存在。"Ayatollah Khamenei, Friday prayer at Tehran University, Office of Supreme Leader, February 4, 2011 (www. leader. ir/langs/en/index. php? p = contentShow&id = 7774).

② 国际原子能机构 2011 年 11 月的报告就伊朗试图开发核爆炸装置进行了详细的说明：与伊朗军队相关的个人和机构试图获得与核工业相关的军民两用产品和材料；试图通过秘密方式制造核燃料；通过秘密的核供应网获得了用于制造核武器的技术和文件；致力于在本土设计和制造核武器。国际原子能机构的结论是："以上种种迹象表明，早在 2003 年年底前，这些行为就是为同一个目的服务的。还有迹象表明，2003 年之后伊朗采取的某些行动仍然与开发核爆装置相关，这一努力可能还在继续。"见：Report of the Director General, *Implementation of the NPT Safeguards Agreement and Relevant Provisions of Security Council Resolutions in the Islamic Republic of Iran*, November 8, 2011 (www. iaea. org/Publications/Documents/Board/2011/gov 2011 – 65. pdf).

运行，伊朗保障其获得武器级铀的能力将显著提升。尽管遭到制裁和破坏，伊朗显然仍将缓慢而坚定地朝跨过核武器的门槛进发。① 2011 年11 月，以色列国防部长埃胡德·巴拉克发出警告，伊朗获得核武器的企图到"无可挽回的地步"也许只需九个月。

这一事实加上美国国会和共和党总统竞选人不断施加压力迫使奥巴马决定，他需要加大制裁力度。2012 年初，他签署法案，对任何一家为进口伊朗石油向伊朗中央银行支付款项的外国银行实施制裁。这些制裁措施可能会使伊朗的石油收入减少 50%。该制裁法案将在 2012 年年中正式生效，为石油市场做出调整、为依赖伊朗石油的国家寻找替代供应国以及为沙特增产以弥补差额提供了时间。尽管如此，伊朗经济已经开始倒退：2011 年 12 月，该国汇率落到了历史最低点；伊朗石油部副部长证实由于欧洲和俄罗斯那些投资伊朗石油开采的企业的离开，该国石油产量已削减到每天 350 万桶（一年前是每天 420 万桶）；中央银行行长警告说国家"已陷入困境"；伊朗外长首次承认制裁对该国造成了影响。②

不利的经济形势与在本地区遭遇的失败一起使伊朗在国际上更加孤立。在本书写作之时，伊朗的盟友叙利亚正在内部崩裂，其代理人哈马斯内部产生了分裂。土耳其反过来反对叙利亚在安卡拉和德黑兰之间制造了摩擦，2011 年 9 月，埃尔多安总理同意北约在其境内部署一部反导雷达，此举特别是用于防范伊朗的袭击，这更是火上浇油。此外，沙特在遏制伊朗对阿拉伯世界的野心上也采取了更为积极的行动。

至于这些负面环境的综合能否足以改变伊朗的决心，使其屈服于国际社会，严格削减其核项目尚是未知数。目睹北约为了帮助推翻卡扎菲对利比亚的军事干涉，伊朗最高领导人很有可能得出结论说利比亚从来就不应该放弃自己的核项目，而伊朗现在比其他任何时候都需要核项

---

① 这个核门槛就是伊朗具备了制造核武器的能力，包括储存一定量的高浓度武器级铀，这样一来如果它赶走了国际原子能机构观察员，那么它就能在无人监督、无人制止的情况下在几分钟之内制造出核武器。

② 见：Rick Gladstone, "Iran Admits Sanctions Are Inflicting Damage," *New York Times*, December 20, 2011; Rick Gladstone, "As Further Sanctions Loom, Plunge in Currency's Value Unsettles Iran," *New York Times*, December 20, 2011.

目。当然，目前为止，伊朗对日益增加的孤立和制裁的压力做出的反应是回击，而不是在核项目上做出妥协。2011 年 6 月，伊朗试图在华盛顿一家餐馆暗杀沙特驻美国的大使；2011 年 11 月，伊朗攻击了英国驻德黑兰大使馆；2011 年 12 月，伊朗威胁关闭霍尔木兹海峡（世界 20%的石油都从这里经过），这些事件显示出这个国家在被逼上绝路的时候更倾向于暴力反抗。

从另一个角度来看，由于伊朗在阿拉伯世界中心的地位遭到威胁，制裁严重制约伊朗与其他国家做生意的能力，而且整个国际社会明显联合反对它的政权，哈梅内伊也许会得出结论认为，即使只是为了拖延时间，战术性的妥协在此时也是值得的。

奥巴马上任三年后，制止伊朗核野心的努力仍然在继续。伊朗的核项目受到了破坏，并且放缓慢；努力的企图也如司马昭之心；石油产量下降；禁运武器装备；银行和航运也受到限制。这些应归功于奥巴马，尤其是由于他成功地召集国际社会反对伊朗，使其流氓行为受到后果更为严重的惩罚。他的战略依赖于尤其与俄国和以色列的合作。但不清楚这样的做法还能否继续，因为俄国在进行政府换届，而以色列的国防部门对于伊朗似乎越来越接近发展出核武器而日渐焦虑。奥巴马显然成功地加强了其他国家对于防止核扩散作为国际新秩序的一根支柱的承诺，但到目前为止他没能阻止伊朗跨过核武器的门槛。

一些人也许认为奥巴马本不该如此轻易地放弃接触政策而实施更为严厉的制裁，并且应该接受内贾德的反复呼吁进行对话，或者他应该与卢拉和埃尔多安合作，而不应该拒绝他们的提议。另一些人则会反驳说，艾哈迈迪－内贾德在德黑兰研究堆事件中的反复无常已经证明他无法履行承诺，而伊朗残酷镇压示威者也使得继续进行同哈梅内伊接触的政策已经变得不可能了。我们真的无法说采取另外的途径方式是否可能会取得成功。

显而易见的是，奥巴马选择选择实施制裁而非通过接触以阻止伊朗获得核武器，削弱核不扩散体系，体现了他试图通过现实主义的方式使用权利和外交让世界变得更加美好。在结束第一届总统任期前，这种方式可能把他带到必须在炸毁伊朗的核设施还是允许伊朗拥有核武器中做出艰难抉择的地步，而任何一种选择带来的影响都将十分深远。如果奥巴马结束伊拉克战争而与伊朗打一场新的战争，那确实是太讽刺了。但是如果真到了那种境地，那他是在维护核不扩散体系，支持一个更为稳定的国际秩序，同时保卫美国的阿拉伯盟友和以色列。在这一过程中，他将是以武力捍卫美国的原则，维护美国的利益。

朝　鲜

在朝鲜，奥巴马面临相似的挑战，不同的是在他入主白宫的时候朝鲜已经拥有并试验了核武器。尽管如此，抑制朝鲜的核计划需要一项相似的战略。在这种情况下，中国取代俄罗斯成为关键大国力量，而韩国和日本则取代以色列和海湾阿拉伯国家成为倍感焦虑的盟国。

和伊朗一样，朝鲜领导人也十分骄傲，并把发展核武器视为其生存的关键。[1] 然而，与伊朗不同，朝鲜的政治和经济体制运行有极大困难。该国的国内生产总值实在是微不足道，以至于它的经济在本地区或其他区域均不具备积极的影响力。[2] 作为一个国家，朝鲜必须通过易货贸易、讨价还价、贿赂、哀求、走回头路以及残暴统治来获得维持其生存所必需的资源和机会。事实上，该国的重要性来自发展核武器和导弹，来自它愿意挑战所有的国际规范和准则，也来自它的脆弱。[3] 以上任何一个项都对奥巴马的外交政策构成了重大挑战。

已故的朝鲜前领导人金正日表现强硬，在他看来，朝鲜已被怀有敌意的国家和不可靠的朋友所包围。此外，他所面对的几个国家都是世界上的大国——韩国、日本、中国、俄罗斯和美国。金正日似乎很早就决定必须分辨和尽最大可能利用这几个主要国家之间的潜在矛盾。并且，他似乎还认为在压力下做出让步意味着软弱，这只会导致外界施加更大

---

① Jonathan Pollack, *No Exit: North Korea, Nuclear Weapons, and International Security* (London: Routledge, 2011).

② U. S. Central Intelligence Agency, "CIA World Factbook: North Korea" (www.cia.gov/Forlibrary/publications/the‐world‐factbook/geos/kn.html).

③ Anthony H. Cordesman, "The Korean Military Balance: Comparative Korean Forces and the Forces of Key Neighboring States," report (Washington: Center for Strategic and International Studies, May 2011), pp. 107–135 (http://csis.org/files/publications/110506_ KoreaMilitaryBalanceMainRpt.pdf).

的压力，要求做出更大的让步。因此在面对外界压力时，他的一贯做法是让局势升级，超出其他国家认为合适的范畴，然后这些国家就会愿意做出妥协。金正日总是会为自己的妥协要求一个价码（通常是经济上的），之后他会通常只履行一部分的承诺，用违背协议作为讨价还价的筹码以换取下次妥协的价码或通过不正当的方式加强朝鲜的实力。①

金正日证明了自己拥有敏锐的观察力，能够发现各大国之间的紧张，但他分析其他国家国内政治的能力则要差很多。因此，他常常能巧妙地挑动某个大国反对另一个大国，但他在利用其他国家的国内政治为朝鲜牟利时会大大误算。在20世纪90年代中期的大饥荒之后，他推动所有这些目标时在战略上都显得软弱无力，这是贫弱的国内经济和大范围的粮荒带来的结果。随着时间的推移，他的常规部队与那些大国相比都变得更弱了。②

从战略层面看，金正日似乎表现拙劣，错过了一些减少对其国家的威胁、获得援助承诺以及取得外交进展的重要机会。然而从战术层面看，他表现得强硬而精明（站在他的分析框架下看），多次戏弄了所有邻国，让它们陷入争执，并且让任何一个国家无力对朝鲜的行为造成重大影响。③

对奥巴马政府而言，朝鲜主要在五个方面制造了麻烦：核不扩散、美韩和美日同盟、美中关系、东北亚多边合作以及朝鲜未来陷入混乱可能会引发中美两国的军事参与。还有其他的朝鲜事务也引起了美国决策者的注意，比如伪造货币、贩毒、洗钱和网络战。朝鲜在以上领域都表现活跃，而美国对每一项都特别关注。但本章只关注更具战略意义的议题，即朝鲜作为一个"流氓国家"在奥巴马政府的议事日程中占据怎样的地位。

核扩散

朝鲜是迄今唯一正式退出《核不扩散条约》的国家。④ 并且，该国

---

① Glenn Kessler and Anthony Faiola, "In Pyongyang, Raising the Ante," *Washington Post*, February 11, 2005; Richard Bush, "North Korea's Nuclear Bargain," *Daily Beast*, May 26, 2009 (www. brookings. edu/opinions/2009/0526).

② Cordesman, "The Korean Military Balance."

③ 相关例证，见 Pollack, *No Exit*.

④ Andrew Ward, "N Korea Quits Nuclear Non-Proliferation Treaty," *Financial Times*, April 10, 2003.

从事核扩散活动已经好多年了，有时还与导弹技术扩散一起进行。例如，平壤显然从巴基斯坦的阿卜杜勒·卡迪尔汗网络中获取了核武器的能力，作为交换，朝鲜至少向巴基斯坦提供了部分增强导弹的资料。① 朝鲜为叙利亚建造了一个秘密的核反应堆，在该反应堆投入运行前，以色列先发制人，用军事打击摧毁了它。②

几十年来，朝鲜一直试图以钚为原料开发核武器，到 2012 年这一项目看上去是失败的。平壤已经试爆了两枚钚弹，其储存的钚弹有多少并不为外人所知。③ 更为严峻的是，朝鲜在秘密进行高浓度浓缩铀项目，直接违背了该国在六方会谈中对国际社会做出的承诺。④ 到 2011 年年中，该项目产出的武器级铀很可能已经足够制造一枚铀弹，从总体上说，铀弹要比钚弹更加简单、更为可靠。尽管钚项目已接近尾声，但朝鲜现在已经走上了继续生产核武器的道路。

而且，考虑到该国的外交政策记录，人们有理由怀疑朝鲜会把武器级核燃料或成品核弹出售给另一个"流氓国家"甚至是某个恐怖组织。这将是一场豪赌，任何使用这种核武器（或装有可裂变材料的"脏弹"）都有可能查出朝鲜这个源头。然而，这种可能性并不能排除。过去的历史已经证明，朝鲜愿意提供制造核武器的技术，它显然不介意与出价最高的买家进行交易。

此外，高浓度浓缩铀项目给核不扩散体系带来了极大的复杂性，因为

---

① "Khan 'Give N Korea Centrifuges,'" BBC, August 24, 2005; Sharon A. Squassoni, "Weapons of Mass Destruction: Trade between North Korea and Pakistan," Congressional Research Service Report for Congress, March 11, 2004 (http://fpc.state.gov/documents/organization/30781.pdf).

② Robin Wright and Joby Warrick, "Purchases Linked N. Korea to Syria," *Washington Post*, May 11, 2008.

③ David E. Sanger, "North Koreans Unveil New Plant for Nuclear Use," *New York Times*, November 20, 2010. 桑格估计朝鲜已经制造了 8 到 12 枚钚弹。齐格弗里德·赫克估计朝鲜拥有的钚弹在 4 到 8 枚之间。Siegfried S. Hecker, "What I Found in North Korea," *Foreign Affairs*, December 9, 2010.

④ John Pomfret, "U.S. Alerts Asian Capitals to Possible North Korean Uranium Enrichment Program," *Washington Post*, November 21, 2010.

外界并不了解除宁边（*Yongbyon*）之外的几个生产地可能位于何处。① 很难想象在什么样的条件下朝鲜会愿意公布所有的地点，以便国际社会按照核不扩散体系的规定实施全面核查。

总之，朝鲜拥有技术、武器级核燃料甚至核武器本身，并且可能愿意出售。看起来，朝鲜似乎在原则上与恐怖组织和"流氓国家"打交道没有问题。同时，朝鲜拥有从事毒品走私、伪造国际物品以及其他各种非法勾当的丰富经验，与全球范围内的犯罪组织保持着广泛的联系。② 因此，阻止朝鲜扩散核武器必然成为历届美国政府的头等大事。

朝鲜还拥有世界第三大的化学武器库，可能也有生物武器。考虑到该国需要现金，同犯罪组织有着广泛的联系，以及本身"国家恐怖主义"的历史，考虑朝鲜的大规模杀伤性武器扩散问题时，不仅需要包括核技术和导弹技术，也要考虑到生化武器。

美韩同盟和美日同盟关系

朝鲜从一开始就是美韩同盟的关键因素，它对美日同盟的内容和动力也造成了很大的影响，尤其是在近几十年。朝鲜一直以来都认清并恶化美韩之间和美日两国在对朝政策上的潜在分歧。此外，总体上摩擦不断的韩日关系给美国的决策者制造了更多的麻烦。

韩国和日本目前都受到了朝鲜导弹的威胁，朝鲜在这些导弹安装上核弹头的可能性正不断增加。③ 随着朝鲜威胁的升级，日本逐渐倾向于建立强大的导弹防御体系。④ 同时，它还大幅削弱了朝鲜获得其在日友

---

① Chico Harlan, "U. N. Reports Suggests N. Korea Has Secret Nuclear Sites," *Washington Post*, February 1, 2011.

② Mark Fitzpatrick, ed., "North Korea Security Challenges: A Net Assessment," *Strategic Dossier* (Washington: International Institute for Strategic Studies, 2011); Kevin Sullivan and Mary Jordan, "Famine, Nuclear Threat Raise Stakes in Debate over North Korea," *Washington Post*, March 13, 1999; Joby Warrick, "On North Korea Freighter, a Hidden Missile Factory," *Washington Post*, August 14, 2003.

③ Bradley Roberts, deputy assistant secretary of defense for nuclear and missile defense policy, testimony before the Senate Armed Services Committee, April 13, 2011 (www. dod. gov/dodge/olc/docs/testRoberts04132011. pdf).

④ Blaine Harden, "Japan Prepares to Shoot down North Korea Missile in Case of Accident," *Washington Post*, March 28, 2009.

人汇款的能力，使汇款总额降低到了可以忽略不计的水平，而至于日朝贸易，几乎不存在。①

除了担心朝鲜的导弹和核武器之外，东京还密切关注绑架日本人事件。朝鲜把这些日本公民绑架回国内，作为其培训赴日特工人员计划的一部分。② 金正日负责这一计划，2002 年他向日本方面透露了一些信息。③ 最终在日本的压力下他做出让步，承认那些日本人质还活着，并同意释放他们。但是朝鲜对此事的解释还是不能让东京满意，如果这个问题不能得到圆满地解决，实现两国关系完全正常化在日本就不具备政治可行性。因此，日本总是向美国施压，要求美国支持日本在这一敏感问题上的看法。而朝鲜之所以希望与日本实现关系正常化，很大程度上是希望作为关系正常化的条件，日本向其支付数十亿美元的赔款，以补偿自 20 世纪初至第二次世界大战结束时止日本 30 余年的殖民统治给朝鲜带来的破坏。④

对韩国而言，朝鲜问题与国家身份、国内政治、经济机遇等问题深深缠绕在一起，它既担心朝鲜突然崩溃，又担心半岛迅速统一（任何一件事的发生都将使韩国付出巨大的、难以预料的代价）。随着时间的推移，韩国对朝鲜的基本政策发生了显著变化。1998 年至 2008 年间，前后两任韩国总统成功地推行了金大中提出的"阳光政策"。⑤ 这项政策的出发点是：恐惧、怀疑和不安全感是决定朝鲜行为的根本因素，克服

---

① "Pyongyang's Cash Flow Problem," *The Economist*, January 11, 2007.

② "Japanese Anger over North Korea Kidnaps," BBC, November 18, 2002; Mark E. Manyin, "Japan – North Korea Relations: Selected Issues," Congressional Research Service Report for Congress, November 26, 2003 (http://fpc. sgtate. gov/documents/organization/27531. pdf).

③ "Japan and North Korea: Not Yet Friends," *The Economist*, September 19, 2002.

④ 这是基于 1965 年日本与韩国实现两国关系正常化时向后者支付了超过 5 亿美元的赔款。朝鲜要求日本就 1910 年至 1945 年的殖民统治赔偿 10 亿美元。（http://en. wikipedia. org/wiki/Japan% E2% 80% 93Korea_ dispute #Japanese_ compensation_ to_ Korea_ for_ colonial_ rule）.1905 年，日本占领朝鲜半岛，并在《乙巳条约》中声明朝鲜成为日本的保护国；1910 年通过合并条约正式吞并朝鲜。（http://en. wikipedia. org/wiki/Korea_ under_ Japanese_ rule）.

⑤ 这两位总统分别是金大中和卢武铉。

这些不良情绪的有效方法是率先做出一系列让步，在两国之间建立起互信，赢得朝鲜的信任。① 然而，当下的李明博政府正是依靠抛弃"阳光政策"上台的，因为金正日利用该政策玩弄了韩国，从韩国获取资源和让步，但并不兑现自己的承诺。因此，李明博决定采取更为强硬的立场，在朝鲜采取切实的相应措施前韩国不会做出任何妥协。②

在朝鲜核武器的威胁下，韩国和日本一致认为应当有效地应对这一问题。然而对韩国和日本而言，核不扩散问题在以上列举的议题中从未成为核心议题。这样和那样的分歧多年来为金正日采取离间的策略提供了肥沃的土壤，奥巴马政府必须找到应对这一现实的办法。出于种种原因，首尔和东京都认为小布什政府在改变美国对朝谈判技巧时并未与它们进行充分商议。

美中关系

由于中国和朝鲜的关系要比其他任何国家都更为全面和紧密，美国将北京视为塑造朝鲜政策、使平壤不再寻求获取核武器能力的关键。③ 出于多种因素的考虑，中国事实上有制止朝鲜的核计划的强烈利益需求：它并不希望在东北亚出现另一个核国家，尤其是这个国家有可能在将来与韩国合并；它担心朝鲜核能力目前的发展将刺激日本或韩国去获得类似的能力，这将对中国自身的安全造成极为不利的影响；由于平壤坚持推进核计划，各国普遍视其为国际秩序的破坏者，中国不想被迫继续为朝鲜提供庇护。④

---

① Sun Key – young, *South Korea Engagement Policies and North Korea*：*Identities, Norms and the Sunshine Policy* (New York：Routledge, 2006).

② Aidan Foster – Carter, "Sunset for Korean Sunshine Policy?" BBC, March 28, 2008.

③ Charles Keyes, Laurie Ure, and Adam Levine, "China Key to Restraining North Korea, U. S. Officials Say," CNN, November 24, 2010.

④ Christopher P. Twomey, "China Policy toward North Korea and Its Implications for the United States：Balancing Competing Concerns," *Strategic Insights* 5, no. 7 (2006); Dick K. Nanto, Mark E. Manyin, and Kerry Dumbaugh, "China – North Korea Relations," Congressional Research Service Report for Congress, January 22, 2010 (http://fpc. state. gov/documents/organization/138774. pdf).

但是中国也有其他方面的考虑。它认为，朝鲜作为一个缓冲国具有很高的战略价值，它不愿意冒着让朝鲜政权崩溃的风险对其施加压力。它同样担心朝鲜政权崩溃带来的后果：这将再一次证明专制政权无法在21世纪存在下去；可能造成的极大混乱和大量难民越过边界涌入中国东北有大量朝鲜族的延边；朝鲜可能会陷入动荡，导致人民解放军或美国和韩国的军队进行干预；或是朝鲜半岛在韩国的主导下实现统一，与美国建立起紧密的同盟关系。① 以上所有这些结果对北京而言都比朝鲜继续作为一个"流氓国家"存在糟糕得多。

北京希望鼓励朝鲜进行中国式的改革，在提高其政权生存能力的同时维持权威主义政体。② 它似乎是出于这样的考虑：随着朝鲜经济的发展以及与其他国家建立起重要的联系，该国行事将更负责任，甚至有可能终止或放弃核计划，以避免在经济上和其他方面遭受制裁。为了实现这一目标，北京多次邀请金正日访问中国各地，向其展示本国经济改革的成果，并热衷于为朝鲜培训各类专家，以便他们在自己的国家推行中国式的改革。③

总之，在关键性的朝核问题上中美两国目标一致，但中国要远比美国在乎朝鲜专制政权的生存问题。朝鲜的行动置中国于一个艰难的处境，对此北京方面感到十分懊恼。它试图限制外界对朝鲜施压，同时又不想损害本国与韩国、日本、美国和其他国家的关系。当然，在朝鲜看来把中国同这些国家的关系复杂化十分符合自己的利益，它就像"戏弄"华盛顿、东京和首尔那样"戏弄"着北京。④

---

① Twomey, "China Policy towards North Korea"; Nanto, Manyin, and Dumbaugh, "China – North Korea Relations"; Scott Shane and Andrew W. Lehren, "Leaked Cables Offer Raw Look at U. S. Diplomacy," *New York Times*, November 28, 2010.

② Chiris Buckley, "China Seen Nudging North Korea's Kim on Economic Reform," Reuters, May 26, 2011; Nanto, Manyin, and Dumbaugh, "China – North Korea Relations."

③ "Kim's Trip to China to Help N. Korea Learn Development Experience," Yonhap News Agency, May 22, 2011; Buckley, "China Seen Nudging North Korea's Kim on Economic Reform".

④ Pollack, *No Exit*.

东北亚多边合作

东北亚的环境十分独特，是许多大国参与的焦点（主要是美国、中国、日本和韩国，但从某种程度上讲也包括俄罗斯）。这里面既包括世界上最大的能源输出国，也包括世界上最大的四个能源进口国。这里有四个世界军事最强的国家，其中三个是核国家。此外，该地区的历史写满了各种纷争与仇恨。

因此构建某种形式的东北亚外交共同体，以讨论共同的关注如能源安全问题等，是有意义的。考虑到历史上的仇恨和目前相互之间的不信任，任何相关的行动都需要花费大量的时间去建立任何有意义的东西，而且要继续走下去还必须克服种种困难。然而，美国、中国、日本和韩国（也许还有俄罗斯）构建起多边论坛将有助于减少误解、促进合作。

迄今为止，这一进程面临的主要问题是朝鲜，该国认为所有相关努力都是针对自己的利益。中国作为六方会谈的发起国希望在解决朝核问题之后将这一机制进一步扩大，容纳更多的议题。但是期待六方会谈在短期内解决朝核问题显然是不现实的。因此，朝鲜成为东北亚地区构建多边合作机制解决其他问题的最大障碍。①

朝鲜陷入混乱将导致国际干预

小布什政府在其第一届任期内有时寄望朝鲜政权将来发生变化，这显然折射出奥巴马总统的几个判断：他认为同金正日达成协议不会带来什么结果，只有促成现政权崩溃的可能，才能解决朝核问题，消除相关的威胁。② 这种处理问题的方式总是存在三大缺陷：金正日政权的生命力要比华盛顿预想的更为顽强，因此小布什政府的朝鲜政策注定受到平

---

① Kenneth Lieberthal and Mikkal Herberg, *China's Search for Energy Security and Implications for US Policy* (Washington: National Bureau of Asian Research, 2006).

② Glenn Kessler and Anthony Faiola, "In Pyongyang, Raising the Ante," *Washington Post*, February 11, 2005. 在第二届任期内，小布什总统做出了妥协，推动朝鲜走向"无核化"，完全放弃发展核武器的能力。"Ending North Korea's Nuclear Program," *New York Times*, April 20, 2008; Tony Karon, "If North Korea, Why not Iran," *Time*, October 4, 2007.

壤方面极度敌视的同时并不会实现其政治目的；如上文所述的原因，北京将阻止外界对朝鲜的压力使之陷入极度不稳定；小布什政府毫无根据地认为朝鲜的政权变化将相对平稳，而新的领导人将更具建设性。①

到 2012 年初，朝鲜政权崩溃的可能性显然要比 21 世纪初更大。2011 年 12 月，金正日逝世，其幼子金正恩接班。但金正恩还不到 30 岁，尚未建立起自己的权力根基，那些在朝鲜军事优先政策下掌握权力的老一辈军队领导人不太可能将其视为真正的领袖。

金正日向朝鲜人民许诺，到 2012 年其父金日成 100 周年诞辰之时，朝鲜就能实现真正的繁荣。然而事实是朝鲜经济一片混乱，食物匮乏仍然是一个亟待解决的问题。雪上加霜的是，由于高浓度浓缩铀计划的泄露，朝鲜在国际社会中遭遇了前所未有的孤立。

朝鲜面临一系列严重的问题：未能像金正日许诺的那样在 2012 年春季改善人民的生活水平（如果在 2012 年采取特殊手段提高生活水平，那么 2013 年人民的生活水平只会急剧下降），这也许会严重损伤当局的信誉；金正日逝世后朝鲜的继位有可能出现这样那样的问题；军队和安全部门领导在没有金正日牵着缰绳时如何应对严峻的形势保持国家稳定存在的内部分歧，可能将导致权力结构内部出现严重的裂痕。这些因素的某种结合，再加上信息革命正席卷朝鲜，可能导致该国出现剧烈的动荡，甚至政权倒台。尽管这种情况不太可能出现，但美国和该地区的其他国家必须考虑一旦局势朝这个方向迅速发展它们该怎么办，并且最好提前做好准备。

这些情形十分令人担忧。朝鲜拥有核武器和核燃料，但是其他国家的人并不知道这些东西具体藏在哪里、由何人掌控。一旦朝鲜政权倒台，人们有理由担心这批核武器与核燃料可能会流向其他"流氓国家"、犯罪组织或是恐怖组织。② 尽可能迅速保障这些资产的安全需要

① Kenneth Lieberthal, "The Folly of Forcing Regime Change," *Financial Times* (London), March 11, 2005.

② 类似的担忧也困扰着关注巴基斯坦政权稳定性的专家们。见：Stephen P. Cohen, "Pakistan's Road to Disintegration," interview, Council on Foreign Relations, January 6, 2011 (www.cfr.org/pakistan/pakistans-road-disintegration/p23744); Anthony H. Cordesman and Varun Vira, "Pakistan: Violence vs. Stability," Center for Strategic and International Studies, June 2011 (http://csis.org/files/publication/110607_Stabilizing_Pakistan.pdf).

一大笔资金，然而没有理由相信中国、韩国和美国将在最好怎么做以及一旦发现核物质由谁负责保管等问题上达成一致。

朝鲜因各军事集团对国家发展模式的不同而爆发内战也是有可能的。在那种情况下，一个或多个军事集团有可能控制朝鲜的大规模杀伤性武器，并吁请中国人民解放军、韩国武装力量或美国军队给予支持。其他军事集团也许会因各自的需要寻求外部支持。潜在的各种情况的组合将是复杂而危险的。总之，存在局势发展的多种可能，中国、美国和韩国的军队或许被直接卷入朝鲜，建立秩序，保障大规模杀伤性武器的安全，甚至直接影响内战的进程。这些国家的军队因利益、误解、甚至敌意而爆发冲突的可能性也许很高，这取决于当时的环境。总之，朝鲜的崩溃将对东北亚的和平与稳定造成重大影响。

奥巴马政府的战略

奥巴马政府上台时决定不再重复过去的那种循环：即朝鲜方面先提升紧张气氛，然后商讨缓和的条件，并承诺在"去核化"上面做出进展，接着至少食言一部分承诺，然后再次加剧紧张气氛，开始新一轮的循环。奥巴马总统希望能在限制、以至于最后废止朝鲜的核项目上取得真正的进展，但他十分有耐心，并竭力避免鼓励平壤的破坏性举动。[1]

奥巴马总统也十分清楚在处理朝鲜问题上把美、韩、中、日四国分歧减小到最低限度的重要性。尽管坚持与北京保持紧密合作，但他同时声明只有朝鲜履行已经承诺的义务并从现在起表现出愿意推进问题解决的意愿，会谈才能继续。[2] 简言之，如果谈的还是朝鲜在小布什政府时

---

① President Obama and President Lee Myung-bak of the Republic of Korea, remarks, joint press availability, White House, June 16, 2009 (www. whitehouse. gov/the – press – office/Remarks – by – President – Obama – and – President – Lee – of – the – Republic – of – Korea – in – Joint – Press – Availability/); Scott Snyder, "The Foreign Policy of the Obama Administration and Northeast Asia," remarks to the Tenth World Korean Forum, August 18, 2009 (http: //asiafoundation. org/resources/pdfs/Snyder/ObamaNEA090630. pdf).

② President Obama and President Lee Myung – bak, remarks, June 16, 2009. 奥巴马政府提出的美国重启六方会谈的条件是：朝鲜暂停核试验和导弹试验，遵守2005 年的联合声明和停战条约，接受国际监督，停止铀浓缩计划。

期做出的承诺，美国就不会参加六方会谈。

由于对中国约束朝鲜行为的限度有充分的了解，奥巴马总统特别重视与李明博总统保持亲密关系，与美国的盟友韩国密切合作。如上文所述，李明博的立场是朝鲜必须以其行动换取韩国做出新的让步。在他看来，"阳光政策"的结果就是让朝鲜用不正当的手段从韩国获得利益，而朝鲜本身的行为并未发生实质性的改变。

金正日在解读美国新总统的思路时似乎出现了失误。因前一年夏天的中风而身体虚弱的他，还是决定要在巴拉克·奥巴马面前树立起自己既不好欺负又不好糊弄的形象。朝鲜显然开始准备再次试射"大浦洞-2"型导弹，该导弹将可能打到美国本土。朝鲜采用了让人一眼看穿的手法将某一物体放到导弹弹锥中，这样一来就能说这是一次"卫星"试验（这是允许的），而不是一次导弹试验（这是联合国制裁决议中禁止的）。[1] 从技术层面上看，两者并没有区别，奥巴马政府做出了相应的反应，暂停执行小布什政府针对拆除宁边钚工厂谈判的逐步进程。[2]

朝鲜于2009年4月5日进行了试射。据报道导弹的第一阶段和第二阶段工作正常，但第三阶段失败了。[3] 美国的反应是把这一问题提交到联合国，说服中国和俄罗斯支持安理会发表一份主席声明，谴责这次试射。[4] 尽管主席声明并不等于制裁决议，但事实上最终结果是中俄两国首次公开指出朝鲜"发射卫星"违背了对弹道导弹试验的禁令，这是重要的。以后这将成为一个常常发生的模式，朝鲜的恶劣行径使得美国在外交上取得重大进展（尽管中国并不总是配合）。

作为回应，平壤就像过去常做的那样让事态升级。它拒绝国际原子能机构的核查人员继续进入宁边工厂，声明将进行铀浓缩活动，威胁将

---

[1]　David Morgan and Jon Herskovitz, "U. S. Says North Korea Missile Launch Could Come April 4," Reuters, April 2, 2009.

[2]　Evan Ramstad, "Pyongyang Seeks Peace Pact ahead of Meeting," *Wall Street Journal*, July 28, 2011.

[3]　一些报道认为导弹的第二级也未能正常启动。见：William J. Board, "Trackers Deem North Korea's Missile Flight a Failure," *New York Times*, April 5, 2009.

[4]　"Statement by the President of the Security Council," United Nations Security Council, April 13, 2009（http://daccess-dds-ny.un.org/doc/UNDOC/GEN/N09/302/03/PDF/N0930103.pdf? OpenElement）.

实施一次核试验，并指出将继续发展洲际弹道导弹（目标是将美国纳入朝鲜核打击的范围内）。① 奥巴马政府迅速收回了重返六方会谈的积极性（这是北京所希望的），并热情拥抱李明博。②

朝鲜的下一步是于 5 月 25 日进行了第二次核试验。就像第二章中阐述得那样，这就给奥巴马政府提供了机会，向中国、韩国和日本表明朝鲜部署核武器和洲际弹道导弹直接威胁了美国本土，这彻底改变了美国的安全利益考虑。在这种情况下，美国将不得不采取相应措施保护本国人民，包括将必要的装备部署到亚洲，比如更多的导弹防御系统。美国国防的这种变化将不可避免地影响到中国自身的核威慑战略。副国务卿詹姆斯·斯坦伯格在 6 月的出访中向日本、韩国和中国转达了这一评估。③

此后，华盛顿随即与各国进行协商，以使联合国安理会通过严厉的制裁决议，作为对朝鲜核试验的回应。④ 经过艰苦的努力，奥巴马政府说服了中国和俄罗支持这一决议，该决议显然要比先前所有制裁朝鲜的决议更为严厉。决议的目的是让朝鲜难以获得必要的硬通货，难以采取行动以推进其核计划和导弹计划，同时也是为了加强针对朝鲜的反扩散政权。⑤

正如第二章所简要叙述的那样，朝鲜应对制裁的基本模式是继续挑衅，整个 2010 年都是如此。之前也解释了，综合说来，中国选择保护

① Jonathan D. Pollack, "Kim Jong – Il's Clenched Fist," *Washington Quarterly*, October 2009; Choe Sang-hun, "North Korea Claims to Conduct 2nd Nuclear Test," *New York Times*, May 24, 2009.

② Michael D. Shear and Debbi Wilgoren, "Obama Discussed N. Korea Missile at G – 20," *Washington Post*, April 2, 2009; President Obama and President Lee Myung – bak of the Republic of Korea, remarks, June 16, 2009.

③ "Deputy Secretary Steinberg: Travel to Asia, May 28 – June 5, 2009," U. S. Department of State, June 5, 2009 (www. state. gov/s/d/travel/2009/124014. htm).

④ UNSC Resolution 1874, June 12, 2009.

⑤ Colum Lynch, "U. N. Security Council Sanctions North Korea Firms, Individuals," *Washington Post*, July 17, 2009; "Security Council, Acting Unanimously, Condemns in Strongest Terms People's Republic of Korea Nuclear Test, Toughens Sanctions" (www. un. org/News/Press/docs/2009/sc9679. doc. htm).

朝鲜，以损害中韩、中美关系为代价。只是到了 2010 年底，北京似乎在对朝的私下谈话中开始表现强硬路线，向他们说明其耐心快要耗尽了。

截至 2012 年初，奥巴马政府尚未使朝鲜回到谈判桌前。双方已经进行了两次双边对话，第三次对话安排在 2011 年 12 月底，美国试图让朝鲜同意采取奥巴马政府提出的初步步骤。这些措施是：停止弹道试射和核试验，遵守 2005 年的共同声明和休战协议，冻结朝鲜的铀浓缩项目，并由国际社会监督相关设施。韩国也就全部收购宁边核工厂的废弃燃料棒与朝方进行会谈。这些协议尚未达成，金正日在 2011 年 12 月 17 日去世了，所有的对话都被搁置。朝鲜宣布进入国丧期，把全部精力都放在了保障本国权力更迭上。

因此，就像过去一样，美国在应对朝鲜问题上起起伏伏，但当地核武器和导弹的情况并未好转。事实上，由于高浓度浓缩铀项目似乎已开始全速运转，可以说朝鲜核计划造成的威胁要比奥巴马政府上台时更大。

奥巴马总统现在必须面对朝鲜在新的领导下稳定局势和意图的巨大不确定性。北京因金正日的突然逝世而感到慌乱，对于朝鲜，它把稳定视为重中之重。不出所料，中国最初的反应是向朝鲜表示深切的哀悼，并通过种种方式表达对其合法继任者金正恩的强烈支持。因此，中国在 2012 年初比从前任何时候都更不愿意对朝鲜施加严厉制裁；事实上，北京可能会在 2012 年乐于抓住新的机遇去证明自己支持朝鲜新任领导人的价值。从长远来看，中国倾向于制止朝鲜输出大规模杀伤性武器及相关技术、对韩国进行挑衅，以及继续发展核武器和导弹的任何举动。尽管如此，北京的首要目标仍将是与金正日继任者保持紧密的联系，防止半岛局势出现大的动荡。这一点至少在胡锦涛继任者执政之前不会有所改变。

而且，中国可能对美国在朝鲜的最终目的持深切的忧虑，尤其是考虑到国务卿克林顿 2011 年 12 月访问缅甸时曾鼓励该国进行民主改革，而"阿拉伯之春"之后奥巴马政府外交政策中美国推进全球民主化进程的内容也格外显著。此外，就像第二章中描述的，华盛顿从总体上推进其整体亚洲战略可能使中国在 2012 年更加担心美国对朝鲜的意图。①

关键问题是，金正日的逝世将带来怎样的机遇和风险。尽管金正日为其子接班做准备的时间要比他的父亲短得多，但最初的迹象表明他充分利用了这段时间，至少在初期金正恩能够继承最高政治领导职位并得到军队的宣誓效忠。在 2009 年至 2011 年期间，金正日努力使朝鲜劳动党重新成为一个重要的政治组织，让年轻一些的干部出任中央军事委员会和党内高层的重要职务。② 金正日在 2008 年经历了一次中风，在之后的康复阶段其妹妹和妹夫发挥了重要作用，两人似乎也成为新权力结构的组成部分，将跟随金正恩出现在公众场合。金正恩的实际权力还不清楚，答案显然将随时间的推移而改变。

尽管最初的迹象表明朝鲜实现了平稳过渡，但新领导人在军备开支、经济与社会政策以及诸如弹道导弹和核计划这样的国内、国际政治军事议题上做出艰难的决定时，任何事情都有可能发生。显然，未来朝鲜政策倾向有可能发生积极变化，该国也有可能发生内讧导致领导人重新强调外部威胁或政权直接崩溃。总之，在没有可靠的情报证明上述哪一个件事件更有可能发生时，奥巴马政府必须对任何一种突发事件做好准备。

一收到金正日的死讯，奥巴马就向李明博保证美国已做好准备，一旦朝鲜发出挑衅或采取更具威胁的举动，美国随时准备援助韩国。这是非常正确的做法。我们也有理由相信奥巴马政府同样做到，确保韩国在回应朝鲜的任何行为时将不使局势升级到无法控制的地步。奥巴马政府也立即联系了日本，并与中国外长进行磋商。

只要权力交接在表面上看进行得顺利，奥巴马政府就应该继续保持先前的态度，一旦朝鲜做好准备，就重新开始进行双边对话。但愿这些对话能很快促使各方以美国先前提出的条件为基础，重启六方会谈。这可能也

---

① Kenneth Lieberthal, "The American Pivot to Asia: Why President Obama's Turn to the East Is Easier Said than Done," FP. com（December 21, 2011）（www. foreignpolicy. com/articles/2011/12/21/the_ american_ pivot_ to_ asia）.

② 详细情况见: Lee Dongmin, "North Korea's Power Transition: Rising Instability or Regime Resilience?" Commentary 188/2011（Singapore: RSIS, December 2011）（rsis_ publications@ getresponse. com）.

是一个设立更为远大的目标的合适的时机，包括撤销全部制裁、实现两国关系正常化、正式结束朝鲜战争（用一份和平协议取代停战协定）以及作为朝鲜同国际社会实现关系正常化好处的一部分，给予其能源和经济援助。这些计划是有前提的，朝鲜必须放弃核计划，交出武器级原料，允许国际观察员监督承诺的落实，并开始改善对待本国人民的方式。

本书的建议并不是现在开始为朝鲜提供这样的机会，而是明确表达这些最终目标，尽可能明确地告诉朝鲜新领导人，如果他采取适当的政策就能得到这些好处。此外，考虑到朝鲜的感受，奥巴马政府应竭力避免在这个政治敏感时期发表在对方看来是侮辱性的言论。① 促成朝鲜政治体系发生建设性改变的战略应该强调同北京在实现这个目标上的合作。中国是朝鲜最信任的国家，北京得到的关于该国发展动态的消息要比其他任何政府的都多。中国也对推进朝鲜的经济改革以及降低平壤核计划的威胁感兴趣。

更为重要的是，一旦朝鲜权力交接失败，政权崩溃，中美两国进行有效沟通、建立互信就将具有决定性的意义。因此，让奥巴马总统说服胡锦涛主席同意中美两国代表进行秘密磋商，探寻双方对于朝鲜发生诸如剧烈动荡等突发性事件的看法，是相当重要的。朝鲜政权的完全崩溃将导致该国各军事集团爆发武装冲突，没人知道核原料将落入谁手，这将非常有可能引发中国、美国和韩国进行干预。

尽管我们相信美国和韩国商讨了如何共同应对各类突发性事件，但迄今为止看起来北京不愿与美国讨论这一议题。考虑到北京强烈希望不要疏远朝鲜新任领导人（鉴于美国近期遭遇的"维基解密"事件），奥巴马可能需要亲自说服北京任何此类谈话都将完全保密。这一行动需要立刻开始。

此外，一旦朝鲜出现政争加剧的苗头，美国政府内部就必须有一个明确的立场，是试图激化矛盾、制造大规模的动乱（就像某些美国人、可能还有一些韩国人鼓励得那样），还是息事宁人，避免朝鲜因剧烈动荡引发严重危机（就像北京将做得那样）。考虑到动荡会带来

---

① 奥巴马政府无法阻止共和党总统候选人或任何一位国会议员就该问题发表看法，但是他应该竭力避免造成不必要的麻烦。

极大的不确定性以及尽管有紧张和不同意见，朝鲜最终还是很有可能把内部分歧控制在可以处理的范围内，奥巴马鼓励朝鲜保持稳定将是明智的做法。

我们的观点是，白宫、国务院、国防部和其他相关部门在这一问题上达成鲜明的共识是十分重要的，它们需要与国会合作避免该议题在2012年大选中成为两党踢来踢去的皮球。无论面临何种情况，奥巴马政府都必须继续采取一切行动阻止朝鲜大规模杀伤性武器的扩散，增加平壤方面同意限制、并最终取消整个核计划的概率。

结　论

朝鲜再一次证明要对"流氓国家"实现核心目标是困难的。核计划及相关的导弹计划在朝鲜的政治和安全战略中处于中心地位，是否有可行的办法促使朝鲜放弃这些努力还是个未知数。① 最好的希望是鼓励后金正日时代的朝鲜领导人表现出更大的灵活性，但成功的概率和甚至什么是最好的办法都是未知的。

简言之，国际社会在美国的领导下共同努力，但至今仍未让朝鲜接受普遍的游戏规则。奥巴马试图让全球不扩散体系成为他重塑历史的重要支柱，在朝鲜的失败将对这一努力带来多大的影响目前尚待观察。此外，朝鲜核武器发展过程的教训以及美国无力制止这一行为（2011年在利比亚发生的事件可能强化了这一点）可能会给德黑兰带来一定的启示。

然而，奥巴马政府处理朝鲜问题的方式至少给美国在该地区带来了其他一些重要的外交利益。通过清楚地表明朝鲜继续发展核武器和导弹对美国在东北亚部署军事装备的影响，奥巴马政府促使中国加大了试图制约朝鲜的力度。白宫方面也同韩国紧密合作，在朝鲜问题上同一思想，这使美韩同盟关系比以往任何时候都更亲密。与日本进行广泛的协商也促进了美国与日本民主党政府的关系，强化美日同盟。

因此，金正日治下的朝鲜在不经意间帮助奥巴马政府强化了在东北

---

① 　Pollack，*No Exit.*

亚的同盟，而这正是美国总体战略的组成部分，无论如何美国都会安抚本地区的盟友面对中国崛起。与此同时，朝鲜问题也恶化了中国同韩国和日本的关系（就像第二章解释得那样）。

奥巴马政府并未使北京的盘算发生重大转变，仍然保护了朝鲜免受其行为造成的全面国际外交攻击。但从总体来说，美国政府同北京方面展开了切实有效的合作，使联合国安理会能够对朝鲜采取一些有限的行动。2011 年，中国的外交精英们显然在争论应对朝鲜的最佳战略，而关于金正日的继任也许会使这场争论更尖锐。然而在金正日死后不久，中国就将在 2012 年实现权力交接。如前文所述，在新一届领导人上台前，中国对朝鲜政策做出重大调整、对其更为强硬可能性本来就不大，现在则更小了。

从某种程度上说，奥巴马政府的对朝政策并未实现核心目标——限制并最终消除朝鲜的核计划和导弹计划。然而美国政府在追求这一目标的过程中通过巧妙回应朝鲜的各种挑衅行为获得了许多外交和安全利益。朝鲜仍然是一个危险的地方，因为它还在继续发展核武器和导弹能力，它仍然有可能向其他"流氓国家"和恐怖组织输出这些武器和相关技术，此外该国的国内矛盾也有可能引发一场严重的危机。尽管如此，朝鲜问题反过来显著增进了美国与东北亚国家之间的关系，增强了美国在东北亚地区的战略地位。

在奥巴马执政的三年中，朝鲜和伊朗都在继续推进各自的核计划和弹道导弹计划，都在加工和储存铀，都无视国际社会的呼吁并且制造各自地区的紧张局势。然而就像奥巴马在布拉格演讲中警告的那样，两国也面临"更为严重的后果"。通过艰难的外交斡旋，奥巴马成功说服中国和俄罗斯在广泛的军控领域同美国进行合作，在联合国安理会通过决议，让朝鲜和伊朗为其顽抗付出更大的代价。这一点同其他的努力一道迫使伊朗领导人考虑继续发展核武器将带来的可怕后果，也许还能说服朝鲜重新考虑采取必要的步骤恢复六方会谈。①

而且，奥巴马已经用自己的行为发出了警告：做"流氓国家"代价

---

①　在 2011 年下半年，金正日试图与美国进行对话重返六方会谈。到本书截稿时止，还看不出金正恩和现政权中的重要官员是否会继续推进这一进程。

高昂。尽管在消除全世界的核武器上尚未有所突破，但奥巴马还是强化了国际社会对防扩散和核裁军的承诺，并使新兴大国和传统强国达成了共识，承认朝鲜和伊朗的行为是令人无法接受的。因此，这些"流氓国家"在奥巴马帮助塑造的国际新秩序中变得更加孤立。

第七章

"非传统安全"议题：
能源、气候与弱国家

除应对中国的崛起、阿富汗和巴基斯坦的乱局以及中东的革命之外，奥巴马还需要应对世界上的其他一些翻天覆地的变化。值得期待的是，像印度、印尼、土耳其和巴西这样的国家将处理好内政，利用国际投资和贸易机遇带动创新和增长，并在这一进程中改变各自地区的权力平衡。数亿人将因此相继摆脱贫困。尽管人们通常没有充分认识到这个不断发展的趋势在人类历史上的现今时代的意涵，但这些变化还是非常鼓舞人心的。然而与此同时，这个世界上还有许多人仍然依靠微薄的收入维持生计。全球化的某些趋势威胁到了一些国家的稳定，加重了许多问题，比如墨西哥，其犯罪、毒品、非法移民以及其他一系列问题在很大程度上影响到了美国。21 世纪最为重要的问题还包括一系列相互关联的关于能源利用和气候变化的问题。经济的发展在帮助许多人摆脱贫困的同时，也导致能源的消耗量大幅增加。

从全国政治生涯开始之日起，贝拉克·奥巴马就试图采用一个严肃而系统性的方式解决这些复杂的问题，他显然认为这对于这个星球的长远健康、因而对美国的国家安全来说至关重要。事实上，奥巴马在 2006 年出版的著作《无畏的希望》专门讨论外交政策的那章的前一半篇幅，以他在印度尼西亚长大时的领悟来作为认识世界及其挑战的框架，这之后才提及伊拉克、核不扩散或防务开支问题。在这一章的最后总结自己对外交政策的看法时，他提出"促进和平要比避免战争更加重要"，这再次彰显了他对这些问题的重视程度。就像奥巴马在担任参议员时说得那样，如果美国要"保障我们的长远安全利益，那么就不仅是小心使用武力那么简单。我们必须对政策进行调整，在全球范围内缩小贫困、暴力和不安的范围，让更多的人像我们一样从国际秩序中获益。"① 总体上看，这些问题可以归入非传统安全议题中，因为一般而言它们并不会对美国造成明显而即刻的威胁；但它们确实会影响到广泛的美国国家安全，尤其是从长远看。

奥巴马认为，尽管所有这些新的威胁和机遇并不会取代传统国家安全议题，但它们是与全球的未来核心议题。奥巴马总统的推论是：这些问题实在是太重要了，决不可忽视，甚至不能拖到第一届任期很后面时再去解决。他对所面临的政治现实的推论似乎是，如果能够成功应对战争问题和关键经济问题，那么他就可以着手解决非传统安全问题，而在国家安全问题上也并不示弱。回想起马丁·路德·金的另一句箴言，奥巴马感觉到解决这些问题"已迫在眉睫"。在整个竞选过程中，他经常在重要演讲中提到这些。伊拉克问题、阿富汗问题、中东和平进程、中国崛起以及伊朗和朝鲜核计划，没有一个问题的重要性能够降低，但这些议题也同样无法转移他对非传统安全问题的关注。

除竞选演讲之外，美国政府的一些重要原则和计划文件也显示出非传统安全议题在奥巴马心中占有重要的地位。例如，国务院在国务卿克林顿的领导下出台了新的计划文件——《2010 至 2014 年外交与发展评估报告》，很好地总结了奥巴马总统的观点：

> 我们必须继续对由国家间的战争和侵略造成的传统威胁保持警惕。但是在 21 世纪，我们也将面临新的威胁，它们超越地区分界，危及整个国际体系。
>
> 首先，恐怖主义和奉行暴力的极端主义造成的威胁越来越严重、越来越接近……其次，就像奥巴马总统说的那样，当下最直接、最严重的威胁之一就是核物质的扩散，尤其是流向恐怖组织……再次，尽管经济全球化帮助全球数百万人摆脱了贫困，并促进了美国的繁荣，但相互关联的全球经济体系也给各国提出了跨越国界的新挑战……第四大威胁是不可逆转的气候变化将带来严重的后果……第五大威胁是由于我们过分依赖技术和网络，网络安全问题凸显……六是跨国犯罪

---

① Barack Obama, *The Audacity of Hope* (New York: Crown Publishers, 2006), pp. 271 - 323, especially pp. 314 - 315.

带来的威胁不断增加，直接威胁到了美国和其他国家的稳定与有效管理……最后，尽管流行性疾病和传染病已经存在了上千年，但是今天它们的致病性更强、潜在的破坏力更大。①

克林顿重复了总统写在 2010 年 5 月发布的《国家安全战略》序言中的话："我们寻求建立的国际秩序应当能够应对当代的一系列挑战——反抗奉行暴力的极端主义和武装暴乱；阻止核武器的扩散；保障核原料的安全；应对气候变化和维持全球经济增长；帮助各国实现粮食自给自足并帮助他们应对疾病；解决和预防冲突，同时也治愈战争的创伤。"②

以上列举的问题可以分成两大类：一是本书其他部分讨论的关于反恐、核不扩散以及国土安全事务的"硬实力"问题，二是涉及能源、经济、传染病、弱小国家、内部斗争和犯罪的"软实力"问题。在这些非传统安全议题中，美国最关心的且涉及其核心利益的是：首先是能源（包括核能，尤其是核不扩散问题与核安全问题）和气候变化问题，其次是国际贫困问题和犯罪问题（尤其关注几个重要的国家，比如墨西哥）。以上问题对贝拉克·奥巴马来说都十分重要。第一类问题涉及美国经济安全的基础和未来地球的宜居性。而奥巴马认为第二类问题对于创造一个更加公正、更加稳定的国际秩序至关重要。这些问题可能会危及国际体系甚至是这个星球的生死存亡，那么奥巴马究竟做得怎么样呢？

答案可以简单地概括为：奥巴马取得了一些有限的进展，但并未在任何一个领域改变了历史的轨迹。他试图制订和实施新的能源政策却失败了，这对落实他在 2009 年哥本哈根国际气候变化峰会上提出的目标产生了直接和负面的影响。尽管他在核不扩散问题上取得了一些进展，但就核能力而言，2012 年上半年全世界面临的威胁与 2009 年初几乎一样大。

同奥巴马上台时相比，墨西哥的麻烦就更大了。在应对由此带来的非法移民问题时，美国政坛并未如奥巴马所愿抛弃党派之争，共同做出

①　U. S. Department of State and U. S. Agency of International Development, *Leading through Civilian Power: The First Quadrennial Diplomacy and Development Review* (2010), pp. 11 – 12 (www. state. gov/documents/organization/153108. pdf [June 8, 2010]).

②　White House, *National Security Strategy*, May 2010 (www. whitehouse. gov/sites/default/files/rss_ viewer/national_ security_ strategy. pdf [June 8, 2011]).

决策。全球扶贫计划确实取得了一些进展，这并不是像奥巴马希望的那样因为提高对外援助金额、清除贸易壁垒带来的结果，而是发展中国家自己出台了好政策，这一趋势在他当选前就已经出现了。在他任内，失败国家带来的挑战并没有增加，比如民主刚果。由于美国政府的积极支持，20 国集团在很大程度上已经取代了八国集团。这样的调整是通往正确道路的一步，但联合国安理会的改革还是和从前一样遥遥无期。

奥巴马在这些问题上遭遇了重大挫折，这并没有和美国历任总统有什么区别。但总的来说，这位胸怀大志的美国总统在非传统安全领域没有什么重大成就——而他曾激发了从雅加达到柏林和世界上许多其他地区的巨大热情和宏伟希望。

能源和气候

奥巴马总统在入住白宫时就十分关注美国和世界的能源消耗问题。首先，与多位前总统一样，他认识到了美国石油供给的脆弱性。其次，他甚至比吉米·卡特和比尔·克林顿更重视气候变化问题，认为这将严重危及美国和全球的生存，并将其列为国家安全的主要威胁之一。

能源需求与传统国家安全

既忧心能源安全又担心气候变化使得做出决策变得尤为困难。例如，为了解决能源安全问题，一位"能源国家主义者"可能会支持全面开采美国近海的全部石油，以及煤炭、天然气及加拿大的油沙和相关的碳氢化合物资源。① 但是对于气候变化活动家来说，像煤炭和油沙这样的燃料很成问题。由于煤产生一个单位的能量（通常用英制热单位 BTU 表示）会释放出大量的二氧化碳，所以对于那些主要关注气候问题的人来说这些燃料几乎是禁区，至少在科技进步到能提高燃烧效率或将二氧化碳捕捉并永久深埋于地下之前应该这么做。而且，煤炭及其污

---

① 见：Michael A. Levi, "The Canadian Oil Sands: Energy Security versus Climate Change," Council Special Report No. 47 (New York: Council on Foreign Relations, May 2009), pp. 23 - 25.

染物会带来严重的健康问题。① 对于那些关注减缓气候变化的人来说，甚至使用天然气都是有问题的，它每产生一个单位英制热量所释放的二氧化碳平均也有煤炭或石油的45%。如果某国以天然气作为主要能源的话，它将无法大幅削减温室气体排放量，实现气候学家认为必须完成的减排目标（将在下面讨论）。②

　　关于世界能源最基本的事实也许可以这样总结：世界上绝大多数交通工具都依靠石油驱动，目前全世界每天的石油产量已达8500万桶。③ 美国消费了其中的四分之一，其中大部分靠进口。而美国进口的石油多数并非来自中东，而是主要来自北美和一些非洲国家。但是，石油是不可替代物，世界经济极度依赖中东地区（还有俄罗斯）的石油，广义的波斯湾地区生产的石油占到全球总产量的三分之一，那里已探明的石油储量约占全球的三分之二。④ 值得注意的是，目前中国消耗的石油将近一半、印度约65%、韩国将近四分之三、日本80%来自中东。⑤

---

① Michael Greenstone and Adam Looney, "A Strategy for America's Energy Future: Illuminating Energy's Full Costs," Hamilton Project Strategy Paper (Brookings, May 2011), pp. 10 – 18 (www. brookings. edu/ ~ /media/files/re /papers/2011/05_ energy_ greenstone_ looney/05_ energy – Greenstone_ looney. pdf [May 10, 2011]).

② 每产生1000千瓦时电力，用煤炭平均会产生0.99吨二氧化碳，石油为0.95吨，天然气则产生0.44吨。见：Joseph E. Aldy, "Promoting Clean Energy in American Power Sector," Hamilton Project Discussion Paper 2011 – 04 (Brookings, May 2011), p. 8. (www. brookings. edu/ ~ /media/files/re /papers/2011/05_ clean_ energy_ aldy/ 05_ clean_ energy_ aldy_ papers. pdf [May 20, 2011]).

③ 要理解为何几乎所有的交通工具依旧靠石油驱动，就要考虑到目前买一组驱动电动汽车的可拆卸式电池就要花费8000美元。见：David Sandalow, *Freedom from Oil*: How the Next President Can End the United State's Oil Addiction (New York: McGraw Hill, 2008), p. 69. 此外还需注意的是，美国每年只有7%的车辆被新车取代。即使全体美国人民都选择购买电动汽车，取代传统汽车也要花好多年。Sandalow, *Freedom from Oil*, p. 18.

④ 例如，见：John S. Duffield, *Over a Barrel*: The Costs of U. S. Foreign Oil Dependence (Stanford University Press, 2008), pp. 16 – 55.

⑤ 见：U. S. Energy Information Administration, "China Country Paper," 2011 (http: //205. 254. 235. 24/countries/cab. cfm? fips = CH [September 7, 2011]); "India Country Paper," 2010 (http: //205. 254. 135. 24/countries/cab. cfm? fips = IN); "South Korea Country Paper," 2010 (www. eia. gov/cabs/South_ Korea/Full. htm); "Japan Country Paper," 2011 (http: //205. 254. 135. 24/countries/cab. cfm? fips =JA).

　　近期的历史证明，中东地区的不稳定性与其重要性同样突出。根据一些估计，美国每年需要为波斯湾地区的驻军花费至少 500 亿美元，保障海湾地区石油运输线的通畅。[1] 另外，美国为推翻萨达姆·侯赛因花费了上万亿美元，战争已接近尾声，接下来要帮助伊拉克建立一个稳定的新政府；已经有将近 5000 名美国人为此付出了生命。这场战争本身并不是为了石油，但之前在海湾地区发生的许多次战争都源于世界经济对该地区的依赖。

　　除了这些直接的花费之外，还有一种风险是该地区如果爆发危机将在相当长一段时间内使国际石油市场陷入混乱，比如如果巴林发生革命、沙特王室发生继位危机以及在相邻的国家之间爆发全面战争——这将使 2008 年每桶 145 美元的石油相比起来算是很便宜的了。2011 年，地区局势的动荡导致油价一度突破每桶 120 美元，随后油价暂时下跌了约三分之一（尽管如此，在 2012 年初本书写作期间油价已接近每桶 100 美元）。据估计，在美国经济竭力摆脱危机的时刻，石油价格的上涨已经导致经济增长率减少了一个百分点。这些事实再次彰显了美国和这个世界依赖海外石油带来的风险。[2]

　　石油占美国消耗全部能源的 40%，但美国交通运输燃料有 95% 以上来自石油。相反，供热和供电主要依靠煤炭、天然气、核电和水力发电，石油、风能和太阳能所占的比例相当有限。[3] 总的来说，全世界每年需要消耗 500 万亿英制热单位的能量，其中约 35% 来自石油，25% 来自煤炭，20% 多一些来自天然气，10% 来自可再生能源，还有 6% 来自核能。[4] 相对而言，以上所有其他种类的能源在全世界的分布都比石

---

　　[1]　这样的估算很不准确，因为很少有美军部队专门用来长期保证波斯湾（或是其他任何特定地区）的安全。

　　[2]　例如，见：William W. Kaufmann, *Assessing the Base Force*：*How Much Is Too Much?* (Brookings, 1992), p. 3; Michael E. O'Hanlon, *The Science of War* (Princeton University Press, 2009), pp. 18 – 52.

　　[3]　Sandalow, *Freedom from Oil*, pp. 14 – 16.

　　[4]　U. S. Energy Information Administration, *International Energy Outlook* 2011, September 2011, p. 159 (www. eia. gov/forecast/ieo/pdf/0484 (2011) . pdf).

油更广。①

　　传统的国家安全思维优先处理以各种方式减轻对外国石油的依赖，包括不惜增加碳排放量开发北美的能源。奥巴马总统同多数美国政治家一样，在出台能源战略时，接受了本国能源自给和其他传统国家安全考虑的学说。比如，2008 年秋季，他与约翰·麦凯恩在纳什维尔展开第二次辩论。在辩论中，他表示能源政策的重要性超过医疗改革和教育：

> 　　解决能源问题必须从今天就开始，因为在纳什维尔你的汽油价格是 3.8 美元，而油价还会继续上涨。这笔开支对你的家庭来说是个不小的负担，但对于我们的国家安全更不利。你要知道，像俄罗斯和委内瑞拉这样的国家，某种程度上还有伊朗，能从高油价中获益。因此我们不得不立即着手解决这一问题。这就是我要求在未来十年每年追加 150 亿美元投资的原因。我们的目标应该是，在 10 年后彻底摆脱对中东石油的依赖。②

　　事实上，考虑到美国对境外石油的依赖程度，达到完全的自给自足远不如实现进口石油的多元化，以减少对任何一个特定区域，尤其是中东地区的依赖更为现实。况且即使美国现在有希望实现，整个世界在短期内还是不可能消除对中东石油的依赖。尽管如此，美国能源政策的指导思想还是基于此，并倡导供给源多样化和在（北美地区）开发尽可能多的资源。

气候变化的因素

　　奥巴马之所以与前几任总统不同就在于他还关注气候变化。他接受了科学家们一致认定的现实。根据政府间气候变化专门委员会的估计，

---

　　①　例如，以南美为代表的许多地区水利发电量和煤炭发电量不断上升。在其他一些地区，天然气和可再生能源所占比例已经超过了石油。U. S. Energy Information Administration，"World's Energy Overview：1996 – 2006"（www. eia. gov/iea/overview. html）.

　　②　见："The Second Presidential Debate," *New York Times*，October 7，2008.

全球平均气温上升两摄氏度、也就是 3.6 华氏度, 就会引发严重的后果。① 全球平均气温已经上升了 1.3 华氏度, 这主要是过去一个世纪不断加速的工业化进程导致的。

二氧化碳排放量的增加是人类活动导致气候变化的主要方式。目前大气中的二氧化碳浓度为 0.385‰, 与 19 世纪基线相比提高了 0.1‰, 并且还在以每年 0.002‰的速度上升。一旦二氧化碳浓度达到约 0.4‰的水平, 那么平均气温上升的幅度很有可能达到 2 摄氏度。诚然, 这些数据有其不确定性, 但它们描述的科学事实已经得到了全世界的广泛接受。

为了确保地球大气中的二氧化碳浓度不超过或低于这一水平, 就要将目前全球每年的二氧化碳排放量从 300 亿吨减少到 150 亿吨。这一目标必须实现, 尽管据估计未来几十年全球的能源消耗量将再增加50%。② 由于大气中的二氧化碳会逐渐被吸收或消失, 把排放量削减到这一水平能使二氧化碳浓度保持稳定, 并有可能稳定全球气候。③

若二氧化碳浓度超过 0.4‰, 全球平均气温与一个世纪前相比上升的幅度超过两摄氏度, 后果将不堪设想。格陵兰岛的冰川将加剧大面积融化(由温室气体排放导致极地的温度变化更大), 仅海水温度的上升就将导致海水体积的膨胀, 引发海平面上升, 淹没全世界的低海拔地区。天气模式的变化, 使全球干旱地区变得更加干旱, 极端天气状况将更加频繁地出现。④ 对于大气中特定的二氧化碳和其他温室气体量将导致多大程度的温

① 有些人提出的目标更为严格, 特别是联合国气候变化框架公约执行秘书长克里斯蒂安娜·菲格雷斯提出要把平均气温上升的幅度控制在 1.5 摄氏度以内。见: "Climate Official Urges Limit on Warming," *Washington Post*, June 4, 2011, p. A5.

② U. S. Energy Information Administration, *International Energy Outlook* 2010, July 2010, p. 1 (www. eia. doe. gov/oiaf/ieo/index. html [May 23, 2011]).

③ William Antholis and Strobe Talbott, *Fast Forward: Ethics and Politics in the Age of Global Warming* (Brookings, 2011), pp. 2 – 9.

④ 见: Brian Vastag and Ed O'Keefe, "A Storm Season on a Deadly Path," *Washington Post*, May 24, 2011, p. A1. 请注意, 北极冰川的融化并不会带来海平面的上升, 因为这些冰川都是漂浮在水上的, 其水面以下的体积与冰川融化后得到的水的体积是一样的。南极冰川位于陆地上, 但那里的温度还远在零度以下; 因此在可预见的未来, 南极冰川不太可能发生灾难性的融化。

度上升以及温度上升会带来什么样的具体后果，目前尚存争议。但是人类活动释放出的二氧化碳与全球变暖之间存在关联已是主流科学界的共识，尽管有相当一部分美国政治领导者拒绝接受这一事实。

也许可以采取一些温和的办法应对全球变暖问题，比如可以模仿火山喷发带来的冷却效应在高层大气中人为制造一些类似烟尘的颗粒。但是科学家们担心采取类似的措施可能会带来一些意想不到的间接后果，比如那些微粒落到地面之后可能会导致海洋的酸性提高。因此这些措施最多只能作为最后的选择。

国际政治与国内政治

受这些科学研究发现的激励，奥巴马试图在 2009 年和 2010 年完成两件大事：一是在哥本哈根气候变化会议上达成国际协议，二是在国内为"排放总量管制和交易"立法，建立起碳排放许可系统，使 2020 年美国的碳排放量削减 17%，到 2050 年削减 83%（六分之五）。① 当然，这两大目标是有联系的，因为任何国际协议都会需要美国的行动。如第二章所述，在哥本哈根会议的准备阶段，其他国家抱着浓厚的兴趣旁观美国总统能否运用政治技巧和自身的影响力在国内兑现自己在多边会谈中做出的承诺。没有人会忘记克林顿执政时期《京都议定书》的经历。起初是华盛顿为达成协议付出了巨大的努力，但最终由于美国国内政治的羁绊，该协定未能获得参议院的批准。

而且，中国等国家并不愿意放弃《京都议定书》附录二国家的地位，因为这让它们免于承担限制温室气体排放的国际义务。北京转而宣布其国内政策的优先考虑从削减国内生产总值的"单位能耗"（也就是说，一定量的国民经济产出所需要的能源）转向减少"单位碳排放量"。因此，北京不愿就减少温室气体的绝对排放量做出承诺。②

---

① Antholis and Talbott, *Fast Forward*, p. 48.

② Kenneth Lieberthal, "Challenges and Opportunities for U. S. – China Cooperation on Climate Change," testimony before the Senate Foreign Relations Committee, Washington, June 4, 2009（www. brookings. edu/testimony/2009/0604_ china_ lieberthal. aspx ［September 6, 2011］）. 中国第一次在这一问题上表现出一定的灵活性是在 2011 年 11 月至 12 月在南非德班举行的第 17 届缔约方会议上。

　　事实上，某些中国领导人怀疑这是白宫的一个阴谋：奥巴马在哥本哈根迫使各国承诺减少二氧化碳的排放量，回国后他却无法让国会批准协议生效，这样一来美国就不用履行自己的承诺。实际结果是，中国被迫减排，而美国却不用这么做，最终导致中国在同美国在经济竞争中处于不利地位。

　　在哥本哈根，各国未能就减少碳排放量达成有约束力的协议。但是奥巴马挽救了一份后备协定，要求每个国家自己为减排制订计划，并向国际社会公开。[1] 他达成这项协议主要是依靠与中国的温家宝总理以及印度、南非和巴西的领导人在哥本哈根峰会结束前的周五晚上举行了一次没有事先计划的会议，并说服他们达成了共识。这次临时会议的性质决定了，欧洲人并没有直接参与这份最后一刻签署的协议，尽管欧洲国家在控制碳排放和吸引国际社会关注该议题上做得比美国多。

　　也许《哥本哈根协定》并不是一个意义重大的成果，但有总比没有任何协议强。同要美国做出实质性承诺的协议相比，该协定也显得更加现实，因为美国国会可能会拒绝通过在国内落实该协议的法案。由于该协定鼓励包括美国和发展中国家在内的世界各国共同采取行动，因此从美国的角度上看要比1997年制订的《京都议定书》更好。随后，中国和印度都在2010年1月31日提出将各自的目标写入《哥本哈根协定》的附录部分。两国都不同意削减排放总量，但都承诺减少各自的国内生产总值的"单位碳排放量"，这就意味着总体上它们都将使用更多的清洁能源。[2] 中国已经在2006年至2010年的五年计划中证明了自己削减国内生产总值单位能耗的能力，尽管遇到的困难要比最初设想的要大。[3] 2011年12月的南非气候大会秉承了同样的理念，希望包括发展中国家在内的所有缔约国能再达成一份具有约束力的协定。

---

　　[1]　Jennifer Morgan, "Reflections from Copenhagen: The Accord and the Way Forward," December 29, 2009 (www. wri. org/stories/2009/12/reflections – copenhagen – accord – and – way – forward [May 4, 2011]).

　　[2]　Antholis and Talbott, *Fast Forward*, pp. 87 – 88.

　　[3]　Kenneth Lieberthal and David Sandalow, "Overcoming Obstacles to U. S. – China Cooperation on Climate Change," John L. Thornton China Center Monograph Series no. 1 (Brookings, January 2009), p. 28.

因此，奥巴马在这个对自己和时代都具有重要意义的其中的一个外交政策目标上是基本成功的。除处理能源问题外，他的政策也鼓励了发展中国家、尤其是新兴大国担负起更大的责任，希望它们做出更大的贡献。在奥巴马看来，《哥本哈根协定》意义重大，因为不仅中国，而且印度、巴西、土耳其、印尼和南非都参与了影响重大的国家组成的精英集团，共同决策全球事务。他强调由20国集团而不是八国集团主导全球财政危机的解决是这一转变的另一种体现。然而，他的某些行动主要是象征性而非切实的，比如承诺支持印度成为联合国安理会常任理事国。尽管如此，在气候变化议题上，奥巴马说服了发展中国家，它们必须制订自己的计划。即使不必像工业化强国那样削减实际的碳排放量，它们至少也应该将自己的计划置于国际社会有限的监督下。①

然而，在《哥本哈根协定》达成之后，美国未能履行承诺，能源立法在2010年止步不前。由于全球最大的经济体和第二大二氧化碳排放国尽自己的义务的信用受损，这份国际协定的意义大为降低。

究竟发生了什么？美国参议院不愿批准一份有约束力的限制碳排放量的政策。但行政部门也要承担一部分责任，因为奥巴马决定把通过医疗改革法案作为首要任务。奥巴马政府也因为公民感觉自己做的事情太多，花销太大而开始受到影响。这再一次削弱了政府推动能源立法的能力。

奥巴马政府在同国会合作为排放权交易立法时也犯下了一系列战术性的错误。奥巴马并未通过谨慎的协商在参议院构建起一个支持这项法案的同盟，而是做出了无条件的妥协，这样一来他在参议院的盟友就无法以此为筹码换取足够多的选票保障能源法案获得通过。这些妥协措施包括考虑允许在美国东海岸钻井以及扩展与核电站建设相关的政府贷款担保。奥巴马政府也未能继续获得参议院多数党领袖哈里·里德的支持。考虑到自己必须在内华达州获得连任，里德最终决定优先考虑移民改革，这就意味着他不愿在这关键时刻继续推动能源立法。奥巴马政府还失去了一些重要的盟友，比如因为糟糕的公共关系，参议员林赛·格

---

① Antholis and Talbott, *Fast Forward*, pp. 29 – 45.

雷姆被描绘成新能源税的支持者，这个立场在政治上是不可能存活的。[1]

关键是，奥巴马试图通过一项没几个人懂的碳排放权交易体系间接通过能源法案，但这样做所冒的风险比多数人所料想的大得多。为了避免出台传统的、引起很大争议的碳排放税，奥巴马政府可以说犯了更大的错误，去试图重塑美国经济的核心，而这种方式很容易被批评者们嘲讽为是征收巨额间接税的方案。事实上，批评者们说该计划很有可能强加给美国经济上万亿间接税负担。[2]

此外，到 2050 年碳排放量减少 83% 的目标是如此远大，这显然反映出一种愿望，认为排放权交易体系在经济上形成的激励机制将推动本质上全新的能源技术的开发。较长的期限冲淡了这个计划对很多人来说的革命性，但这仍不失为一个十分大胆的想法。这样的目标更多地体现了对科学和自由市场的力量的信念，而不一定是说有什么确切的证据表明这样的减排是能够实现的。[3]

---

[1] Ryan Lizza, "As the World Burns," *The New Yorker*, October 11, 2010.

[2] John M. Broder, " 'Cap and Trade' Loses Its Standing as Energy Policy of Choice," *New York Times*, March 25, 2011.

[3] 例如，联邦快递公司目前经营着一家面积达 8.1 万平方英尺的太阳能发电厂，每个晴天都能为奥克兰机场提供 1 兆瓦的电力。见：U. S. Department of Energy, Office of Energy Efficiency and Renewable Energy, "Fedex Installs 904 – Kilowatt Solar Power System," August 17, 2005（www1. eere. energy. gov/solar/news _ detail. htm? news _ id = 9288［May 25, 2011］）。目前，美国的峰值发电功率为 1 万亿瓦。见：Aldy, "Promoting Clean Energy in American Power Sector," p. 9. 假设未来美国的电力需求约为 1 万亿瓦（超过联邦快递奥克兰电厂发电能力 100 万倍以上），就意味着需要 3000 平方英里的厂区。假设太阳能装置的能量转换效率为 20%，并认为在传输和储存的过程中不会消耗能量，那也需要大约两到三万平方英里的土地以供安装太阳能设备。美国的总面积为 960 万平方公里，因此太阳能设备的占地面积将占到全国总面积的 1%。作为参考，联邦政府拥有全美土地的 30%，其中包括公园、森林、野生动物保护区、印第安人保留地、军事基地以及其他用途的土地。风能可能也存在类似的情况。例如，理论上说，仅仅是堪萨斯、北达科他和得克萨斯州蕴藏的风能就能满足全国目前的电力需求，而全国蕴藏的风能资源总量是当前全国发电量的 10 倍。生物燃料的发展前景更为广阔。目前正有人争论生物燃料能否满足未来全球能源需求的 5% 或 50%，无论这一切是否能实现，从理论上说，生物燃料能替代一小部分、甚至是超过半数的矿物燃料。甚至是对那些担心使用玉米乙醇将导致全球粮食价格上涨的人来说，也有可能通过利用其他种类的植物获得大量的生物

可再生能源选项和政策：局限和风险

理论上讲，可再生能源可以替代目前使用的所有各种能源为美国提供电力，而多数汽车也可以由电池驱动。然而事实上，目前大规模扩大任何一种可再生能源的使用都充满了挑战。站在国家需求的层面看，可再生能源的成本普遍要比目前使用的煤或石油的直接价格高数倍。[①] 考虑到美国目前每年都要在能源上花费数千亿美元，就不难理解为何批评碳排放限制交易体系的人说这样做每年带来的成本将高达1万亿美元或更多。

2050年前美国很有可能在技术上获得突破，使以上这些选项在经济上变得可以接受，甚至比传统能源更加经济。但假设碳排放量减少80%以上更多是一种希望，而不是一项坚定、现实的政策。例如，奥巴马政府出台的汽车里程能量规定最终将每辆汽车的平均碳排放量减少一半，但无论如何都不是减少六分之五。[②] 而且奥巴马政府仅仅采取了适

燃料，而不是从肥沃的农田中取材。关于风能的数据，见：Cristina L. Archer and Mark Z. Jacobson, "Evaluation of Global Wind Power," *Journal of Geophysical Research* 110 (2005) (www. stanford. edu/group/efmh/winds/global _ winds. html [May 25, 2011]); Worldwatch Institute and Center for American Progress, "American Energy：The Renewable Path to Energy Security," September 2006, p. 26 (http：//images1. american-progress. org/il80web20037/americanenergynow/ AmericanEnergy. pdf [May 26, 2011]); U. S. Department of Energy, National Renewable Energy Laboratory, "Estimates of Windy Land Area and Wind Energy Potential, by State," February 4, 2010 (www. windpowe-ringamerican. gov/docx/wind_ potential_ 80m_ 30percent. xls [May 15, 2011]). 关于生物燃料的数据，见：Christopher B. Field, J. Elliott Campbell, and David B. Lobell, "Biomass Energy：The Scale of the Potential Resources," *Trends in Ecology and Evolution* 23, no. 2 (2007), pp. 65 – 72 (www. cas. muohio. edu/~ stevenmh/ Field20% 20al% 202008. pdf [May 15, 2010]); Svetlana Ladanai and Johan Vinterback, "Global Potential of Sustainable Biomass for Energy," Report 13 (Swedish University of Agricultural Sciences, 2009) (www. worldbioenergy. org/system/files/file/WBA_ PP – 1_ 100122final10. pdf [May 10, 2011]); Lester R. Brown, "The New Geopolitics of Food," *Foreign Policy* (May – June 2011), p. 57.

① Greenstone and Looney, "Strategy for America's Energy Future," p. 18.

② 见：White House, Office of the Press Secretary, "Clean Air：An Investment in Health, the Environment, and the Economy," September 2, 2011 (www. whitehouse. gov/the – press – office/2011/09/02/zichal – blog – post – cleaner – air – and – stronger – economy – record – success [September 7, 2011]).

度的措施以提升能源领域取得技术突破的可能性。政府在一定程度上加大了对能源领域研究的资金投入，但综合来说，影响十分有限：目前美国每年在能源研究上投入大约 50 亿美元，按美元实际价值计算仅仅是 70 年代后期投入的一半。[1]"太阳能企业丑闻"（Solyndra Scandal）[2] 使联邦政府给清洁能源企业的贷款背负不好的名声。奥巴马也没有推出任何计划推广使用乙醇。在小布什政府执政后期这种燃料在美国大热，但常常因影响到国内和国际粮食市场的玉米供给而备受谴责。奥巴马可能应该鼓励研究不依靠玉米、也不依靠田间作物的生物燃料。

　　奥巴马政府同样未能在核能利用上取得实质性的进展。他们在这一问题上遇到的挑战至少与利用"更加清洁"的可再生能源一样大。在 2011 年福岛核电站事故发生后，恐怕有必要确保未来所有的核电站都安装被动冷却系统和其他安全设施，而不是指望不间断的供电和人力直接监督。[3] 必须有更多的投资者愿意接受修建核电站的巨额花费。[4] 总之，现在核能并没有比奥巴马上台时有更大的提供美国能源供给的潜力。

　　也许最为重要的是，无论是在国内还是在国际上推广使用核能都必须解决核扩散问题。核能技术扩散会使更多的国家能轻易地获得武器级核燃料，在小布什总统执政时期，曾有一系列有关这个问题的提案，其中包括各国广泛接受在国际原子能机构监督规定中增加"附加条例"，允许国际监督员在本国监察超过已申报的核设施。其他的建议还有：小布什政府提出禁止更多的国家掌握铀浓缩技术（确保这些国家能通过可靠的渠道购买所需的核燃料）；国际原子能机构总干事穆罕默德·巴拉

---

　　[1]　John M. Deutch, "An Energy Technology Corporation Will Improve the Federal Government's Efforts to Accelerate Energy Innovation," Hamilton Project Discussion Paper 2011 – 05（Brookings, May 2011）, pp. 9 – 10（www. brookings. edu/ ~ /media/files/ re/papers/2011/05_ energy_ corporation_ deutch_ paper. pdf ［May 10, 2011］）.

　　[2]　即奥巴马曾因其主要资助者、能源大亨乔治·凯泽的施压，向濒临倒闭的太阳能企业 Solyndra 贷款五亿美元。

　　[3]　Stephen M. Goldberg and Robert Rosner, *Nuclear Reactors: Generation to Generation*（Cambridge, Mass.: American Academy of Arts and Sciences, 2011）, p. 22.

　　[4]　见：Stephen Thomas, "The Credit Crunch and Nuclear Power," in *Nuclear Power's Global Expansion: Weighing Its Costs and Risks*, edited by Henry Sokolski（Carlisle, Pa.: U. S. Army War College, Strategic Studies Institute, 2010）, pp. 125 – 148.

迪的想法是将来所有的铀浓缩工厂必须由多国共同拥有和运营；还有人建议禁止生产新的高浓度浓缩铀，禁止新建任何钚再加工设施（事实上，这是一个更为严格的可裂变材料中断供应条约，但并不一定是一个需要等待正式谈判的协议）。[34]

但是，奥巴马政府在执政期间只是采取了有限的措施。它协助建立了核燃料银行，从而减少了其他国家拥有它们自己的铀浓缩技术的需要，或者是发展此能力的借口，这一计划也许在将来能发挥一定的作用。[①] 奥巴马政府在说服核供应国集团对铀浓缩与核燃料再加工技术转移采取更为严厉的限制上做得并不太好。它也未能阻止中国在这一框架外为巴基斯坦的核野心提供帮助。[②] 奥巴马政府继承了小布什政府明智的《防扩散安全行动计划》，并在防扩散预算总额增加10%的情况下提高了用于保障研究反应堆用核燃料以及其他相关设施安全的经费。[③] 此

---

① Ellen Tauscher, "Addressing the Nuclear Fuel Cycle: Internationalizing Enrichment Services and Solving the Problem of Spent – Fuel Storage," in *Multinational Approaches to the Nuclear Fuel Cycle*, edited by Charles McCombie and others (Cambridge, Mass.: American Academy of Arts and Sciences, 2010), pp. 36 – 39; Gregory L. Schulte, "Strengthening the IAEA: How the Nuclear Watchdog Can Regain Its Bark," *Strategic Forum*, no. 253 (March 2010) (www. ndu. edu/inss/docuploaded/sf% 20253_ web. pdf).

② Sharon Squassoni, "Mapping Nuclear Power's Future Spread," in *Nuclear Power's Global Expansion: Weighing Its Costs and Risks*, edited by Sokolski, p. 72. 也可见 Fred McGoldrick, "The Road Ahead for Export Controls: Challenges for the Nuclear Suppliers Group," *Arms Control Today* 41, no. 1 (2011), pp. 30 – 36; Daniel Horner, "India, U. S. Agree on Terms for Reprocessing," *Arms Control Today* 40, no. 4 (2010), pp. 60 – 62.

③ 该计划是在2010年春季举行的华盛顿峰会上提出的，共有47国参与。见：Friends Committee on National Legislation, "Success!: Nine Percent Increase in Nuclear Nonproliferation Funding," April 12, 2011 (http: //fcnl. org/issues/nuclear/nine_ percent_ increase_ in_ nulcear_ nonproliferation_ funding/ [May 20, 2011]). 华盛顿峰会促使各国采取了一系列实质性的防扩散措施，比如智利就把本国全部的高浓度浓缩铀运到了美国，哈萨克斯坦将保障足以制造数百枚核弹头的核燃料的安全，俄罗斯停止生产钚。见：Robert GolanVilella, Michelle Marchesano, and Sarah Williams, "The 2010 Nuclear Security Summit: A Status Update" (Washington: Arms Control Association, April 2011), p. 27 (www. armscontrol. org/system/files/Status _ Report _ April_ 11_ 2011_ WEB. pdf [May 10, 2011]).

外，美国政府还提出了一项计划，由俄罗斯和法国向伊朗的研究反应堆提供浓缩铀，但遭到伊朗的拒绝。奥巴马也在其他方面付出了努力，包括支持就停止可裂变材料的协议进行（停滞不前的）对话，这是项精工细作的活儿，却不是大胆或历史性的。①

作为一位把能源视为最重要的三大问题之一的总统，还有其他一些事情奥巴马可以做。有一些并未取得什么进展，但另一些可能将产生重大影响。② 例如，奥巴马可以建立一个情报交换站，消费者可以方便地从那里得到详细的信息，知道本地区的哪些承包商能为他们的住宅和办公室安装太阳能板和其他相关技术。他也可以坚决推行对混合动力汽车和纯电动车的补贴，鼓励生产更多可使用多种燃料的汽车。他还可以要求对碳排放直接征税，同时承诺按比例削减所得税，从而不阻碍经济的复苏。

但是他并没有这么做。相反，他试图利用环境保护署及《洁净空气法案》赋予该机构的权力，通过管制控制温室气体的排放量，并对汽车生产商提出更为苛刻的要求，让他们在未来几十年内提高燃油经济性。后一项政策已经付诸实施，尽管其效果要过些时候才会显现出来。而前一项政策尽管仍在规划阶段，但已经遭到了国会的抵制，那里的共和党人试图阻止落实该项目需要的拨款。③

奥巴马在能源问题上并未彻底失败，但迄今为止他的总体成绩的确令人失望，尤其是与他自己设立的标准，还有相较他任参议员时在这个问题上的信念。

---

① 见："Pursuing the Prague Agenda: An Interview with White House Coordinator Gary Samore," *Arms Control Today* 41, no. 4（2011），pp. 8 – 14.

② 除了他所做的之外，加大经济刺激的力度并不见得是鼓励清洁能源技术发展的最好办法。因为这么做会败坏清洁能源技术的名声，多数人并不赞同对此进行补贴。

③ 有关环境保护署应如何使用行政权力以提升某些低效能源部门效率的讨论，见：Dallas Burtraw and others, "Opportunities for Flexibility and Cost Savings within EPA's Greenhouse Gas Rules," workshop summary（Washington: Resources for the Future, July 2011）（www. rff. org/RFF/Documents/RFF – Burtraw. etal ＿ workshop% 20summary. pdf [September 7, 2011]）.

贫困、内战和犯罪

自冷战结束以来，许多美国国家安全理论和战略分析家们都指出，国际贫穷、内战、失败国家和正在失败的国家及跨国犯罪的加在一起，已经成为美国国家安全的首要关切。从毒品走私、传染病扩散到贩卖人口、大规模难民潮，这一切都会在全球化和人口迅速膨胀的今天产生更为严重的后果，这些忧虑凸显了该议题的重要性。更为令人担忧的是，一旦某些重要的发展中国家遭遇挫折或陷入无政府状态，就会为国际恐怖主义提供动机、人员和安全避护所。

诚然，关注此类议题主要是出于人道主义的考虑，但安全因素在其中所起的作用也不可小觑。① 在过去 20 年中，战争难民数量的大幅增加、艾滋病、非典和以西尼罗河病毒为代表的新型病原体的扩散以及毒贩们在美国南部边境的极端暴力活动都大大加深了人们的担忧。② 起初，国际社会的反应是近年来派出了比以往任何时期都多的国际维和部队帮助解决各国的内部冲突。③ 但问题依然很大。

这一"新的"安全议题并不能吸引所有人的注意力。比如在 20 世纪 90 年代，共和党人控制的国会一直特别怀疑在对外援助和海外维和行动上的支出。小布什总统在担任得克萨斯州州长期间曾有著名的竞选议题：反对美军参与维和行动，他认为这是以愚蠢的方式进行国际慈善

---

① 见：Gareth Evans, *The Responsibility to Protect: Ending Mass Atrocity Crimes Once and For All* (Brookings, 2008). 也可见：Anthony Lake, David Ochmanek, and Scott Vesel, "Richard Ullman and His Work: An Appreciation," in *The Real and the Ideal*, edited by Anthony Lake and David Ochmanek (New York: Rowman and Littlefield, 2001), pp. 1–23; Seyom Brown, *Higher Realism: A New Foreign Policy for the United States* (Boulder, Colo.: Paradigm Publishers, 2009).

② 见：John D. Steinbruner, *Principles of Global Security* (Brookings, 2000); Bruce Jones, Carlos Pascual, and Stephen John Stedman, *Power and Responsibility: Building International Order in an Era of Transnational Threats* (Brookings, 2009); Lael Brainard, ed., *Security by Other Means: Foreign Assistance, Global Poverty, and American Leadership* (Brookings, 2007).

③ Center on International Cooperation, New York University, *Annual Review of Global Peace Operations* 2010 (Boulder, Colo.: Lynne Rienner Publishers, 2010), p. 2.

活动；而 2000 年的时候，康多莉扎·赖斯也曾在《外交》杂志上撰文称，美国军队不应该承担陪全世界儿童上校车的任务。① 当然，小布什在伊拉克和阿富汗问题上改变了看法，但这仅仅是因为他认为两个地方特别存在严重的安全威胁。

然而这些新的安全议题的确曾经引起奥巴马注意。在担任参议员时，他就十分关注非洲的一些地区，尤其是那些爆发激烈冲突的地方。在竞选总统期间，他曾就贫困国家及其与美国国家安全的关系为题多次发表重要演讲，他还希望能将对外援助金额增加一倍以帮助发展中国家。就任总统后，奥巴马继续对此类问题保持高度关注，在《国家安全战略报告》和《四年外交和发展评估报告》中都有所体现。② 他的看法是这些事情都不能拖。

因此，2007 年 4 月奥巴马在芝加哥就外交政策发表了一次重要讲话，他是这么说的：

> 我相信，任何一位美国总统最重要的工作就是保护美国人民。我也确信，在 21 世纪要做好这项工作就需要对美国的领导地位和美国的国家安全有全新的认识……在当今全球化的世界，美国人民的安全与全世界人民的安全息息相关……无论是国际恐怖主义还是流行性疾病，无论是气候急剧变化还是大规模杀伤性武器的扩散，我们在 21 世纪初面临的这些威胁都不再受地域和疆界的束缚。③

在如何推进这个理想上，奥巴马的有些想法显得不切实际，有些受到误导。例如，他许诺要把对外援助金额增加一倍，认为这也许是解决全球贫困问题的关键，甚至是唯一关键。但这种想法从来都不是很合理的，以美国目前的财政状况要做到这一点更不可能。而且，他重视援助本身这点

① 见：Condoleezza Rice, "Promoting the National Interest," *Foreign Affairs*, January – February 2000, p. 53.

② White House, *National Security Strategy*; U. S. Department of State and U. S. Agency for International Development, *Leading through Civilian Power*.

③ Barack Obama, "Remarks to the Chicago Council on Global Affairs," April 23, 2007 (http://my.barackobama.com/page/content/fpccga).

也是有问题的。比如，按照平价购买力计算，巴西、印度、中国这三大新兴市场经济国家在20世纪60年代的总产值只占全球的6.3%，而在2008年和2009年则占到了22%以上。① 这是奥巴马所继承的世界。在2008至2009年的经济衰退中，全球经济增长几乎完全来自这些新兴经济体。② 他们在过去30年中令人诧异的迅速发展主要源于贸易、投资和其他全球化带来的机遇。尽管在小布什执政时期全球的对外援助金额已经增加了50%（即使排除用于伊拉克和阿富汗的资金），但全球化和新兴国家的政策变革造成的影响更为显著。例如，在奥巴马上台前的10年间，流向发展中国家的境外投资总额大约增长了三倍。③

与此同时，奥巴马政府在执政的头两年里对重要的贸易政策领域缺乏关注，没有投入足够多的精力。受他接手时的大萧条的影响，美国的失业率始终徘徊在10%上下，奥巴马并不认为很有必要推动哥伦比亚、巴拿马或韩国签署自由贸易协定，直到2011年10月这些协议才以法律的形式在国会获得通过。其他一些有益的举措也没有得到认真对待，如重新修订和延续《北美自由贸易协定》或与深陷困境的巴基斯坦签署一份自由贸易协定。这些举措很可能要比加倍美国对外援助金额更能刺激全球经济增长，维护美国的安全利益。④

---

① 见：M. Ayhan Kose and Eswar S. Prasad, *Emerging Markets: Resilience and Growth amid Global Turmoil* (Brookings, 2010), pp. 29 – 33.

② 见：Curt Tarnoff and Marian Leonardo Lawson, "Foreign Aid: An Introduction to U. S. Programs and Policy," *Congressional Research Service Report for Congress*, February 10, 2011, pp. 5, 14, 15, 18, 30 – 31 (www. fas. org/ sgp/crs/row/R40213. pdf [May 31, 2011]); Stimson Center, "FY 2011 State and Foreign Assistance Budget," May 2011 (www. stimson. org/images/uploads/FY2011_ State_ and_ Foreign_ Assistance_ Budget. pdf [May 31, 2011]).

③ Eckhard Deutscher, *Development Cooperation Report 2010* (Paris: Organization for Economic Co – operation and Development, 2010), pp. 172 – 188 (www. oecd – library. org/development/development_ co – operation_ report_ 2010_ dcr_ 2010_ en [May 26, 2011]).

④ 见：Joao Augusto de Castro Neves and Matias Spekor, "Obama and Brazil," in *Shifting the Balance: Obama and the Americas*, rev. ed., edited by Abraham F. Lowenthal, Theodore J. Piccone, and Laurence Whitehead (Brookings, 2011), pp. 43 – 54; Michael Shifter, "The United States and Colombia: Recalibrating the Relationship," in *Shifting the Balance*, edited by Lowenthal, Piccone, and Whitehead, pp. 55 – 68.

　　当然，对外援助还是有存在的必要的。一些优先考虑的事项需要资源：从减轻推进改革的非洲国家的债务，到加强与墨西哥等国的安全合作，再到拓展发展中国家的医疗项目等。① 与新兴经济体相比，那些最虚弱、最贫穷的国家并不像新兴国家那样可以从全球贸易和投资中获益，因此援助对它们来说尤为重要。再者，私人援助的增加——据估计美国每年的私人援助金额高达 300 亿美元，其他捐赠人合起来还提供了150 亿美元——对于满足世界各地在医疗、农业和其他领域的特别需求也是十分重要的。②

　　除经济政策之外，包括奥巴马的"非传统安全"议题在内的多数优先考虑的项目都只是得到了短暂的关注。与任何一位现代总统一样，奥巴马在全球多个地区面临贫穷国家和政府垮台带来的挑战，这些问题在苏丹、民主刚果和索马里显得尤为突出。他同样必须全力应对邻国地区，比如哥伦比亚和墨西哥的麻烦，它们的犯罪行为以及与毒品相关的暴力活动、非法移民会对美国的状况造成直接和具体的影响。幸运的是，自冷战结束以来，世界范围内的内战已经减少了一半。③ 但是其他的挑战依旧严峻。奥巴马总统在应对它们时表现如何呢？

非洲的冲突与弱国家

　　一些人指出，2011 年在利比亚的行动证明，美国在处理内战和弱国家问题上取得了突破。诚然，在处理利比亚危机的过程中，奥巴马总统在克林顿国务卿和美国驻联合国代表苏珊·赖斯的大力支持下，成功促使联合国安理会通过决议，将"保护的责任"这一原则作为安理会

---

　　① 见：Carlos Heredia and Andres Rozental, "Mexico and the United States: The Search for a Strategic Vision," in *Shifting the Balance*, edited by Lowenthal, Piccone, and Whitehead, pp. 29 – 42.

　　② Center for Global Prosperity, "The Index of Global Philanthropy and Remittances" (Washington: Hudson Institute, 2011), p. 13; Steven Radelet, *Emerging Africa: How 17 Countries Are Leading the Way* (Washington: Center for Global Development, 2010), pp. 105 – 106.

　　③ Jones, Pascual, and Stedman, *Power and Responsibility*, p. 172; Center for Systemic Peace, "Global Conflicts Trends," March 15, 2011 (www. systemicpeace. org/ conflict. htm [June 3, 2011]).

行动的一部分。在落实决议的过程中，他不仅得到了北约的支持，还至少取得了两个阿拉伯国家的支持。让该地区重要的国家参与行动要比采取其他方式更为明智，如果在使用武力的问题上仅仅寻求西方主导的民主国家联合体的支持，就会不必要且于事无补地加剧美国与中、俄两国的关系紧张。①

但是与当代其他一些人道主义灾难相比，利比亚危机的严重程度还是相对比较轻的。干预利比亚所取得的突破是有限的，肯定不如在前两任总统任期内国际社会逐渐接受"保护责任"原则这一点来的重要。②美国采取了务实的行动，但并未给将来处理危机提供范本，没有迹象表明将来有一个奥巴马的人道主义干涉原则现在会在世界各地施行。事实上，美国的行动可能还对广泛的人道主义事业产生了消极影响，因为联合国安理会第1973号决议授权的行动是去保护利比亚公民，而行动后来变成了推翻卡扎菲政权。俄罗斯、中国、印度和巴西都表示强烈反对，确保不会让国际社会把相同的"保护责任"原则拓展到叙利亚人民反对残暴政权的革命中（尽管从2011年下半年起，阿拉伯联盟已经开始在这一问题上采取行动）。

在苏丹，南部和北部已渐行渐远，奥巴马政府起初没有很快做出反应，但随后在2010年年底和2011年中发挥了重要的作用，为加速这一进程提供了外交支持。从历史上看，美国在苏丹和平进程中的作用十分有限。但在小布什政府的积极斡旋下，苏丹南北双方于2005年签署了《全面和平协议》。这是一个重要的成就，它要求2011年进行全民公投，从而使南苏丹最终于2011年7月9日正式独立。

尽管事实上贝拉克·奥巴马在担任参议员时曾对苏丹表现出浓厚的

---

① 对这一理念的生动阐述，见：Ivo Daalder and Robert Kagan, "American and the Use of Force: Sources of Legitimacy," in *Bridging the Foreign Policy Divide*, edited by Derek Chollet, Tod Lindberg, and David Shorr (New York: Routledge, 2008), pp. 16 – 20. 对于这种民主国家联盟的批评，见：Theodore J. Piccone, "Democracies: In a League of Their Own?" Foreign Policy Paper no. 8 (Brookings, October 2008), pp. 8 – 13 (www. brookings. edu/papers/2008/10_ democracy_ piccone. aspx [June 4, 2011]).

② Elizabeth G. Ferris, *The Politics of Protection: The Limits of Humanitarian Action* (Brookings, 2011), pp. 162 – 170; Evans, *Responsibility to Protect*, pp. 31 – 54.

兴趣，但他的政府并没有为落实和平协议付出多少努力。这是极其不幸的，因为领土和石油问题久拖不决，将导致两国爆发血腥冲突。当地的基本情况是，苏丹北部地区控制着输油管线的出海口，而人口较少的苏丹南部地区则掌握着大部分石油。只有双方都将对方视为必需的合作伙伴，问题才能得到解决。奥马·哈桑·巴希尔总统（Omar Hassan al - Bashir）的行动会使南苏丹修建一条新的石油管道绕过北部地区，并宣布独享石油的全部拥有权。① 更糟糕的是，冲突还可能会因两国遗留的一些争议地区而升级，比如尚未决定归属的阿卜耶伊地区（Abyei），或是在喀土穆（Khartoum）领土下毗邻南苏丹的某些区域，比如努巴（Nuba）和青尼罗州。②

与一个由被控告为战犯领导的政府打交道并不是一件轻松外交任务。尽管如此，考虑到奥巴马对人道主义干预的重视程度及 2011 年在利比亚取得的成效，美国政府似乎也应该对这个近年来流血冲突更为惨烈的地区给予同样多的关注。美国政府在太久一段时间里没有表现出本应有的积极、主动和预防性的角色特征。③ 并且，奥巴马政府显得过于依赖正面鼓励，比如减免债务、取消制裁，不太愿意加大对喀土穆的制裁力度或是支持国际战犯法庭更多地控告巴希尔及其手下犯下的暴行。④

从 2010 年下半年到 2011 年，奥巴马政府通过特使普林斯顿·莱曼的努力在苏丹外交上表现得更为活跃，并促成了联合国维和部队进驻存在争议的阿卜耶伊地区（Abyei）（其最终地位问题目前仍未解决）。至本书截稿时止，两个苏丹的未来似乎更有希望了，爆发全面内战的可能性也许已

---

① 见：Jeffery Gettleman, "Brinkmanship in Sudan as a Deadline Nears," *New York Times*, June 6, 2011.

② Jeffery Gettleman, "Sudan Attacks Disputed Border State," *New York Times*, September 2, 2011.

③ 见：Richard Williamson, "How Obama Betrayed Sudan," *Foreign Policy*, November 11, 2011（www.foreignpolicy.com/articles/2010/11/11/how_obama_betrayed_sudan? page = 0, 2 [June 6, 2011]）.

④ George Clooney and John Prendergast, "Dancing with a Director in Sudan," *Washington Post*, May 27, 2011; Douglas H. Johnson, "Sudan's Peaceful Partition, at Risk," *New York Times*, May 30, 2011; Christiane Amanpour, "Analysts Weigh Obama's Global Human Rights Policies: Interview with Tom Malinowski," CNN, October 14, 2009.

经有所减少（即时无法阻止当下发生的一些暴行），但成果尚不显著。①

从某种程度上说，在过去15年中民主刚果因战乱而丧生的人要比世界上其他任何地方都多，不完全是战争直接的伤亡，而更多的是因国家崩溃导致的缺医少药和营养不良。据可靠估计，在此期间有将近300万刚果人丧生。② 尽管近些年来当地的暴力活动有所减少，但缺少一个有效的政府则意味着这场战争的毁坏性还将继续。③ 然而，奥巴马政府几乎没有采取任何措施改善这种状况。

例如，奥巴马政府并未将加强驻刚果联合国维和部队力量的建议付诸实践，也并未认真参与帮助刚果政府改革安全部队，使之专业化。④ 在奥巴马执政期间，联合国驻刚果维和部队的人数略有增加，从1.7万人上升到了1.8万人；而这个国家国土面积数倍于伊拉克或阿富汗，人口也是其中任何一国的两倍。⑤ 美国对刚果的直接援助仍然保持在小布什执政时期的水平。⑥ 没有采取实质性的行动帮助刚果的其他机构提高办事效率，比如司法部门和立法机构。⑦ 在2011年11月的议会和总统

---

① 见：Jackson Diehl, "South Sudan Shows What Obama Can Do When He Leads," *Washington Post*, July 3, 2011; Dan Bilefsky, "U. N. Approves Troop Deployment in Sudan," *New York Times*, June 27, 2011.

② "DR Congo War Death 'Exaggerated'," BBC News, January 20, 2010.

③ International Crisis Group, "Conflict in Congo" (Brussels, January 27, 2011) (www. crisisgroup. org/en/key – issues/conflict – in – congo. aspx [June 6, 2011]).

④ 关于采取这些措施将带来的结果，见：Anthony W. Gambino, *Congo: Securing Peace, Sustaining Process* (New York: Council on Foreign Relations, October 2008), pp. 28 – 37. 关于刚果面临的历史性挑战及近期未能取得进展的最新评述，见：Jason K. Stearns, *Dancing in the Glory of Monsters: The Collapse of the Congo and the Great War of Africa* (New York: Public Affairs, 2011), pp. 327 – 337.

⑤ 见：International Institute for Strategic Studies, *The Military Balance* 2011 (Oxfordshire, England: Routledge, 2011), p. 456; Center on International Cooperation, *Global Peace Operation* 2010, p. 233.

⑥ 奥巴马总统每年提议以及实际给予刚果的援助大约在2.1亿到2.8亿美元之间。而在小布什总统任内，每年的援助金额(包括所有给予刚果的款项)大约在两到三亿美元之间。见：U. S. Department of State, "Foreign Assistance by Country, 2006 – 2012 Request" (www. foreignassistance. gov/CountryIntro. aspx [June 9, 2011]).

⑦ Mvemba Phezo Dizolele, "The Mirage of Democracy in DRC," *Journal of Democracy* 21, no. 3 (July 2010): 156.

选举中，发生了一系列舞弊事件，这其中也有国际社会在选举准备阶段软弱、无效的因素。奥巴马政府在埃及和俄罗斯大选中的高调表现与其对刚果选举的低调回应形成了鲜明对比，体现出当前美国在选举舞弊这个议题上的政策变化，尽管国务卿克林顿在 12 月发表声明使这个问题在一定程度上得到缓解。

另外一个更重要的问题是索马里，尤其是对一位民主党总统而言。1993 年 10 月发生"黑鹰坠落"惨剧之后，比尔·克林顿在那里遇到了巨大的麻烦。从那时起，索马里一直徘徊在失败国家和无政府状态之间。近些年，它还成了威胁西方利益的两大集团的天堂：奉行极端主义的青年党民兵武装（al - Shabab）和沿索马里海岸线在大洋上搜寻劫掠目标并时有杀害无辜海员的海盗组织。奥巴马政府在上台之初就面临这些问题，但并未采取重大的措施去解决它们。2011 年的饥荒导致成千上万名索马里人死亡，使数十万人生命岌岌可危。① 站在人道主义的角度看，在 2011 年或 2012 年索马里的人道主义危机几乎肯定要超过其他任何一个阿拉伯国家的，包括利比亚。

一支非盟维和部队目前正驻扎在索马里。这支部队主要由乌干达和布隆迪士兵组成，以帮助索马里过渡政府加强对首都摩加迪沙内部及其周边地区的控制。但是国际干预缺乏资源，美国没有发挥什么作用。驻扎在该国的维和部队总人数从 2009 年上半年的 5000 人增加到了 2011 年的大约 1 万人。然而这支维和部队是在 2007 年才组建的，增加的人员中一部分只是自然增长，而且目前的总人数也低于联合国同意增长到的 1.2 万人水准，距离某些非洲国家政府提出的 2 万人的目标还有不小的差距。维和部队的薪酬有时也会遇到资金短缺的情况。② 目前美国给予索马里的现金援助要比小布什执政后期更少。③

---

① Jeffery Gettleman, "U. N. Officials Say Famine Is Widening in Somalia," *New York Times*, September 5, 2011.

② 见：Alex Thurston, "Withdrawals, Lack of Pay for African Union's Somalia Forces Could Thwart Progress," *Christian Science Monitor*, June 6, 2011.

③ 小布什政府在 2008 年和 2009 年平均每年给予索马里 3 亿美元现金，而奥巴马政府平均每年只提供 1 亿美元现金。见：U. S. Department of State, "Foreign Assistance by Country."

尽管索马里过渡政府的军队花名册上也许登记了1万名士兵的名字，但由于很少工资，军队的实际战斗力要远远低落。①

索马里还是有希望的。联合国维和部队确实取得了一些进展，邻国埃塞俄比亚和肯尼亚发挥的作用也日益增加，这也许是件好事。北部索马里兰（Somaliland）和邦特兰地区（Puntland）的自治尚算有效，当地局势也尚且稳定。一些人建议，与其重建一个强大的中央集权政府，加强同地方自治机构的合作可能是一种更好的选择，尤其是与那些腐败不是特别严重的机构合作。② 另外还有一种可能是促使索马里过渡政府与除青年党 核心力量之外的一些叛乱组织合作，提高其在国内的合法性，以免索马里民众将其视为埃塞俄比亚的傀儡。③ 无论如何，尽管讲索马里的窘迫境遇归咎于奥巴马某项政策的失败是不公平的，但当前在索马里的行动缺乏资源这个事实意味着奥巴马政府并未取得成功。

美国边境以南的安全关切

拉美地区离美国更近，对美国国家安全造成的直接影响更大，但奥巴马政府针对这一地区的措施却相对较少。奥巴马政府从一开始就对这一地区表现出善意，并且直到现在也没完全褪去；但并没有出台相应的重要政策倡议，也没有取得什么成果。④ 当然，还是取得了一些进展，比如2010年签署了《美国–巴西防务合作协议》，但其领域和范围通常都是有限的。所幸的是，这个地区本身有很大进步。至少在过去10

---

① Thurston, "Withdrawals, Lack of Pay for African Union's Somalia Forces Could Thwart Progress."

② 见：International Crisis Group, "Somalia: The Transnational Government on Life Support," Africa Report no. 170 (Brussels, February 2011) (www. crisisgroup. org/en/regions/Africa/horn – of – africa/Somalia/170 – somalia – the – transnational – government – on – life – support. aspx [June 5, 2011]).

③ International Crisis Group, "Somalia's Divided Islamists," Africa Policy Briefing no. 74 (Brussels, May 18, 2010) (www. crisisgroup. org/en/regions/africa/horn – of – africa/somalia/B074 – somalias – divided – islamists. aspx [June 1, 2011]).

④ Ginger Thompson and Simon Romero, "Clinton Aims to Improve Ties with Latin America," *New York Times*, May 18, 2011.

年中，几乎所有南美国家的经济增长率都高于世界平均水平。① 民主也在当地蒸蒸日上，尤其是在那些较大、较为重要的国家。但这一进程更多是长期以来该地区领导人和民众努力的结果，与美国近期的任何行动都没有关系。与此同时，冲突依然激烈，收入差距巨大仍然是个问题，在多数地区犯罪活动依旧猖獗。② 暴力和犯罪仍然对美国的利益造成直接威胁，尤其是在墨西哥和中美洲地区。

海地是一个例外。在 2010 年的地震中，该国遭遇了历史上罕见的损失，奥巴马政府和更多来说是美国民众慷慨地提供了紧急援助（尽管美国再次陷入到了为期长久的困境中，即如何帮助海地中央政府提高行政效率）。美国政府在那里确实大有作为。

然而我们无法对美国在墨西哥的所作所为做出相同的评价。根据国务卿克林顿的描述，墨西哥的毒品暴力活动已经与先前哥伦比亚发生的叛乱不相上下。墨西哥对这一对比嗤之以鼻，以至于奥巴马总统不得不收回国务卿的言论。③ 费利佩·卡尔德隆总统与卡洛斯·帕斯卡大使的关系也严重不和，以至于后者在 2011 年早些时候离开。墨西哥国内的暴力活动依旧维持在一个很高的水平，近几年来几乎每年都有约一万人死于毒品贩卖，2010 年和 2011 年的情况更加糟糕。贩毒活动受到了美国国内需求的驱使，其制造的命案也大多出于美国生产的枪械。这些问题并不是奥巴马政府能用任何有意义的国内立法解决的。④ 尽管自 2009

---

① International Bank for Reconstruction and Development, *World Development Report* 2011 (Washington: World Bank, 2011), pp. 350 – 351 (http://wdr2011.worldbank.org/sites/default/files/WDR2011_ Indicators.pdf [June 9, 2011]).

② Kevin Casas – Zamora, "Democracy in Latin America: Miles Traveled and Miles to Go," February 2, 2011 (www.brookings.edu/opinions/2011/0202 _ latin _ america _ casaszamora.aspx [June 9, 2011]); Riordan Roett, *The New Brazil* (Brookings, 2010).

③ Tom A. Peter, "Mexico Denies Hillary Clinton's 'Insurgency' Comparison," *Christian Science Monitor*, September 9, 2009.

④ 根据最新的评估，墨西哥约 70% 的非法枪械来自美国。见: Mark Stevenson, "U. S. Report: 70 Percent of Arms Seized, Traced in Mexico Came from U. S. ," *Winnipeg Free Press*, June 13, 2011 (www.winnipegfreepress.com/ breakingnews/us – report – 70 – per – cent – of – arms – seized – traced – in – mexico – came – from – us.html [July 15, 2011]); Mary Beth Sheridan, "Treaty to Curb Gun Smuggling to Mexico Remains Stalled," *Washington Post*, October 22, 2010, p. A19.

年以来墨西哥已经逮捕或击毙了 37 名大毒枭名单中的至少 21 人，但暴力活动并未就此减少。①

近几十年来，美墨两国贸易不断增加，从 1994 年《北美自由贸易协定》生效前的每年不足 1000 亿美元增加到了 2008 年的 3500 亿美元，其中包括墨西哥将大量石油出口到美国。但是近十年来墨西哥经济增长缓慢，当前的全球经济衰退更是雪上加霜，使该国经济陷入停滞，令人担忧。② 在任内，奥巴马并未像竞选时许诺的那样推动两国的贸易关系（修订《北美自由贸易协定》），也没有在美国国内推动移民改革，从而可能使更多的墨西哥移民将现金寄回国内的得过程规范化。③ 唯一值得提到的成果是，奥巴马政府终于签署了拖延已久的协定，允许墨西哥的卡车进入美国境内（这样一来他们运到边境地区的货物就不必由美国的车辆转运），反过来从美国到墨西哥也是一样。④

国务院的"梅里达项目"就是当前美国对困扰墨西哥的毒品暴力和犯罪行为的回应，它要求对墨西哥安全部队以及其他相关的法治部门进行支持。奥巴马政府维持了这个项目，并且在 2010 年增加了援助的金额，每年临时性地多提供 3 亿多美元。⑤ 但是从总体上看，目前美国在墨西哥花费的精力相对较少，在枪支管控、移民政策、贸易和边境安全等领域中没有采取什么重大行动或取得突破性进展。墨西哥当前打击暴力活动和犯罪行为的战略也存在很大的问题。它也许需要制订一项类似于反暴乱的稳健战略（即使不使用这样的名称），由本国投入主要的资源和精力，同时美国在数年内为其提供更多的实质性援助。这一战略可能会与美国在伊拉克和阿富

---

① Richard C. Archibold, "Mexican Police Arrest Leader of Crime Gang," *New York Times*, June 21, 2011.

② Victor E. Renuart Jr. and Biff Baker, "U. S. – Mexico Homeland Defense: A Compatible Interface," *Strategic Forum*, no. 254 (February 2010): 2; Mauricio Cardenas, "Beyond the Crisis: Thinking Strategically about Mexico's Economic Future," remarks at Brookings Institution, Washington, June 25, 2010 (www. brookings. edu/ ~/ media/ Files/events/20100625_ mexico_ economy/20100625_ mexico_ economy. pdf [June 9, 2011]).

③ Heredia and Rozental, "Mexico and the United States," pp. 29 – 42.

④ Binyamin Appelbaum, "U. S. and Mexico Sign Trucking Deal," *New York Times*, July 6, 2011.

⑤ U. S. Department of State, "Foreign Assistance by Country."

汗采取的行动有相通的地方，但它可能更接近于近期在哥伦比亚采取的行动。这就意味着要对军队、警察、司法机关和情报机构进行改革，给予它们更大的支持，同时采用类似于"墨点战略"的办法不断在国内扩大安全。① 迄今为止的努力在范围和程度上都是有限的。②

相比之下，考虑到近些年来哥伦比亚取得的进展，在该国采取新的、大胆的行动是没有必要的。哥伦比亚取得进步应主要归功于其前领导人阿尔瓦罗·乌里韦总统。③ 但前两届美国政府都给予了哥伦比亚大力支持。④

然而，哥伦比亚还有很长的路要走，美国应继续在其中发挥重要作用。华盛顿终于批准并通过了美国与哥伦比亚的自由贸易协定。一项至少适度提高经济援助的救助计划也许能帮助胡安·曼努埃尔·桑托斯总统提升治理水平，推行土地改革，并以其他方式提升哥伦比亚的经济发展和人权情况，以此来与以安全为主导的乌里韦政策相得益彰。⑤ 但实际情况与此相反，奥巴马政府给予哥伦比亚的援助总额出现了一定程度的下滑，而且也没有在该国采取什么大的新举措。⑥

---

① 关于"墨点战略"的解释，见：Vanda Felbab‑Brown，"The Violent Drug Market in Mexico and Lessons from Colombia," Foreign Policy Paper no. 12（Brookings, March 2009）（www. brookings. edu/ ~ /media/Files/rc/papers/ 2009/03 _ mexico _ drug_ market _ felbabbrown/03 _ mexico _ drug _ market _ felbabbrown. pdf ［June 8, 2011］）；Felbab‑Brown，*Shooting Up*：*Counterinsurgency and the War on Drugs*（Brookings, 2009）.

② Diana Villiers Negroponte，"Crisis in the U. S. – Mexican Relationship," March 2, 2011（www. brookings. edu/opinions/2011/0302 _ caldren _ negroponte. aspx ［June 9, 2011］）.

③ Shifter，"The United States and Colombia：Recalibrating the Relationship," pp. 55 – 56.

④ 见：James G. Stavridis，*Partnership for the Americas*：*Western Hemisphere Strategy and U. S. Southern Command*（National Defense University Press, 2010），p. 243.

⑤ International Crisis Group，"Colombia：President Santos's Conflict Resolution Opportunity," October 13, 2010（www. crisisgroup. org/ ~ /media/Files/latin – america/colombia/34% 20Colombia% 20 – % 20President% 20Santoss% 20Conflict% 20Resolution% 20Opportunity. aspx ［June 9, 2011］）.

⑥ 在小布什政府后期美国每年给予哥伦比亚的援助金额超过 5 亿美元，但如今已达不到这个数字，2012 年奥巴马政府计划提供 4 亿美元。U. S. Department of State，"Foreign Assistance by Country."

其他事务

总之，迄今为止奥巴马政府并未在那些对本国人民、邻国、甚至一些对美国本土造成威胁的关键国家取得什么明显进展。然而有没有更大的政策调整可以使美国和国际社会更有效地应对未来此类的挑战呢？

对于政府机构而言，奥巴马本可以将一系列理念付诸实践，因为之前学术界和政府工作已经确认了一些未来有成本效益的提案方向。例如，奥巴马政府可以促使联合国在冲突前作为中介的能力；在北约、非盟和联合国中创建筹划部门，策划可能的维和行动；帮助建立一个由国际军事和民事专家组成的常设战斗司令部，以供指挥维和行动。可以通过国务院重建和稳定办公室、过渡项目办公室或其他相关机构，极大地扩展国务院正在发展中的应对此类事件时的能力。① 奥巴马政府本可以提倡大力扩展"全球和平行动倡议"（GPOI），美国通过这个组织帮助其他国家训练潜在的维和士兵。也许"全球和平行动倡议"可以超越之前的模式，承担运输重要军事装备，包括武器等行动。②

奥巴马在这些领域没有取得任何突破。这并不表示这届美国政府没有做出任何努力，只是因为他们都是渐进主义者，而不是梦想家。奥巴马政府加快了偿还拖欠的联合国会费的进度以用于维和行动，在2009年多支付数亿美元，使现在美国每年向联合国支付的会费超过20亿美元。这是奥巴马履行了在竞选时和《2010年国家安全战略》中许下的诺言，加强联合国的地位。③ 他也延续了小布什政府的一些政策，如继续推动"全球和平行动倡议"，延续了对国务院民间响应能力逐步的适

---

① 对这些观念的讨论，见：Jones, Pascual, and Stedman, *Power and Responsibility*, pp. 195 – 203. 关于重组机构、设立一个权力更大的协调机构的提议，见：John C. Vara, "National Security and the Interagency Enterprise: A Critical Analysis," in *Preparing for an Era of President Conflict*, edited by Tammy S. Schultz（Marine Corps University, 2011）, pp. 25 – 40. 《四年外交和发展评估报告》提议对部门进行改组，这将对当前参与这些行动的机构产生影响，但这无法显著改变那里的官僚习气。

② 见：Michael E. O'Hanlon, *Budgeting for Hard Power: Defense and Security Spending under Barack Obama*（Brookings, 2009）, pp. 61 – 75.

③ White House, *National Security Report*.

度的人力和资金支持。① 在各部门如何协调、合作处理海外复杂任务上，奥巴马政府也取得了一些实质性的进展。② 此外它也在 2010 年的海地地震、2010 年晚些时候的巴基斯坦洪灾和 2011 年的日本海啸及核事故中做出了强有力的反应。③ 但它并未开创什么新的局面。

结 论

在笼统的可称为"非传统安全"领域，贝拉克·奥巴马在竞选时是作为一位求变的候选人。然而由于种种原因，尤其是受美国糟糕的经济和财政状况所累，他在兑现这一承诺时遇到了很大的困难。

尽管历任总统都十分关注能源安全问题，但奥巴马对全球变暖的政治重视程度是前所未有的。他计划通过建立排放权交易体系到 2050 年把美国的二氧化碳排放量削减 83%，尤为野心勃勃，但他未能与国会联手使它变为现实。对于一些重要性次之的问题，奥巴马主要通过行政手段解决，但依旧受到了国会的掣肘。因此，他还远未成为一位在国际上采取行动应对气候变化的革命性领导人。

贝拉克·奥巴马的外交政策愿景中包含强烈的解决全球的贫困、经济不强的弱国家、内战和犯罪问题的期望。对他而言，其中既有人道主义的因素，也是重大的安全考虑，特别是在这些面临一系列问题的国家中还有像哥伦比亚和墨西哥这样的邻国。在竞选总统期间，奥巴马许诺要把对外援助的金额增加一倍，并把总统的注意力和行动投入亲自投入

---

① Nine M. Serafino, "Peacekeeping/Stabilization and Conflict Transitions: Background and Congressional Action on the Civilian Response/Reserve Corps and Other Civilian Stabilization and Reconstruction Capabilities," *Congressional Research Service Report for Congress*, March 4, 2011, pp. 16 – 21 (www. fas. org/sgp/crs/natsec/RL32862. pdf [June 1, 2011]).

② 见 U. S. Department of State and U. S. Agency for International Development, *Leading through Civilian Power*, pp. 107 – 58.

③ Nancy Soderberg, "Enhancing U. S. Support for U. N. Peacemaking," *Prism* 2, no. 2 (2011), p. 23 (www. ndu. edu/ press/lib/images/prism2 – 2/Prism_ 15 – 28_ Soderberg. pdf [June 7, 2011]); Marjorie Ann Browne, "U. N. System Funding: Congressional Issues," *Congressional Research Service Report for Congress*, January 14, 2011, pp. 1 – 22 (www. fas. org/sgp/crs/row/RL33611. pdf [June 7, 2011]).

到像苏丹和刚果这样的国家，加强同新兴国家的合作，给予它们更多的尊重，并且让它们在国际社会的重大决策中发挥更大的作用。

奥巴马总统在该领域只是取得了有限的进展。例如，他提高了20国集团在解决各类国际问题中的作用。尤其是在上任后的第一年内，他促成国际社会开展广泛的合作以应对全球金融危机和经济衰退，从而阻止了灾难的降临。然而除了取得上述这些成果之外，奥巴马政府在其他如非洲内战、稳定墨西哥国内局势、提升多边军事和治安合作以及应对未来安全挑战等问题上，都非常谨慎。

总之，奥巴马在应对这一系列公认的非常棘手的问题时，表现得并不比前几任总统更好。相较他自己的口头承诺，他在能源、气候变化、全球贫困、国际犯罪和国内冲突等议题上取得的进展是令人失望的。

第八章

历史弧线是漫长的

迄今为止，在贝拉克·奥巴马的外交政策中，实用主义的成分多于理想主义的成分。尽管他并未建立独特的功勋作为留给后人的历史遗产（除了击毙奥萨马·本·拉登以外），但在多数情况下都出色地履行了维护美国国家利益的职责。保障国家安全、阻止经济进一步下滑本身就是不小的功劳。但这些主要都是防止负面事件的发生，即阻止了本来有可能发生的坏事，比如另一次重大的恐怖袭击事件或经济再次陷入大萧条。奥巴马取得的重大成果也比他自己预定的目标要少，而且也没有像他在上任伊始设想得那样在外交政策领域取得历史性的突破。

他到目前为止的业绩并不能显现一个清晰的未来的奥巴马蓝图，也没有一项特别吸引人的总体战略，以实现维护美国利益、塑造历史的目标。目前他正准备竞选连任，他在第二次竞选时向美国和全世界提出的议题与第一次竞选时有何区别将尤为引人注目。奥巴马在 2007 年和 2008 年唤起了人们的远大梦想，但他在 2012 年将无法再这么做。

充满理想主义色彩的话语都已经用过了，再说这样的话就无法像第一次那样给人带来耳目一新的感觉，尤其是它们与奥巴马在多数议题上的做法并无明显关联。然而，无论这些话语经过怎样的斟酌，事实上它们在一定程度上已经成了总统的负担。他的远大理想与现实外交政策之间的差异十分明显，这招致了一部分国内外支持者的嘲讽和沮丧。这是因为奥巴马在入主白宫后要应对实际面临的问题，通常总统们上任后所做的总是与竞选时许诺的有所不同，在这一点上他并不算特别。尽管如此，他比一般总统候选人更彻底地唤起了人们的梦想和期望。正是由于这个原因，他最初的目标与实际结果之间的差异才显得如此明显。

这一局面至少在某种程度上还有挽回的余地。在奥巴马个人看来，最重要的事就是在正在形成的国际新秩序中逐步调整美国的领导地位，以适应变化了的经济形势。如果他能获得连任，这就预示着他应该提出的国家前进的方向。我们提供的多数建议也同样适用于一位共和党总统。

奥巴马的外交政策记录

贝拉克·奥巴马的外交政策有许多是对前任们的延续。延续最多的或许就是布什和克林顿各自第一任期内的政策。尽管奥巴马决定要走出一条不同的道路，但即使与小布什政府执政后期相比，许多政策都延续下来或只有有限的变化。具有讽刺意味的是，奥巴马政府对小布什政府的继承明显体现在两个方面，一是战争，二是在中东地区推行民主。诚然，奥巴马政府并未实施先发制人的打击。但可以说奥巴马在打击恐怖主义的战场上获得了外交政策中最为重大的实质性成果的，而这一领域是小布什总统在任期间最为关注的。2011 年 5 月击毙奥萨马·本·拉登以及更广泛来说，在国外消灭包括也门的安瓦尔·奥拉基在内的多数基地组织领导人主要归功于美国的情报人员和特种部队，是他们竭尽全力搜寻这些人员，尔后发起行动除掉他们。但奥巴马总统投入了大量的资源来支持这些行动；冷静地做出了艰难的决定，在其前任的基础上逐渐加大支持的力度；并决定派遣突击队员直接杀死本·拉登，而不是在远处投弹。这些都是他个人的功劳。

十分讽刺的是，奥巴马所取得的另一个重大成果就是同小布什相比他更有效地孤立了某些极端主义国家。在应对朝鲜和伊朗（比尔·克林顿所说的"流氓国家"、乔治·W. 布什眼中的"邪恶轴心"）时，他寻找到了一个十分有效的方法。他最初试图向德黑兰和平壤领导人伸出橄榄枝，但遭到了对方的拒绝。但无论如何，这种预想之内的结果并不意味着完全失败。作为对美国新总统倡议的回应，金正日和阿亚图拉·哈梅内伊拒绝响应奥巴马在就职典礼上发出的号召松开紧握的双拳，这样一来就更有利于美国说服其他国家对其实施严厉制裁。在这一点上奥巴马做得比小布什好，尽管该议题原本是由后者提出的。当然，尽管进行了制裁，两国仍在继续推进各自的核武器项目。所以，与其说奥巴马取得了历史性的突破，倒不如说他是有效地进行了风险管控。尽管如此，在外交领域，与明知不可为而为之相比，限制问题造成的危害（也就是践行"可能的艺术"）显然更具建设性。

奥巴马总统也做出了另一些高明的决策，首先就是让那些经验丰富、办事高效的人员担任重要的职务。留用小布什政府的国防部长罗伯特·盖茨就是一个明智且前所未有的举措。任命自己的政治对手希拉里·克林顿出任国务卿，既保持了民主党的团结，又给国家送来一位勤勉的首席外交官，她的政治能力对于支持总统提升美国国际地位的决心而言是十分重要的。奥巴马也很好地使用了大卫·彼得雷乌斯将军，先是把他派到了阿富汗，之后又任命他为中央情报局局长。

奥巴马政府也开始在许多问题上体现出某种灵活性和适应性，可谓是在工作中学习。例如，在对伊拉克政策上，与竞选时的承诺相比，奥巴马总统大大放缓了美军撤离的速度。他兑现了先前承诺的大部分精神，但并没有按照承诺逐字逐句去做。根据 2008 年小布什总统和努里·马利基总理最初达成的协议，奥巴马在 2011 年底撤出了全部美军。做出这样的决定无疑是出于现实的考虑，尽管这遭到了美国政坛右翼势力的强烈抨击。很难想象美国总统能怎么做、或该怎么做才能在另一个国家维持驻军，而这个国家又不愿采取必要的措施去邀请它们在正常的法律框架下继续留驻。那些批评奥巴马的人有时没有认识到在美国帮助下建立起来的伊拉克民主政府有权自己做出决定。奥巴马是第一个认识到的，美国的影响力总是有限的，即使是在巴格达。

奥巴马的言论有时是不合时宜的。就在他宣称撤回全部驻伊美军是本届政府取得的一大成就的时候，他的政府却正试图与伊拉克方面达成协议将驻军保留更长的时间。但是综合来说，一旦对方要求美军离开，美国就不会违背对方的意愿继续留在那里，我们也相信这么做更有利于美国未来的国际军事干预。美国以大笔财富和本国士兵的鲜血为代价，换来了伊拉克人自力更生的机会。现在奥巴马必须想办法应对日益独断专行的马利基；至少应该暂停向伊拉克出售 F－16 战斗机，直到马利基兑现其先前的政治承诺，履行宪法赋予的义务。

至于中国，当最初鼓励北京在国际事务中承担更大责任的努力遭到失败时，当北京越来越倾向于通过各种方式在亚洲展示其实力时，奥巴马政府在该地区以有效的行动做出了回应。奥巴马并不是当代唯一一位经历同中国紧张关系的美国总统，但是在越来越自信的中国领导人看来，美国的经济实力和战略地位正在下降，这无疑使问题趋于复杂化。他为加强美国在亚洲的领导地位付出很多努力，尽管他在亚洲做出的平衡性调整并未满足前瞻性中美关系的全部需要，在这种关系中必须既有竞争又有合作。奥巴马在处理 2010 年和 2011 年的紧急事件时表现出色，但是近期政策的自然发展曲线带他一系列尚未解决的严重的后续问题，比如如何在 2012 年以后处理同这个主要的新兴国家的关系。

当 2009 年 12 月哥本哈本全球气候变化大会即将失败时，中美两国之间的分歧十分明显，奥巴马做出了灵活而富有创造性的回应。由于无法摆脱国内的束缚，奥巴马处于不利的地位，无法推动各国在哥本哈根达成一个全面解决方案。但他成功地使中国、巴西、印度和南非签署了一份"协定"，既满足了他国内的需求，让美国在会谈中处于一个相对正面的地位，又使中国比他们预想的走得更远。如果是位不太能够控制自己情绪的总统，就很可能把中美分歧个人化，这样一来造成的损伤双方可能要花费几个月或几年的时间来弥补。尽管未能对本国的能源政策做出重大调整，但奥巴马大大提高了汽车能耗的远景目标，并在其他领域中使用环境保护署的权力，这些措施在今后会带来重大的利益。

尽管"重启美俄关系"政策总是由于莫斯科善变的天性而出现反复，但它显然已经带来了好处。奥巴马愿意同俄国互动——他减少了（尽管并没有放弃）对该国人权和政治自由的批评，重新就削减战略武器开展正式对话，重新考虑俄罗斯对于部署欧洲导弹防卫系统的担心，但不过于迁就以致让莫斯科对导弹防卫决定拥有否决权——获得了一定程度的成功。由此产生的《削减战略武器新约》减少了美俄两国核武器的数量。即使在美俄各持己见的日子里，例如在利比亚、叙利亚和其他问题（包括导弹防御）上，两国的论调也相对比较克制。与此同时，重建关系政策还在两个问题上发挥了显著作用，一是加强国际社会对伊朗的制裁，二是开辟途经俄罗斯和苏联其他加盟共和国进入阿富汗的北方补给线，以减少北约在后勤补给上对巴基斯坦的依赖。

总体上讲，奥巴马总统在时间运用上还是严谨和分轻重缓急的。他把主要的精力投入到关键性的问题上：不仅包括崛起的中国，还有伊拉克、阿富汗和巴基斯坦；反恐与核不扩散；阿拉伯革命；以及全球经济危机。在大多数情况下，他竭力避免在次要问题或政策上耗费过多的时间。例如，他并未被委内瑞拉总统胡戈·查韦斯、津巴布韦总统罗伯特·穆加贝或缅甸统治集团带入无意义的争吵。他并未错误地认为只要自己当选就能迅速改变美国与这些统治者的关系，伊朗和朝鲜的领导人也没有这样想过。然而他还是为提升双方关系留下了足够的空间，至2012年初撰写本书时，至少在缅甸以及新政府治下的朝鲜，进展似乎是有可能的。

奥巴马对2011年阿拉伯革命的回应也十分谨慎。奥巴马总统并未宣布美国将承担比必需的更多的责任，他在极其动荡的复杂局面下适当地在维护美国的利益与推进美国的民主价值观之间取得了或多或少的平衡。在一些关键时刻，由于受到普通民众追求自由的勇气感染，他的言语过于理想化。但奥巴马还是正确地认识到这些革命与美国无关，因此华盛顿要避免推动这一进程的发展，以免出现事与愿违的结果。他正确地认识到美国只有同本地区及区域外的重要盟友共同行动才能发挥出最大的影响力。当美国的国家利益并不需要其位居主导地位时，美国就应该支持其他国家的行动。

尽管奥巴马奉行的是实用主义而非理想主义的路线，他仍然深刻受到对21世纪初美国全球地位的现实理解的影响。他既没有高唱美国必胜论和美国例外论，也没有说美国衰落或绝望，避免了困扰当今美国政治光谱特定部分的倾向。例如在利比亚，总统就准备好了让其他国家领导军事行动，即使要冒行动陷入僵局甚至失败的风险。这既因为他希望鼓励其他国家承担更多的责任，也因为对美国的利益而言利比亚是一个次要地区。但是在阿富汗和更广泛地与基地组织的斗争中，奥巴马认识到美国领导地位的长期的、无可替代的重要性，维持了美国的主导地位。他加强了20国集团国家在全球决策中的作用，起码口头上支持使印度、日本以及其他国家成为常任理事国的联合国安理会改革。有时，他也试图通过某种方式鼓励像土耳其和巴西这样的新兴大国在国际事务中发挥更大的作用，尽管这一进程总是会遇到挑战并陷入停滞。以上这些举措加到一起并不足以形成一个"美国制造"的国际新秩序，但它们暗示了奥巴马想要引领国际体系的方向，并为他可能在第二届任期中做些什么提供一些参考。

　　奥巴马既不是美国的卫道士，也不像某些批评家们断言的那样是一位在国家安全上摇摆不定的领导人。用这样的词语形容这位美国总统是不严肃的：他下令美国特种部队单边侵入巴基斯坦领空击毙奥萨马·本·拉登，在他任内美军无人驾驶飞机对极端分子的攻击是小布什总统任内的五到十倍。这些批评家们并不了解奥巴马是如何高效地从短暂向极端组织领导人伸出橄榄枝转向对他们采取惩罚性措施——当然，也有可能是他们有意忽略了这一点。如果说 2009 年 6 月的开罗讲话是为了让其他国家的民众迎来一个新的开始，那么 2009 年 12 月的奥斯陆讲话（获得诺贝尔和平奖之后）则强调他清楚地认识到自己负有保护美国及其盟国的责任，在必要的时候将不惜动用武力。事实上，奥巴马的方式综合来说十分有效，在保持自信和领导地位的同时也显示愿意在一定程度上接受其他领导人的看法和其他国家的利益。

　　对于全球经济而言，结果是令人失望的。然而奥巴马对于美国全球地位的基本认识，及相应的应对经济危机的办法是深深扎根于现实的。例如，他认识到了中美两国经济的相互依赖性，并竭力避免给人造成他独自掌控两国经济关系的印象。他大力和稳健地推动汇率问题，在做的不过分的前提下给中国施压要求人民币升值。他也毫不避讳地承认解决全球经济危机需要由美国来领导，认为只有华盛顿能使国际社会团结起来应对危机。此外，无论是在竞选期间还是在入主白宫后，奥巴马以开放和多边合作的方式应对全球性问题在很大程度上有助于缓和反美主义情绪。全球经济衰退显然是由美国金融体系监管不当引发的，如果执掌白宫的是另一位领导人，那么美国遭遇的抵抗情绪可能会更为强烈。

　　以上列举的事实证明奥巴马较好地处理了多数重要的外交议题，这虽然重要，但在很多人看来也许是以批评为主，少有赞许。我们觉得可能奥巴马自己也这样看。当然，他的目标是远大的，仅仅处理好那些让人焦头烂额的问题对他来说也许是不够的。然而，这就是他迄今为止的业绩。

　　奥巴马最为人诟病的一点就是他的言辞，无论是在竞选期间还是在 2009 年上任之后，他的讲话更容易让人想起肯尼迪或里根，而不是其他的美国总统。他勾勒出的路线图表明他希望世界朝哪个方向前进——或者他是如何想重塑历史的弧线，使之往正义的方向前进。这传递出他的严肃认真，并令国内国外的听众们思考。他的抱负拓展到了全球经济失衡、战争与和平、各种文化与宗教之间的和谐、能源以及环境等问题上。诚然，他是美国现代史上演讲能力最强的总统之一，他对当今世界重大问题的想法也不比近期任何一位总统差。像历任总统一样，他在公开演讲中清晰阐明自己的想法。正如一位白宫助理告诉我们的那样，如果你想了解奥巴马总统的想法，那么就去读他的演讲。

　　然而他的愿景并未实现，在多数领域内也没有比 2009 年初更接近成功。另外，很多时候这些理想对奥巴马实际推行的政策并没有特别的指导意义，尤其是对于他最崇高的理想而言，比如建立"无核世界"以及在全世界范围内减少贫困。大力推进前一个议题无疑是不现实的，因为世界上有几个核大国，它们拥有的核武器数量十分庞大；而且它们大多希望拥有的核武器数量比奥巴马认为美国本国需要的核武器还多。考虑到国内的财政状况和经济形势，以雄心勃勃的想法和代价高昂的政策来推进后一个议题是不现实的。奥巴马的讲话也没有在一些重要的问题上产生重大影响，比如弥合与穆斯林世界的分歧以及同极端主义国家打交道。

　　事实上，奥巴马的讲话通常是学术性的，说得好听点是认真、深邃、鼓舞人心，说得难听点就是与实际政策没什么明显关系。更糟糕的是，总统的讲话提高了人们的期望值，而之后他的政策又无法实现设定的目标，这样就会让世界上的许多人感到沮丧，并导致他们思考总统最初这么说是否真心。尽管令人鼓舞的话语在政治中有用武之地，但是抱负过了界就成了不切实际的希望。奥巴马说出了自己的设想，却使那些曾经相信过他的人们感觉遭到了背叛并由此产生怨恨。

　　奥巴马在 2009 年 1 月入主白宫时人们对他的期望变成了他面临的主要挑战。他把人们对于某些事务的预期抬得太高了，比如修补美国与伊斯兰世界的关系，结束战争，或是解决巴以冲突。现实中那些问题和个别领导人比预想得更为顽固，因而失望是必然的。也许有人会责备奥巴马的听众们幼稚，认为总统将很快治愈全世界的许多顽疾。毕竟，他没有警告各位变革来之不易么？事实上，诺贝尔委员会决定在奥巴马就任总统还不满一年的时候授予他诺贝尔和平奖就已经象征着他的就职带来的令人窒息的期望的程度，即使是在那些通常很严肃的国家也是如此。尽管奥巴马有时也会发出警告，但正是他自己培育了这种希望、变革和历史性转变感，不仅是在竞选期间，在 2009 年 4 月的布拉格和 6 月的开罗同样如此。因而他要为人们不切实际的期望负一部分责任，即使也许他自己明白不该期望他就任总统后就能迅速改变世界，就像他让人们相信的那样。

在国内，奥巴马并未像他自己所期望的那样成为一名超党派的政治家，也并未实现他在竞选时提出的目标，弥合美国国内的政治分歧。诚然，固执的共和党人要为此负上一部分责任，但这并不意味着奥巴马就无可非议。多数的两党对抗出现在国内政策中，然而他在处理一些外交政策议题的过程中也带着超过必要程度的党派色彩。

伊拉克就是一个典型案例。起初，奥巴马确实有充足的理由反对这场战争；但是由于他在很长一段时间拒绝承认增军在当地取得的重大进展，因而两党之间产生了怨恨和怀疑。这可能反过来会给他带来麻烦，就像批评者们（也许有些过分）指出的那样，事实上他对找到某种办法让美军在 2011 年以后继续留在伊拉克根本不感兴趣，这样一来前些年辛苦得来的一切都有可能化为泡影。事实上，奥巴马对伊拉克军事援助的时间比最初计划的多了 20 个月，他确实按照小布什的计划撤军，而且如果伊拉克国民议会提供可以接受的条件，他还打算把当地的驻军保留更长的时间。另外，即使美军还驻扎在那里，伊拉克各政治派别间的冲突也有可能升级；毕竟，由于各党派之间陷入僵局，2010 年他们几乎用了一年的时间才在议会中组成执政联盟。尽管如此，批评者们还是认为奥巴马在这一问题上回到他本来的出发点了，这证明他对伊拉克根本不感兴趣，只是他在上任后的头三年隐瞒了这一事实，而他模糊的言辞更为这种说法提供了佐证。此外，奥巴马屡屡提到关塔那摩以至于激化了两党在这一问题上的矛盾。由于未能说服国会以及各州和地方政府的官员在美国本土建立新的关押设施，因而他无法履行竞选时的以及对穆斯林世界的承诺，即在上任后的一年内关闭这个关押场所。事实上，他必须保留小布什的这部分反恐政策。

能源和气候政策是另一个例子。奥巴马最初在 2009 年提出的目标是就温室气体排放签署一份所有国家都参与的、具有法律效力的文件。这是一项严肃、宏伟的计划，表明奥巴马总统已经认识到了气候变化问题的重要性，并试图在该领域取得重大进展，而不仅仅是停留在口头上。然而，他未能通过建立排放权交易体系来限制美国的碳排放量，其中一部分原因是在许多共和党人看来这是隐形收税。这样一来，那些在奥巴马上台时就发誓要击败他的共和党人的反对声就更加响亮了。这一点与众议院议长南希·佩洛西的强硬路线以及对通过医疗改革方案、经济刺激计划和银行业紧急救助计划的专注合到一起时，在保守派人士眼中，奥巴马已与传统上支持大政府的自由主义者无异，这严重影响了他刺激经济增长的努力。

未能在国内促成两党就自己雄心勃勃的计划达成共识给奥巴马的国际形象带来了负面影响，而美国经济复苏的速度也远远慢于人们的预期，这就不免给人造成一种软弱的总统领导着步履蹒跚的超级大国的印象。这反过来又对奥巴马说服外国领导人制造了更大的障碍。

内部官僚程序也存在问题。奥巴马总统将外交决策权集中到了白宫，如果某件事不需要立即做出决定，他就会鼓励一个商讨的过程，常常像是辩论会，导致总统往往要到最后时刻才能做出决定，没有时间与有关团体协商。最为不幸的表现发生在推进中东和平进程期间，奥巴马总统处理问题的指导思想存在根本性的缺陷。他决定在对阿拉伯世界征求民众意见的同时忽视以色列民众的意愿，这就意味着他放弃了一种影响顽固的以色列总理的有效手段。正因为如此，奥巴马推动和平进程的努力几乎从开始就预示着失败，而这反过来又使他最终令阿拉伯世界大失所望。因此，目前他在阿拉伯民众中的支持率与其前任小布什总统一样低。

对于美国在中东地区影响力的基石，"阿拉伯之春"给奥巴马带来了多重的挑战。这就要求他调和心中的理想主义与外在的现实主义要求，理想主义要他推行自由和正义，现实主义要他避免损害美国的利益。他理想主义的直觉让他想站到埃及历史正义的一边；而毫不留情地抛弃穆巴拉克以及帮助维护埃及军方的地位又表明，这位现实主义者了解埃及在维持大中东地区稳定中发挥的重要作用。

在不太涉及美国利益的地区，比如利比亚，奥巴马就能用简单而直截了当的方式去树立美国的价值观，帮助当地民众推翻残暴的独裁者。然而在美国有重大利益的地区，比如巴林，他就不愿站到示威者一边，因而被人指责为"虚伪"。在美国利益与价值观相一致的地区，比如叙利亚，他显得有些优柔寡断、行动迟缓，也许错过了早期支持和平抗议以及从战略上回击伊朗的机会。同样的，他也未能在巴以问题上处理好理想与现实之间的对立，协调好支持巴勒斯坦建国与保障以色列安全之间的关系。这使美国政府不得不竭力阻止巴勒斯坦领导人在 2011 年秋季举行的联合国大会上推动建国方案，而在前一年的联合国大会上最早提出该想法的正是奥巴马本人。

总的说来，在阿拉伯革命开始之后美国如果采取更加一致性的政策，得到的结果也未必有明显的差别。在大多数情况下，美国的影响力从一开始就是有限的。但是阿拉伯世界发生剧烈动荡所带来的结果，再加上奥巴马未能促成巴以两国签署和平协议以及土耳其决定以本国与以色列的关系为代价换取其在阿拉伯世界的领导地位，导致美国没有一项有效的战略，而只能对一系列偶然事件引发的纷繁复杂的局面就事论事地予以解决。目前，美国维持其在中东地区战略地位的所有支柱都开始动摇——与埃及的联盟、埃以和平协议、与沙特签订的条约、土以战略伙伴关系。唯一的慰藉是伊朗在其盟国叙利亚面临更为严峻的挑战，而两国的同盟关系正是伊朗挑战美国在阿拉伯世界主导地位这个失败战略的主要支柱。

如果奥巴马能够连任，他就需要制订一项新的战略来替代"美国治下的和平"。自 1991 年萨达姆·侯赛因的军队被赶出科威特以及苏联解体以来，这个战略已经主导了多数美国的中东政策。他或是来自共和党的继任者将必须小心地维持同埃及新上台的民主政府之间的关系，与沙特领导人就阿拉伯君主制国家政治改革道路达成更好的理解，同影响力不断上升的土耳其协调政策（尤其是在向叙利亚阿萨德政权施压、甚至是推翻其政府的问题上）。下一任总统必须与以色列就如何促进巴勒斯坦问题的解决达成更好的理解，尤其是与以色列的民众。

有时候，由白宫以外的其他机构制订外交政策也能取得很好的效果。当总统对议题有很好的设想并且有一位他信任的优秀的国家安全事务官员、要求他帮助自己制订政策时，通常都能做得非常好。授权副总统乔·拜登在奥巴马政府上台后的第 18 个到第 24 个月负责伊拉克事务也是一个明智而有效的决定。

　　然而在其他很多情况下，奥巴马总统要么对自己的目标没有一个清晰且令人信服的认识，要么在行事上与政府内的其他人背道而驰。不仅在中东问题上有相关的事例，在阿富汗和巴基斯坦问题上也有。在与这两个国家的关系中，奥巴马最初都决定投入比前任多得多的资源以应对挑战，然而他允许团队内部的深刻分歧削弱了这一努力。特使理查德·霍尔布鲁克、大使卡尔·艾肯伯里、军队的领导人、希拉里、盖茨、国家安全事务助理吉姆·琼斯——不同的人在与外国重要人士（比如阿富汗总统哈米德·卡尔扎伊）打交道时的优先选择和采取的政治手段都迥然不同。结果，该地区的领导人从未弄清美国是想留在那里还是想离开，华盛顿是将他们视为朋友还是敌人，奥巴马政府希望他们继续掌权还是被赶下台。这自然会导致阿富汗和巴基斯坦的重要人物采取两面下注的策略，使这些地区对美国安全造成的威胁并没有像预想的那样降低。

　　奥巴马已经为一个强健的阿富汗战略投入了太多的资源，一边削弱叛乱，一边建立国家机构，他现在需要制订一个谨慎的 2013 年到 2014年撤军计划。到那时，阿富汗全境的安全将主要依靠本国军队。这一战略对于未来的撤军速度有什么意义尚可讨论，因为驻阿美军将在 2012年 9 月底达到 6.8 万人的规模。但奥巴马必须在制订战略的过程中表现出自己的确定性和坚定性，避免给人造成美军匆忙撤离的印象，并且在制订和落实计划的过程中保持团队内部团结，这一点是毋庸置疑的。

　　在处理阿富汗事务以及其他一些问题的过程中，奥巴马总统暴露出一个缺点——给人造成冷漠的感觉。他沉着冷静的性格在其他领域给他带来了好处，也在这里给他带来了麻烦。从个人层面看，总统能不受周围环境的影响从某种程度上看是件好事；然而从领导人的层面看，这种置身事外则无异于冷漠。[①] 外交在很大程度上受领导人之间私人关系的影响，不愿进行私人交往不可避免地会影响到总统行事的效力。奥巴马在与阿富汗总统卡尔扎伊打交道时表露出了这一性格特点，他始终与对

---

　　① 见：Strobe Talbott, "Obama and the World: A Promise at Risk," Ditchley Foundation Lecture, Ditchley, England, July 10, 2010 （www. brookings. edu/speeches/2010/0710 - obama - foreign - policy - talbott. aspx ［October 6, 2011］）.

方保持着一定的距离。他对以色列总理本雅明·内塔尼亚胡的蔑视不仅让他失去了以色列人的支持，也让他得罪了坚定支持以色列的美国人。这并未使他得到阿拉伯领导人的信任，他们本身也十分重视同美国总统的私人关系。当他们看到奥巴马公开羞辱胡斯尼·穆巴拉克时，他们也在思考自己是否会受到同样的对待。

奥巴马主义？

除了逐一分析奥巴马的执政经历，这里还有一个更宽泛的问题：是否存在奥巴马主义？如果存在，它是否能满足美国在 21 世纪应对国际事务挑战的需求？作为首席战略家，总统担负着确定事务的优先次序并制订计划实现其目标的责任。只有通过一项战略，总统才能说明他准备积极地把这个国家和世界带向哪个方向，而不仅仅是他希望有朝一日这个世界会发展成什么样子。

到目前为止，奥巴马的外交政策包含了对待战争的坚定方式，包括结束大中东地区的战争，与中国建立平衡的、面向未来的双边关系，与其他新兴国家的关系有一定的发展，与俄罗斯关系的重建和期待中的一样好，以及严肃对待，虽然尚未完成的核军控与核不扩散事业。另外还有让伊朗和朝鲜遭受了更为严厉的制裁，虽然不是突破性的；对 2011 年的阿拉伯革命时大体是严谨的，虽然反应不甚一致；在推进中东和平进程中的表现令人十分失望，在能源和气候问题上失误连连，在应对贫弱国家，包括在墨西哥上也并不出彩。最终，奥巴马避免了美国和全球经济的崩溃，但是他并未帮助美国或世界走上可持续的经济复苏的道路。考虑到这一时期应对严峻挑战、处理复杂事务的困难程度，奥巴马的外交政策是明智而重要的，但并不具有开创性的意义。他很好地维护了国家利益，但与承诺的在美国的领导下的国际新秩序还有很远的距离。

这些成绩从总体上看又会怎么样呢？关于奥巴马的大战略有很多分析思路，这些分析都很有趣，但我们认为都没有说到点子上。根据一位学者的描述，奥巴马政府专注于回击，但回击顶多只是一种策略，而不是战略。① 另一位杰出的作家建议我们放弃寻找"奥巴马主义"的努力，因为当今世界过于复杂，对任何一位总统来说用一种简单明了、始终如一的指导思想决定多数政策已经成为了一种奢望。② 最近，一位不愿透露姓名的白宫资深顾问提出了第三种看法，那就是奥巴马政府试图"从后方领导"，至少在干预利比亚及对待突尼斯和埃及的革命时就是如此。然而，尽管采取这种方式能在处理次要问题时或在美国影响力一直有限的地区奏效，但对于一个牢牢掌握着全球领导地位的世界第一强国而言，这并不是一种行之有效的办法。这也是糟糕的国内政治和灾难性的印记。

　　当然，奥巴马所面对的世界本质使其政策的前后一致性变得混淆：形成更为复杂的问题；更多的国家一心维护自己的特权和自己的领导地位，而不是跟随华盛顿；当然，经济上的挑战比他决定参选总统时预想的更为严峻。因此，在我们看来很难确定一个简明扼要的"奥巴马主义"，比如乔治·凯南的"遏制"、约翰·肯尼迪的"承受任何负担"、理查德·尼克松的"缓和"、罗纳德·里根的"美国的早晨"，或是乔治·W. 布什的"先发制人"和"自由议程"。

　　尽管如此，一件一件处理面对的事情对于世界第一强国的领导人来说是不够的。需要确立战略上的轻重缓急，以最好地分配这个国家有限的资源以及决策者有限的时间和精力。国内外的公众也需要更多的引导，以了解美国的目标与优先考虑的事项。

　　我们的观点是：事实上，奥巴马做得要比许多试图将他的外交政策浓缩成

　　几个简单的单词所描述的要好。③ 他把一些问题列为优先考虑的事项，包括我们在本书中提到过的那些，因为它们本来就比其他事情更加重要。因此他把美国的安全和本国经济复苏列为最重要的少数几个问题

---

① Daniel W. Drezner, "Does Obama Have a Grand Strategy?" *Foreign Affairs* 90, no. 4 (July – August 2011), pp. 57 – 68.

② Fareed Zakaria, "Stop Searching for an Obama Doctrine," *Washington Post*, July 6, 2011.

③ 其他人对奥巴马极其正面的评价，见：Robert Kagan, "America: Once Engaged, Now Ready to Lead," *Washington Post*, October 1, 2010, p. A19.

之一，在上面花费了大量时间，与此同时避免被一些更为理想化的问题分散注意力，比如建立"无核世界"，解决全球的贫困问题，改善西方与伊斯兰世界的关系以及与"流氓国家"建立更好的关系。奥巴马网罗了优秀的人才，他的团队勤奋工作，在多数情况下都表现称职。总统的政策表明，他不仅仅是一位全球木匠，对世界各地的漏洞修修补补；也不仅仅是一位勉强跟随小布什的强硬安全政策的理想主义者——他在很多方面都做得比小布什好——尽管他同时是这两者。

进步的实用主义者

正如本书所分析的，奥巴马是一位进步的实用主义者，能尽职地处理当前的问题和威胁，同时寻求尽可能地实现远大目标和创造美好世界。有时他的进步主义思想会因近在眼前的挑战之重而受到束缚，或是出于实用主义的需要而做出妥协——有时也会受到他自己犯下错误的影响。奥巴马试图重塑历史弧线，使它趋向正义，在这个过程中他优先考虑的是促进国家的繁荣，保护人民的安全。

一个潜在的大战略从以上所述中产生，并随着时间的流逝和一件件事情的积累，现在才慢慢浮现出来，显示出奥巴马外交政策的大方向。如果他能连任成功，在第二届任期内继续推动2011年底开始进行的外交调整，把重心转移到亚洲，那么这可能成为他大战略的支柱。至于重要地区和国家，它包括重申美国在未来许多年内的目标和全球领导地位，具体在推广贸易和投资规则；使美军变得更为灵活、精炼、同其他国家军队能彼此协作；以及创造性地重塑国际组织，与奥巴马理想中的进步的国际体系更有效地吻合。

奥巴马结束伊拉克战争并减少驻阿富汗美军使这个战略的实现变得可能，因为这样一来他就能把空出来的资源和时间投入到应对新的、更加重要的挑战中，尤其是在亚洲。从战略上讲，美国进一步减少对海湾地区石油的依赖加强了这点，令美国（尽管不是全球经济）较少受该地区长期动荡的影响。在亚洲再平衡的过程中，美国应当更加重视将中国和印度整合到形成中的国际新秩序中，而欧盟政治、经济的疲软需要美国的上述努力更为迅速。

　　然而即使奥巴马连任成功，他能否推行这一路线使其成为第二届任期中的大战略还至少取决于另外两个因素。第一个因素不是他个人能够决定的：如果伊朗不顾他的竭力劝阻决定取得核武器，进而导致以色列发动先发制人的打击，那么他在结束大中东地区的两场战争的同时应对这个地区另一场大规模冲突，使再平衡的努力变得很困难。

　　第二个因素很可能更符合奥巴马的意愿，也是对他外交政策的历史评价的关键。这就是他改善美国国内经济状况以及解决由低增长、高失业率和巨额债务造成的结构性问题的能力。

　　2011 年夏天爆发的债务危机给全世界多数国家，尤其是崛起中的亚洲国家敲响了警钟，在它们看来这是在奥巴马任上三年持续存在的问题：他表述了看似合理的国内议题的优先次序，但却并未在日常政治中采取必要的手段使他自己开的良方有机会实现；他在干预国内事务的时机把握上有问题，一旦失去主动权，他最后往往会接受对手的要求；自始至终，他都坚持认为存在这么一条中间道路，能得到各方理性人士的支持。上述所有及其他问题导致的结果就是，美国做了有悖于维持其全球主导地位的事情：它没有在基础设施建设、教育上投入，没有重要的清洁能源计划，未能弥合社会的裂痕，对于引发 2008 年危机的金融体系也只是进行了部分修补。

　　尽管以上的叙述提到了不少重要的事实，但其中也包含着重要的简化和歪曲。它也夸大了这些事情对总统海外形象的影响：例如，最近的民意测验表明，在欧洲奥巴马的支持率仍然维持在 70% 以上，而且在多数欧洲人看来他们本国的经济同美国经济一样有很多弱点。然而这个问题还是切实存在的，虽然主要是印象上如此。奥巴马本人也对这种印象的产生起到了推波助澜的作用。例如，他在 2009 年提出了许多长远计划，冲淡了对迅速恢复经济的关注；他对能源政策和医疗改革的投入无疑影响到了对经济复苏的投入。此外，当他自己的获得两党支持的赤字委员会在 2010 年秋季发布报告后，他未能抓住这一机遇期促成两党就解决赤字问题达成一致。他至少应当为错过了对方提供的这个机会负责。

　　尽管如此，还有更广泛的挑战。要在第二届任期内重塑历史就必须先恢复国家的经济——伴随着在国内要恢复民众的自信，在国外要重塑美国的信誉和影响力。这对奥巴马或是其他任何一位在 2013 年入主白宫的总统来说都是有效的外交战略的必要条件。美国迫切需要振作起来，而实现这一目标的唯一途径就是有效应对当前的财政危机，推动积极的贸易政策，谨慎优化军事国防和其他外事机构，维持能使美国在未来的全球经济中繁荣所必需的国内投资。

一些学者和决策者强烈坚持美国的首要地位，认为它可以使以美国为核心的国际体系重新恢复活力，因为并不存在另一个明确的权力中心或主导国家。另一些人则建议与其坚持美国的首要地位，倒不如接受很多人认为的美国已经衰落的现实，在这个环境中尽可能做得最好。持这种观点的人可能会建议美国卸下大部分领导国际体系的责任，尤其是在安全领域。

我们并不赞同以上两种极端的观点。相反，我们认为尽管这个世界正在迅速改变，有时甚至是剧烈的变革，但这些变化大体上都是在美国设计的二战后国际体系框架内发生的，只要美国能保持强大和自信，继续受到尊重，就能很好地掌控国际体系内正在发生的变革。[①] 在去几十年间，美国促进的战后国际体系为其他国家的发展和崛起提供了空间，从欧洲到日本，再到东亚其他地区和印度。随着其他国家的经济和政治的成功而来的更富建设性的角色的逐渐改变，非常符合美国利益。奥巴马总统清楚这一点，但他需要发展并向美国人民解释他正在形成中的新战略。他也需要找到可行的办法逐步将责任分摊到盟友和中立国家头上，比如用军事保护全球公域。这样的一份战略路线图，应着重强调美国经济的复苏是成功且进步的国际体系的关键。这将比奥巴马在第一任期内提出的那些宏大议题对美国未来 10 年甚至 20 年的外交政策更有意义。

从外交政策和国家安全的角度看，没有任何一种可信的观点能反对适度提高税收或适度减少福利。当政治家们考虑其政纲的外交政策方面时，他们应当记住，在外交政策和国家安全事务中，做出有效的妥协能

---

① 这些观点和倾向的讨论，见：Eric S. Edelman, *Understanding America's Contested Primacy* (Washington: Center for Strategic and Budgetary Assessments, 2010); Bruce Jones, "Largest Minority Shareholder in Global Order LLC: The Changing Balance of Influence and U. S. Strategy," Foreign Policy Paper no. 25 (Brookings, 2011).

够减少财政赤字、刺激经济增长，这比阻止任何适度的增税或福利改革重要得多。我们提出这一观点不仅是基于我们政治中间派的态度，更是基于我们共同观察到的其他国家在这一历史时刻对美国的看法。他们之所以会怀疑美国未来的实力并不是因为边际税率或福利的生活水准调整没有到位，而是因为他们认为美国失去了做出艰难抉择、整顿经济和金融秩序基础的能力。

我们认为，联邦政府可以按相对于其他预算开支的比例，削减用于国防、情报、外交、发展援助和推进民主的开支。但是，我们认为如果在财政紧缩计划中大幅削减国防开支和外交经费将危及美国的海外利益。将年度预算削减10%左右是可能的，这意味着在未来10年内一共能省下5000亿美元。但是如果要在这段时间内省下一万亿美元（就像在2011年8月债务法案和随后11月所谓的"超级委员会"失败所导致的），那么就很有可能带来糟糕的结果。

尽管一些权威人士指出，即使是10%的目标，如果仅仅是削减如五角大楼等部门中那些可被视为浪费、欺诈和滥用的开支也是不够的。要找出浪费的开支通常是困难的，要裁掉就更困难了。切实的裁减将是必要的。还必须冒一些国家外交利益受损的风险。但是只要规划得当，这些风险就都是可控的，而通过大规模减少赤字巩固国家的经济基础可以强化美国长期的外交利益。2012年1月发布的《战略防务指南》就在朝这个方向迈进。由于认定未来发动大规模反叛乱行动的可能性已大大降低，报告特别指出，同其他军事力量相比，地面部队要做出更大幅度的裁减。这一基本做法是合理的。

简而言之，就像前参谋长联席会议主席麦克·马伦将军以及其他人所指出的那样，当前美国经济基础的削弱与长期维持国家的强大实力是矛盾的，这一事实本身就对国家安全造成了威胁。问题在于如何平衡风险，而不是假装可以完全消灭风险。最后，作为外交政策的实际操作者和学者，我们在此大声呼吁，外交政策预算能够也必须作为财政紧缩的一部分。

此外，在战略层面强调什么项目是不能被削减的也很重要。例如，我们并不认为可以减少在波斯湾或西太平洋地区的军事和外交投入。2012年1月的奥巴马-帕内塔防务框架也提出了相关的论证。随着阿富汗驻军的减少，大中东地区的驻军人数也将下降，这不仅是可以接受的，也是我们希望的结果；但是，继续保持警戒和军事存在，主要关注海上和空中力量，仍然十分重要。这两个地区对美国的国家利益至关重要，目前美国在上述地区都面临严峻的挑战——一个是明显怀有敌意的伊朗，另一个是实力不断上升的中国。朝鲜带来的威胁也不能忽视，还有大中东地区和南亚可能产生的各种挑战。

因此，任何国防开支削减，都应提高军队的创造性和效率，而不是从根本上动摇美国的国际地位。正如国防部长帕内塔正确总结的，当前五角大楼的战略还有很大的思考空间。

美国地面部队的情况就很能说明问题。随着战争的逐渐结束，裁减美国陆军和海军陆战队的人数就在考虑范围内。回到 90 年代克林顿执政时期的人数，将意味着目前美军地面部队总人数要减少大约 15%。事实上，两党对于在十年内回到之前这个数目达成共识，国防部长阿斯平、佩里、科恩和拉姆斯菲尔德都支持这点。① 前国防部长盖茨提议到 2015 年，美军地面部队人数就完成这种削减的一半，即比现在的水平减少大约 6%。然而更大规模的裁减作为国家削减赤字计划的一部分是有意义的——也许实际裁军幅度要比奥巴马目前计划的更大。

如果不重新采取一些令人不快的政策，例如将单个士兵的部署率提高到 50%（也就是说在两次为期 12 个月的海外部署之间只有一年的时间在家），裁减后的地面部队在规模上将不足以应对我们在最近十年所面临的挑战。② 尽管如此，这种规模较小的部队是非常可行的。在满员的情况下，较小规模的部队能够执行诸如伊拉克或阿富汗的规模的一个单独的、长期、大规模的军事行动。他们人数也够，也有足够的威慑力，应对朝鲜对韩国造成的威胁。

即使要帮助稳定一个政权崩溃的大国局势，比如巴基斯坦，较小规模的美国地面部队也能在联军中显得足够。也就是说，只要该国部分安

---

① 例如，见：Frederick W. Kagan, *Finding the Target: The Transformation of American Military Policy* (New York: Encounter Books, 2006), pp. 180 - 197, 222 - 236, 281 - 286.

② 例如，为了满足平定伊拉克叛乱的需要，见：Kimberly Kagan, *The Surge: A Military History* (New York: Encounter Books, 2009), pp. xix - xxxii.

全部队仍然完好（并请求其他国家提供帮助），或是有更多的国家参与多国联合行动，美军就能胜任这一使命。如果美国未来确实再次卷入战争或是大规模行动，就需要制订一份迅速扩大地面部队规模的计划。这是为这种较小规模的美国陆军和海军陆战队减少风险的另一种办法。

　　关闭美国多年来在海外的军事基地并不是一个省钱的好办法，因为通常情况下维持海外驻军所增加的经费是非常有限的。维持在德国和日本驻军相比，如果在本土部署这些部队的额外花销每年在全球不过只有20亿。事实上，尤其在日本，由于东京方面慷慨地承担了美军基地的租赁、运行和建设费用，因而美国的实际开销比在本土还要小很多。①然而我们还可以找到更有效的方式维持我们在海外的军事基地。例如，美国海军也许可以尝试延长某些舰艇的海外部署期限，以空运全体舰员的方式完成每半年一次的轮换，以此维持前沿存在。采取这种办法能让美国用更少的舰艇维持在波斯湾和西太平洋地区的军事实力。

　　在外交和发展援助上省下一些钱也是十分可行的。在国务院、国际开发署以及相关政府机构渡过备受冷落的十年后，小布什和奥巴马政府又开始竭力加大对这些机构的投入力度，新近进展不应被破坏。维持外交和对外援助不仅是出于人道主义的考虑。帮助拥有核武器的巴基斯坦稳定局势，让阿富汗政府军承担更多维护本国安全的责任以减轻北约联军的负担，推动阿拉伯世界的民主进程，以及帮助墨西哥削弱贩毒集团的实力、减少极端（以及紧邻美国本土的）暴力事件的发生，这些都需要投入财政资源，没有捷径可走。要在弱国击溃叛乱、消灭极端分子、打垮贩毒集团，需要更有能力的警力，更强大的法律制度和秩序，政府更有效地提供服务能力，更好的经济机会。② 其他的外交和世界经济管理事务也同样需要投入资源。

---

　　① Michael O'Hanlon, *Unfinished Business*: *U. S. Overseas Military Presence in the 21st Century* (Washington: Center for a New American Security, 2008), p. 37.

　　② Vanda Felbab – Brown, "A Shared Responsibility: Counternarcotics and Citizens' Security in the Americas," testimony before the Subcommittee on the Western Hemisphere, Peace Corps, and Global Narcotics Affairs, Senate Foreign Relations Committee, March 31, 2011 (www. brookings. edu/testimony/2011/0331_ counternarcotics_ felbabbrown. aspx [April 1, 2011]).

　　是否需要增加对援助项目的投入目前尚不清楚。奥巴马在竞选时许诺要将对外援助的金额增加一倍，现在听上去要比当初更为不可能。在小布什执政的最后一年提出的 2009 年财年预算中，大约有 370 亿美元用于对外援助，2010 年奥巴马在此基础上增加了 20 亿美元。①然而在非洲那样的地方，善治和新技术提供的机遇，再加上延缓债务负担和更好的投资、贸易机会，才是实现经济增长的关键，这些要比援助更重要。由于在这些领域取得了很大的进展，再加上统筹协调地使用援助款项，许多国家与过去相比都取得了长足的进步。②因此，在当前的财政状况下，大幅增加对外援助似乎并不会很有用。即使如此，美国和其他援助国仍然在这些国家发挥着重要的作用，尤其是在满足人们的基本需求（如医疗和农业发展）和帮助政府调整经济政策，从而更好地利用援助方面。小布什政府创立的"千年挑战公司"在对援助资金的分配进行更为精挑细选方面表现出的高效，减轻了先前人们对于对外援助经常被浪费的担心。考虑到已经取得的进展，美国不应该大幅削减规模本来就不大的对外援助。

　　如前所述，美国领导人必须明白我们如何处理国内经济，将对美国的国家安全和国际地位至关重要。这一议题包含许多方面，然而掌控财政问题并加大对提高我们未来的适应能力和竞争力的投资是制订任何一项计划的关键。例如，只有国内形成强烈的共识来支持自由贸易和投资，才能使美国经济蓬勃发展。此外，我们可以通过此类政策帮助像巴基斯坦和墨西哥（对我国的安全至关重要）这样的国家获得成功，或是考虑宏伟的目标，诸如同印度或巴西签署自由贸易协定，或是完成

---

　　① 关于趋势，见：Curt Tarnoff and Marian Leonardo Lawson，"Foreign Aid: An Introduction to U. S. Programs and Policy," Congressional Research Service, February 10, 2011, p. 31 (www. fas. org/spg/crs/row/R40213. pdf [April 1, 2011]).

　　② 例如，见：Steven Radelet, *Emerging Africa: How 17 Countries Are Leading the Way* (Washington: Center for Global Development, 2010), pp. 54 – 60, 77 – 107; Wolfgang Fengler and Homi Kharas, "Overview: Delivering Aid Differently," in *Delivering Aid Differently: Lessons from the Field*, edited by Wolfgang Fengler and Homi Kharas (Brookings, 2010), pp. 1 – 41.

《跨太平洋伙伴关系协定》。①

　　在国内失业率居高不下的情况下，很难制订一项在政治上可行的贸易促进政策。它要求给予因贸易而失业的工人更多的补偿，对他们进行更有效的培训——例如，通过"工资保险"项目为当前工资水平低于先前收入的工人提供部分补偿。②

　　更重要的是要采取措施培育一个更强大的国内经济的基础，只有这样才能让美国企业和工人参与全球竞争，重新树立自己能够做好的信心。然而随着赤字削减计划的实施，国内弹性预算的大幅下降，实施这种促进增长战略的能力将会十分有限。③ 因此，如果我们希望培育美国的竞争力，就不应大幅削减国内弹性预算。

　　在本书写作之时，人们正在讨论无数关于提升美国经济和财政状况的建议，而美国政府不会很快或很轻易地出台解决方案。写作本书并非是为了重复在这个议题上国内的重大争论，但是笔者不得不一再强调有比美国国内稳健更重要的事情需要关注。现有国际体系基于美国的政

　　① 见：Teresita C. Schaffer, "U. S. – India Strategic Dialogue: All – Star Cast, Playing Small Ball," Brookings Institution Blog, July 19, 2011 (www. brookings. edu/opinions/2011/0718_ clinton_ india_ schaffer. aspx? p = 1 [August 1, 2011]); Michael Green and Daniel Twining, "Why Aren't We Working with Japan and India?" Washington Post, July 18, 2011; Andrew H. Card and Thomas A. Daschle, chairs, U. S. Trade and Investment Policy, Independent Task Force Report no. 70 (New York: Council on Foreign Relations, 2011), p. 70 (http: //i. cfr. org/content/publications/ attachments/Trade_ TFR67. pdf [January 7, 2011]).

　　② 例如，在 2005 年左右提出的计划是为收入连续两年低于先前水平的人提供额度为 50% 的补偿，最高不超过每年 1 万美元；这一计划每年耗资 50 亿美元。见：Lael Brainard, Robert E. Litan, and Nicholas Warren, "A Fair Deal for Americans Workers in a New Era of Offshoring," in Brookings Trade Forum: Off – Shoring White Collar Work, edited by Lael Brainard and Susan M. Collins (Brookings, 2005), pp. 427 – 456 (http: //muse. jhu. edu/journals/ brookings_ trade_ forum/v2005/2005. 1brainard02. html [April 20, 2011]).

　　③ 例如，见：Metropolitan Policy Program, Metro Policy: Shaping a New Federal Partnership for a Metropolitan Nation (Brookings, 2008); Rosanne Altshuler and Barry P. Bosworth, "Fiscal Consolidation in America: The Policy Options," December 7, 2010, p. 22 (www. brookings. edu/papers/2010/1207_ fiscal_ consolidation_ altshuler_ bosworth. aspx).

治、经济和军事实力。现在，美国的实力受到了质疑，而美国公共政治失调影响到了全世界对未来的预期。目前，无论是国内国外的任何人，要给美国的未来下最终结论还为时尚早。但是美国就其"国内"政策做出的决定将对国际体系的演进和美国在其中的地位产生深远的影响。

如何摆正美国的发展路线并维持其在全球的主导地位，这个广泛的挑战不仅是贝拉克·奥巴马，也是整个国家所面临的。美国过去曾陷入动荡，但它最终还是找到了出路。当没有明显的威胁使美国民众恐惧到做出反应，当美国的政治功能失调，当下一代能够创造更美好生活的"美国梦"面临在美国历史上首次破灭的危险，当领导人被福利文化所牵制，被由福利制度主导的联邦预算体系所牵制，被由特殊利益集团控制的税收体制所牵制，处在这样一个时代的美国还能像以前一样走出困境吗？

虽然目前在经济上正经历阵痛期，但美国的实力依然强大。它仍然拥有世界上最强大的军队，这一点在可预见的将来也不会有所改变。它在科学研究、高等教育、技术创新和先进制造业方面依然引领全世界。它还能从各种族的融合以及缓慢但相对平稳的人口增长中获益。透明的政治体系和可靠的司法制度有助于美国吸引投资，并使其当前的总体"竞争力"居于世界各大国之首。① 美国丰富的资源、充满活力的公民社会以及领导全世界的丰富经验，将为它的前景增添色彩。

尽管如此，很多趋势正在向错误的方向发展，美国经济的前景仍然不容乐观。如果奥巴马总统无法修补这些问题，他就不能指望去修补世界，因为他不仅无法经受住主要的国内政治的考验，也将无法应对当前外交政策领域的严峻挑战。而这对于美国和全世界的影响将远远超过他连任的希望或他个人的历史地位。

---

① Klaus Schwab, "The Global Competitiveness Report 2011 – 2012," *World Economic Forum*, Fall 2011, p. 15 (www3. weforum. org/docs/WEF ＿ GCR ＿ Report ＿ 2011 – 12. pdf) .

译　后

随着美国大选如火如荼地展开，奥巴马的第二任期即将画上句号。人们开始谈论奥巴马的政治遗产。在为期八年的两届政府任内，奥巴马给美国乃至世界留下了哪些遗产？

本书的英文版于 2012 年由美国布鲁金斯学会出版社出版。尽管本书出版距今已四年，国际局势发生了一些新变化，但正如本书作者在中文版序言中所言，奥巴马总统的那些影响美国外交政策的基本原则、优先顺序和风格在第一任期的前三年已经形成，这为厘清本书英文版问世以来美国外交政策的延续和变化提供一个重要的参考。更重要的是，本书的三位作者既是学者，又在很大程度上参与了奥巴马外交政策的制定和咨询。国内读者和研究者得以从他们在本书的论述和分析了解奥巴马外交政策的决策过程和真实意图，以及美国学界对此的看法。这也正是我们翻译和出版本书的意义之所在。

本书的三位作者均为美国布鲁金斯学会高级研究员，长期从事美国外交政策研究。他们不仅学术造诣深厚，同时也是美国外交政策制定的参与者和亲历者。马丁·因迪克（Martine S. Indyk）博士现任学会执行副主席，是一位中东问题专家，曾在克林顿政府负责中东事务，两次担任美国驻以色列大使。2013 至 2014 年，出任美国巴以和谈特使。李侃如（Kenneth G. Lieberthal）博士曾任克林顿政府总统国家安全事务特别助理兼国家安全委员会亚洲事务资深主任，负责美国对亚洲政策制定。迈克尔·奥汉隆（Michael E. O'Hanlon）博士现任布鲁金斯学会外交政策项目研究事务主任，曾在美国国会预算办公室中从事国家安全分析工作，是一位国防政策专家。

"重塑历史"（Bending History）是奥巴马总统极为钟爱的一句话，他经常在重要的讲话中引用。这句话出自美国民权运动领袖、黑人牧师马丁·路德·金 1965 年 3 月 21 日在阿拉巴马州蒙哥马利县的演讲，原话是："用不了多久，因为尽管道德世界的弧线漫长，但它趋向正义。"八年前，奥巴马总统怀抱这一理念入主白宫，他要重塑历史的轨迹，使之走向正义。

那么，在外交政策领域，奥巴马如何以及是否实现了他"重塑历史"的理想呢？本书是以理想和现实之间的落差为出发点，通过比较奥巴马说了什么又做了什么、想要什么而实际得到了什么，从应对中国崛起、保障国家安全与反恐、重塑美国的国际形象与应对"阿拉伯之春"、推动能源、气候变化和反贫困等"软问题"的解决等视角，检视奥巴马第一任期头三年外交政策的成败。本书作者认为，奥巴马有远大的抱负，以"重塑历史"为己任。与此同时，奥巴马又是一位奉行实用主义的总统，能够努力排除意识形态的干扰，为美国谋取现实利益。

本书肯定了奥巴马在外交上取得的主要成就，同时也指出了其中的失误，并试图解释其中的缘由。本书认为，总体来说，奥巴马在应对重大而紧迫的外交政策挑战时表现甚佳，比如：在反恐领域，采取大胆的突袭行动击毙了本·拉登；重新定位美俄关系；管理越来越重要的中美关系；应对伊朗和朝鲜这些所谓的"流氓"国家。然而，在解决巴以冲突中，他的政策在战略和执行中存在严重缺失。阿富汗政策始终受到信息和工作团队不一致的困扰。从能源和气候变化到非洲和墨西哥问题，在重要的非传统安全议题中，奥巴马成败兼收。他的重塑国际秩序的愿景，使新兴大国承担更多的责任并发挥更重要的作用，构想很好，但成效有限。尽管存在一些失误，但总体上看，他成功地应对了"阿拉伯之春"所带来的复杂挑战，竭尽全力在推广美国价值观与维护美国国家利益之间寻找平衡点。

在作者看来，在奥巴马第一任期的头三年，美国外交政策中的现实主义色彩重于理想主义。奥巴马既没有像支持者们希望的那样成为引领改革航船的灯塔，也没有像批评家们宣称的那样只会为美国进行软弱无力的辩护。本书作者认为，奥巴马把经济复苏作为美国外交政策和应对国家安全挑战的核心，他所制订的大战略是为了在动荡的世界中维护美国的利益，而这一战略在本书写作之时只是初见端倪，一些外交决策的影响要到多年以后才能显现。也许在数十年后，才能对奥巴马政府的外交政策给予一个全面、客观的评价。

本书既是一部严肃而认真的学术著作，同时也是一部珍贵的历史记录。作者以亲历者的视角，用理性、平实的叙事风格，全方位地记述了奥巴马政府的外交政策。书中披露的这一时期美国外交政策出台的整个过程以及其中一些鲜为人知的细节，为认识、研究和思考奥巴马的外交遗产提供了生动而细致的史料。

本书作者特为中国读者撰写了本书的中文版序言，对本书的写作意图和本书英文版问世以来国际局势和中美关系的发展进行了简要阐述。

需要指出的是，作者是美国外交政策的研究者和亲历者，本书的记述和分析必然带有美国的立场和视角，望读者在阅读时加以分析。

本书由我的学生赵天一先生翻译，他在翻译本书的时候，是中国社会科学院研究生院美国研究系的研究生。张卫族先生和周晟茹女士对本书的审校工作贡献良多。全书由中国社会科学院美国研究所赵梅研究员审订并统稿。

限于学识，书中难免存在不妥和错译之处，还望读者不吝指正。

本书的出版得到中国社会科学出版社尤其是任明编审的大力支持，特此致谢！

赵 梅

2016 年 2 月 10 日